Sabrina Ellebrecht, Stefan Kaufmann,
Peter Zoche (Hg.)

(Un-)Sicherheiten im Wandel

Zivile Sicherheit

Schriften zum
Fachdialog Sicherheitsforschung

herausgegeben von

Prof. Dr. Dr. h.c. mult. Hans-Jörg Albrecht
Max-Planck-Institut
für ausländisches und internationales Strafrecht, Freiburg

Prof. Dr. Rita Haverkamp
Universität Tübingen

Prof. Dr. Stefan Kaufmann
Institut für Soziologie der Universität Freiburg

Peter Zoche M. A.
Freiburger Institut für angewandte Sozialwissenschaft FIFAS e.V.

Band 17

LIT

Sabrina Ellebrecht, Stefan Kaufmann,
Peter Zoche (Hg.)

(Un-)Sicherheiten im Wandel

Gesellschaftliche Dimensionen von Sicherheit

GEFÖRDERT VOM

 Bundesministerium
für Bildung
und Forschung

Gedruckt auf alterungsbeständigem Werkdruckpapier entsprechend
ANSI Z3948   DIN ISO 9706

Bibliografische Information der Deutschen Nationalbibliothek
Die Deutsche Nationalbibliothek verzeichnet diese Publikation in der
Deutschen Nationalbibliografie; detaillierte bibliografische Daten sind
im Internet über http://dnb.d-nb.de abrufbar.

ISBN 978-3-643-14136-1 (br.)
ISBN 978-3-643-34136-5 (PDF)

© LIT VERLAG Dr. W. Hopf Berlin 2019
   Verlagskontakt:
   Fresnostr. 2   D-48159 Münster
   Tel. +49 (0) 2 51-62 03 20
   E-Mail: lit@lit-verlag.de   http://www.lit-verlag.de

Auslieferung:
Deutschland: LIT Verlag, Fresnostr. 2, D-48159 Münster
Tel. +49 (0) 2 51-620 32 22, E-Mail: vertrieb@lit-verlag.de
E-Books sind erhältlich unter www.litwebshop.de

Inhaltsverzeichnis

(Un-)Sicherheiten im Wandel – Gesellschaftliche Dimensionen von Sicherheit. Zur Einführung in den Tagungsband 1
Stefan KAUFMANNN, Sabrina ELLEBRECHT & Peter ZOCHE

Privatisierung und die Diffusion von Sicherheitsverantwortung 11
Nicole DEITELHOFF

I. Radikalisierungsdynamiken 25

Zur Soziologie des Populismus. Die „kleinen Leute" zwischen Abstiegsangst und kultureller Entwertung 27
Karin PRIESTER

Hasskriminalität und rassistische Gewalt: Konzeptionalisierungs- und Bearbeitungsprobleme in Deutschland 43
Britta SCHELLENBERG

Zur Dynamik rechter Radikalisierungsprozesse. Die Kritik des Extremismuskonzepts als notwendige Voraussetzung für eine Rejustierung der Sicherheitspolitik 69
Samuel SALZBORN

Hassgewalt und Rechtsterrorismus – aktuelle Entwicklungen, Hintergründe und religiöse Aufladungen vorurteilsgeleiteter Radikalisierung 83
Matthias QUENT

Quo vadis Jihadis? Aktuelle Dynamiken im Themenfeld jihadistischer Radikalisierung in Deutschland 101
Hazim FOUAD

II. Moderation und Gestaltung von Sicherheitskommunikation 121

Soziale Medien in der Polizeiarbeit 123
Petra Saskia BAYERL

Psychologie der Sicherheitskommunikation. Ansatzpunkte für kommunikatives Handeln zur Herstellung von Sicherheit................... 143
Birgitta STICHER

III. Neue Technologien als Präventions- und Sicherheitsgarant? 161

Predictive Policing. Theorie, Anwendung und Erkenntnisse am Beispiel des Wohnungseinbruchdiebstahls 163
Dominik GERSTNER

Vorhersage von Gruppendynamiken auf der Grundlage von Daten aus sozialen Netzwerken 185
Dirk LABUDDE

Wirklichkeitskonstruktionen durch Big Data.. 205
Inti SCHUBERT

Technisierung und Vernetzung im Sicherheitsrecht 217
Marion ALBERS

Verzeichnis der Autorinnen und Autoren.. 245

(Un-)Sicherheiten im Wandel – Gesellschaftliche Dimensionen von Sicherheit.
Zur Einführung in den Tagungsband

Stefan KAUFMANNN, Sabrina ELLEBRECHT & Peter ZOCHE

Sicherheit ist ein schillernder Begriff, seine gesellschaftliche Relevanz umfasst ganz unterschiedliche Bereiche wie etwa soziale Sicherheit, militärische Sicherheit, öffentliche Sicherheit oder auch Versorgungssicherheit. Letztlich, so lässt sich mit einer sozialwissenschaftlichen Wendung sagen, verbindet sich der Begriff in all diesen Bereichen mit Erwartungssicherheit, es geht jeweils um die Verlässlichkeit sozialer Ordnung. (Un-)Sicherheit verbreitet sich nicht nur, weil unterschiedliche Bereiche strukturell miteinander verwoben sind, sondern weil generell Erwartungshaltungen hinsichtlich gesellschaftlicher Ordnung tangiert sind. Die Virulenz von Sicherheitsthemen in der öffentlichen Diskussion ist insofern als Ausdruck eines tiefer greifenden sozialen Wandels zu begreifen. Sie ist keineswegs einzig als Reaktion auf neue Bedrohungen, Risiken und Gefahren zu verstehen. Wir sind es zwar gewohnt, dass die Begriffe Risiko und Gefahr als Negativ- und Krisenbegriffe jene Zustände beschreiben, die Sicherheiten herausfordern und Unsicherheiten schaffen. Doch die gegenwärtigen Rekodierungen von Sicherheiten und Unsicherheiten lassen sich nicht allein dadurch fassen, dass Risiken antizipiert, Gefahren identifiziert und Bewältigungsstrategien implementiert werden. Sicherheitsproduktion folgt keinem schlichten Reiz-Reaktionsschema, vielmehr entfaltet sie sich als vielschichtiges Projekt, in dessen Verlauf es zu paradoxen Situationen kommen kann. Denn das, was für Sicherheit sorgen soll, sei es Polizeipräsenz, der Einsatz von Überwachungstechniken oder bauliche Maßnahmen wie Absperrungen, verunsichert bisweilen oder führt zu Unsicherheit. Diesen Paradoxien sowie dem gegenwärtigen Wandel der Bedingungen und Möglichkeiten, öffentliche Sicherheit herzustellen oder zu gewährleisten, geht der vorliegende Band nach.

Er geht zu großen Teilen auf die im Rahmen des Sicherheitsforschungsprogramms des Bundesministeriums für Bildung und Forschung veranstaltete Konferenz des „Fachdialogs Sicherheitsforschung" zurück, die am 22. und 23. Juni 2017 in Berlin stattfand. Diese behandelte den Wandel von (Un-)Sicherheiten mit drei thematischen Schwerpunkten:

(1) Der Abschnitt **„Radikalisierungsdynamiken"** widmet sich den Fragen, warum es zu Radikalisierung kommt und wie Radikalisierungsprozesse verlaufen. Beide Fragen werden von der Forschung kontrovers diskutiert. In

der Beantwortung dieser Fragen konzentrieren sich die Beiträge auf jene Aspekte, die sowohl in der wissenschaftlichen als auch in der politischen Auseinandersetzung gegenwärtig eine herausgehobene Position einnehmen. Zum einen werden religiöse Motive, ökonomische und (sozio-)kulturelle Ursachen als Erklärungsansätze für Radikalisierung vorgestellt. Zum anderen wird vor dem Hintergrund wachsender sozialer Ungleichheit das Gefahrenpotenzial populistischer Rahmung von Sicherheitsthemen diskutiert. Außerdem wird auf die Dringlichkeit hingewiesen, eine differenzierte Konzeption von Extremismus zu entwickeln.

(2) Der Abschnitt „**Moderation und Gestaltung von Sicherheitskommunikation**" setzt sich mit der sicherheitsrelevanten Bedeutung von öffentlicher und behördlicher Kommunikation auseinander und thematisiert auch die Rolle sozialer Medien, sowie die Bedeutung von Fake News und Geheimnissen für die Sicherheitskommunikation.

(3) Der Abschnitt „**Neue Technologien als Präventions- und Sicherheitsgarant?**" fragt nach den Versprechen und Leistungen neuer Sicherheitstechnologien. Es werden verschiedene Technologien wie etwa die forensische Datenanalyse und die mustererkennenden, algorithmisierten Verfahren der vorausschauenden Polizeiarbeit, des *Predictive Policing*, mit Blick auf ihre Chancen und Risiken vorgestellt und diskutiert. Zentrales Thema bei der Analyse und Bewertung der genannten neuen Technologien und ihrer rechtlichen Rahmenbedingungen ist die Vernetzung.

Im Folgenden werden die Beiträge dieses Bandes entlang der Dramaturgie der Konferenz und entlang der drei Themenbereiche kurz vorgestellt.

Eröffnung

In den einführenden Vorträgen von Armin Nassehi zum Thema „Sicherheit und Komplexität. Paradoxien der Sicherheitskommunikation" und von Nicole Deitelhoff zum Thema „Privatisierung und die Diffusion von Sicherheitsverantwortung" wurde für die Bereiche der Alltagskommunikation und der Dienstleistungen im Sicherheitsbereich deutlich, dass Praktiken, Akteure und Maßnahmen, die für Sicherheit sorgen sollen, nicht notwendigerweise Sicherheit garantieren und manchmal auch Unsicherheiten erhöhen.

(Un-)Sicherheiten im Wandel. Gesellschaftliche Dimensionen von Sicherheit

Armin **Nassehi**s Ausführungen[1] veranschaulichten eine ganz entscheidende Eigenschaft von Sicherheit: Sicherheit ist auf ihre Latenz angewiesen. Im Anschluss an den amerikanischen Systemtheoretiker Talcott Parsons argumentierte Nassehi, dass so etwas wie ein Alltagsleben eigentlich nur möglich sei, wenn die Voraussetzungen dessen, was möglich ist, möglichst latent blieben. Für den Bereich der Sicherheitskommunikation bedeutet das, dass Unsicherheiten insbesondere dadurch entstehen, dass über die Bedingungen von Sicherheit und ihr Funktionieren geredet wird. Gleichzeitig sei es leichter, Unsicherheiten zu kommunizieren als Sicherheit zu vergewissern. Dies begründet, so Nassehi, ein epistemologisches Paradox. In dieser paradoxen Konstellation kann selbst das Vermeiden von Sicherheitskommunikation zu Unsicherheit führen. Nassehi verdeutlichte am Beispiel „Polizeipräsenz", dass das Verhältnis von Latenz und Sichtbarkeit für Sicherheitsfragen eine große Rolle spielt. Denn es ist nicht eindeutig, ob mehr Polizeipräsenz ein Hinweis auf Sicherheit oder auf Unsicherheit ist. Empirisch kann es beides bedeuten. Die Beziehung zwischen diesen drei Begriffen – Sicherheit, Unsicherheit, Polizeipräsenz – ist nicht eindeutig, sondern komplex. Vor dem Hintergrund der Latenzfunktion lassen sich unterschiedliche Paradoxien der Sicherheitskommunikation und so die sich wandelnde Einschätzung von sicher und unsicher begreifen.[2] Damit Kommunikation nicht zur allgemeinen Verunsicherung genutzt werden kann, empfiehlt Nassehi, die Sicherheitskommunikation zu institutionalisieren und damit von den Motiven einzelner Personen oder Situationen unabhängig zu machen. Sicherheitskommunikation sei dann gelungen, wenn sie es schafft, über Sicherheit und Unsicherheit so zu kommunizieren, dass es nicht überrascht, dass man etwas Überraschendes kommunizieren muss.

Nicole **Deitelhoff** beschreibt in ihrem Beitrag „Privatisierung und die Diffusion von Sicherheitsverantwortung" den Trend zur Privatisierung von Dienstleistungen im Sicherheitsbereich und weist auf das Problem der Diffusion von

---

[1] Nassehi stellte eine ähnliche Argumentation bei der BKA-Herbsttagung am 15.11.2017 in Ingelheim vor. Der Beitrag ist verfügbar unter: https://www.bka.de/SharedDocs/Downloads/DE/Publikationen/Herbsttagungen/2017/herbsttagung2017NassehiLangfassung.html [Zugriff: 22.2.2019].

[2] Nassehi veranschaulichte dies wortspielerisch anhand seiner 'Auto-Biographie', indem er sein Fahrzeug von vor dreißig Jahren seiner heutigen Karosserie gegenüberstellte. Gab die „Ente" ihrem Fahrer vor dreißig Jahren noch das Gefühl von Freiheit und Sicherheit, so beschert sie dem gleichen Fahrer, der heute die Sicherheitstechnologien und den Komfort einer Kompaktlimousine genießt, ein unsicheres und mulmiges Fahrgefühl. Die „Ente" selbst ist nicht sicherer oder unsicherer geworden, auch treten im Straßenverkehr nicht neue Risiken und Gefahren für „Enten" auf – mit Ausnahme eben jener Kompaktlimousinen – aber Kontext, Wahrnehmung und Erwartungen bzgl. der Sicherheit der „Ente" haben sich gewandelt.

Verantwortung hin. Anhand der Beispiele von Teilprivatisierung im Justizvollzug, dem privaten Betrieb von Flüchtlingsunterkünften sowie der Sicherung von Großereignissen durch private Dienstleister zeigt die Autorin, welche zum Teil problematischen Dynamiken durch Privatisierungen in diesen sicherheitsrelevanten Bereichen befördert werden können. Sie analysiert systematisch Treiber, Formen und Ausmaße der Privatisierung im Sicherheitsbereich. Der Beitrag zeigt, dass eine Diffusion von Verantwortung sich nachteilig auf die Sicherheit der „Empfänger" dieser Dienstleistung auswirkt, weil sich die Gefahr für Grundrechtseingriffe erhöht und sich Abhängigkeiten vervielfältigen, und damit die Gelegenheiten für Unsicherheit. Angesichts dieser Entwicklungen schlägt die Autorin unter anderem vor, die Praxis der Subkontrakte sowohl verstärkt zu kontrollieren als auch grundsätzlich einzuschränken.

1. Radikalisierungsdynamiken

Radikalisierungsprozesse sowie die Dynamiken extremistischer und populistischer Einstellungen können sowohl religiös motiviert als auch soziokulturell oder ökonomisch begründet sein. Die Beiträge in diesem Abschnitt beschäftigen sich mit den unterschiedlichen Erklärungsansätzen von Radikalisierungsprozessen sowohl im rechten als auch im islamistischen Milieu, wägen jeweils die verschiedenen Ursachen und Motivlagen gegeneinander ab und diskutieren die Angemessenheit einzelner Konzeptbegriffe in diesem Zusammenhang. Es wird deutlich, dass die Arbeit an Konzepten nicht nur wichtig ist, um Phänomene adäquat zu beschreiben. Vielmehr bildet eine präzise Analyse- und Kritikfähigkeit die Grundlage für sowohl repressive als auch präventive Interventionen.

In ihrem Beitrag „Zur Soziologie des Populismus" stellt Karin **Priester** drei Erklärungsansätze für den Aufstieg des Populismus vor: Der erste Ansatz argumentiert mit ökonomischer Unterprivilegierung, der zweite Ansatz stellt kulturelle Gründe bzw. die Identitätssuche der vornehmlich älteren, männlichen, weißen Bevölkerung in den Vordergrund, der dritte Erklärungsansatz betont die Bedeutung soziotropischen Wahlverhaltens. Insgesamt wendet sich die Autorin gegen die These, dass es sich bei den Wählern populistischer Parteien lediglich um sogenannte „Modernisierungsverlierer" handle, deren Wahlentscheidung rein ökonomisch bedingt sei. Deutlich wird, dass neben ökonomischen und kulturellen Verlustängsten auch die Veränderung und Prekarisierung der Arbeitswelt, sowie der Wertewandel von materiellen hin zu postmateriellen Werten bei den formal gebildeten Mittelschichten als Faktoren für ein differenziertes Verständnis des Populismus zu berücksichtigen sind. Zudem konstatiert die Autorin eine aktuell weit verbreitete Skepsis in der Bevölkerung, dass politische Eliten über die Kompetenz verfügten, Krisen zu bewältigen.

Unter dem Titel „Hasskriminalität und rassistische Gewalt" setzt sich der Beitrag von Britta **Schellenberg** mit rassistischer Gewalt und ihren Konzeptions- und Bearbeitungsproblemen auseinander. Schellenberg erläutert das Extremismuskonzept, das Definitionssystem der „Politisch motivierten Kriminalität" (PmK), sowie das Konzept der Vorurteilskriminalität (Hate Crime). Anhand von Beispielen verdeutlicht sie, inwiefern die drei Konzepte zu jeweils unterschiedlichen Situationseinschätzungen in der Praxis führen können. Die Extremismus- bzw. PmK-Perspektive kann den Blick auf rassistische Täter verstellen, die nicht als „Extremisten", sondern als „normale Bürger" gelten. In Folge werden diese von den staatlichen Behörden häufig nicht ermittelt oder erkannt. Schellenberg geht auf Forschungsbefunde und -desiderata sowie auf jüngste Reformen in der deutschen Erfassungs- und Bearbeitungspraxis ein und präsentiert Zahlen und Daten verschiedener Quellen zu rassistischer Gewalt. Sie plädiert dafür, das Konzept der Vorurteilskriminalität als eigenständiges Konzept in der Praxis zu verankern, um bestehende Analyseschwächen abzubauen und rassistische Gewalt klarer als solche zu erfassen.

Samuel **Salzborn** argumentiert in seinem Beitrag „Zur Dynamik rechter Radikalisierungsprozesse", dass eine Kritik des Extremismuskonzepts und damit verbunden eine Rejustierung der Politik der Inneren Sicherheit notwendig seien. Salzborn kritisiert den aktuellen Extremismusbegriff, der von einer genuin nicht-extremistischen Mitte und zweier extremistischer Pole mit starken Gemeinsamkeiten ausgehe, als zu statisch und empirisch unzulänglich. Auf seiner Grundlage ließen sich weder Radikalisierungsprozesse jenseits starrer organisatorischer Strukturen noch jene in der gesellschaftlichen Mitte erfassen. Deshalb plädiert der Autor für einen dynamischen Extremismusbegriff, der die empirischen Realitäten von Einstellung, Verhalten und Intensität mit dem Radikalisierungskonzept verbindet. Der Autor vertritt die These, dass monistische und antipluralistische Vorstellungen und Einstellungen nicht an bestimmte, starr imaginierte politische Spektren wie „rechts" oder „links" gebunden sind. Ein dynamischeres Verständnis des Extremismusbegriffs ist notwendig, um Radikalisierungsprozesse besser zu verstehen und präventiv zu erkennen.

Auf Abgrenzungsschwierigkeiten zwischen Amok und Terrorismus sowie zwischen politischen und biographischen Hintergründen als Motive für schwere Gewalttaten geht Matthias **Quent** in seinem Beitrag „Hassgewalt und Rechtsterrorismus – aktuelle Entwicklungen, Hintergründe und religiöse Aufladungen vorurteilsgeleiteter Radikalisierung" ein. Der Autor führt aus, inwiefern der Begriff „politisch motivierte Kriminalität" der behördlichen deutschen Praxis aus sozialwissenschaftlicher Perspektive für das Verstehen von Taten unbefriedigend ist, da gesellschaftliche Definitionsprozesse, wie etwa die Abwertung von Minderheiten, bei einem verengten Verständnis von Motiven außen vorgelassen werden. Quent erläutert die Entwicklung der Hellfeldzahlen zu Hasskriminalität sowie zu gruppenbezogener Menschenfeindlichkeit in Deutschland und präsentiert ein Pyramidenmodell vorurteilsgeleiteter Radikalisierung. Dieses zeigt eine Steigerung von abwertenden Vorurteilen gegen Einwandernde und Asylsuchende über Hasskriminalität bis hin zum Rechtsterrorismus. Ideologische Aufladungen devianten Verhaltens lassen sich im rechtsextremistischen ebenso wie im islamistischen Terrorismus feststellen: In beiden Fällen dienen Vorurteilskonstruktionen und Fundamentalismen häufig zur Rechtfertigung von Positionen und Bedürfnissen, die gesellschaftlich kontrovers sind. Als weitere Gemeinsamkeit zwischen rechtem bzw. rassistischem und islamistischem Terrorismus lassen sich Formen des Antisemitismus identifizieren. Auch im *modus operandi* der Gewalttaten sind Ähnlichkeiten bzw. wechselseitige Adaptionen von Tatmitteln und Strategien zu beobachten.

Hazim **Fouad** geht in seinem Beitrag „Quo vadis Jihadis" auf aktuelle Entwicklungen und Dynamiken des Jihadismus auf nationaler wie auf globaler Ebene ein. In der arabischen Welt stellt der Jihadismus derzeit die dominante Ideologie von Aufstandsbewegungen dar; auch die Zahl terroristischer Anschläge ist dort in den letzten Jahren exponentiell gestiegen. Demgegenüber sind in Europa die absoluten Opferzahlen terroristischer Anschläge sehr gering, in der relativen Betrachtung ist jedoch auch hier ein deutlicher Anstieg über die letzten Jahre zu verzeichnen. Für Deutschland beleuchtet Fouad unterschiedliche Arten und Entwicklungsphasen jihadistischer Gruppierungen und weist dabei auch auf Überschneidungen mit der salafistischen Szene hin. Erläutert werden zudem Daten, Hintergründe und Motivationslagen zur Ausreisedynamik nach Syrien. Auffällig ist, dass viele Attentäter, die in Europa Attentate verübten, bereits zuvor allgemeinkriminelle Straftaten begangen hatten, so dass fraglich ist, welche Rolle religiöse Motive für den Radikalisierungsprozess spielten. Für den Staat impliziert die dynamische Entwicklung des Jihadismus die Herausforderung, durch Gesetzesänderungen immer wieder auf die sich wandelnde Sicherheitslage reagieren zu müssen, dabei aber stets den Schutz freiheitlicher Grundrechte zu wahren.

2. Moderation und Gestaltung von Sicherheitskommunikation

Der Abschnitt „Moderation und Gestaltung von Sicherheitskommunikation" setzt sich mit der sicherheitsrelevanten Bedeutung von öffentlicher und behördlicher Kommunikation auseinander und thematisiert im Speziellen die Rolle sozialer Medien.

Der Beitrag „Soziale Medien in der Polizeiarbeit" von Petra Saskia **Bayerl** beleuchtet Ausmaß und Formen sowie rechtliche, gesellschaftliche und organisationale Rahmenbedingungen von Polizeiarbeit in sozialen Medien. Im Fokus stehen dabei die sichtbaren Formen von Polizeipräsenz auf Plattformen wie etwa Facebook, Twitter oder YouTube. Bayerl identifiziert und erläutert fünf Einsatzgebiete der Verwendung von sozialen Medien für Polizeien: Informationsvermittlung, Informationsgewinnung, Mitarbeiterrekrutierung und -training, Beziehungsmanagement sowie polizei-interne Kommunikation. Auch die unterschiedlichen Nutzungsweisen und -voraussetzungen in Deutschland und international werden diskutiert. Deutlich wird, dass eine fehlende Polizeipräsenz in sozialen Medien durchaus mit Gefahren verbunden ist, da sie die Entstehung eines rechtsfreien Raumes begünstigen und Tendenzen zu Selbstjustiz und Vigilantismus befördern kann. Auch wenn die derzeitige, relative Zurückhaltung deutscher Polizeien in sozialen Medien aus verschiedenen Gründen nachvollziehbar erscheint, ist eine strategische Planung polizeilicher Angebote in sozialen Medien erforderlich. Die Autorin verdeutlicht, dass soziale Medien heute nicht mehr nur als „Kanal", sondern als eine Lebenswelt zu verstehen sind, in der auch die Polizei als normaler Bestandteil präsent sein sollte.

Birgitta **Sticher** legt in Ihrem Beitrag „Psychologie der Sicherheitskommunikation" Erkenntnisse der Psychologie für eine wirkungsvolle Gestaltung der Sicherheitskommunikation dar. Ein besonderer Fokus liegt dabei auf der Verarbeitung von Informationen durch das Individuum. Sticher präsentiert Modelle verschiedener Autoren und zeigt deren Bedeutung für die Sicherheitskommunikation auf. Unter Bezugnahme auf das Kommunikationsmodell von Shannon und Weaver sowie das Kommunikationsquadrat von Schulz und Thun werden beispielsweise Möglichkeiten für Kommunikatoren dargelegt, eine bestimmte Wirkung durch ihr kommunikatives Handeln zu erzielen. Zu beachten ist, dass kulturelle und kontextspezifische Faktoren zwar immer einen Einfluss auf die Überprüfung der Inhalte der Sicherheitskommunikation durch die Adressaten haben, die übergreifenden Kriterien jedoch über alle Kulturen hinweg vergleichbar sind.

3. Neue Technologien als Präventions- und Sicherheitsgarant?

Inwiefern unterstützen technische Neuerungen die Polizeiarbeit, inwiefern fordern sie diese heraus? Insbesondere am Beispiel des *Predictive Policing* wird klar, dass diese Fragen nicht eindeutig zu beantworten sind. Technologien des *Predictive Policing* werden sowohl als Dystopie als auch als vielversprechende Präventionsmethode diskutiert. Die folgenden Beiträge gehen den Ambivalenzen dieses empirischen Beispiels nach.

Dominik **Gerstner** präsentiert in seinem Beitrag zentrale Evaluationsergebnisse des baden-württembergischen Pilotprojekts „Predictive Policing als Instrument zur Prävention von Wohnungseinbruchsdiebstahl", bei dem die Software PRECOBS zum Einsatz kam. Die Prognosefähigkeit von PRECOBS basiert auf der Beobachtung, dass insbesondere bei Wohnungseinbrüchen häufig Folgedelikte in kurzer räumlicher und zeitlicher Distanz auftreten (*„Near Repeat* Phänomen"). Der Autor erläutert die Funktionsweise der Software und geht auf polizeiliche Reaktionsweisen auf die prognosebasierten Alarmmeldungen ein. Ob ein im Rahmen der Evaluation beobachteter Rückgang der Fallzahlen des Wohnungseinbruchdiebstahls in kausalem Zusammenhang mit der neuen Prognosesoftware steht, lässt sich allerdings trotz einiger positiver Hinweise nur schwer beurteilen. Gerstner gibt zu bedenken, dass die Vorhersagen praxistauglich in den Polizeialltag integriert werden müssen, um Wirkung zu entfalten. Auch die Akzeptanz und der wahrgenommene Nutzen der neuen Software innerhalb der Polizei sind als Faktoren für ihren ‚Erfolg' zu berücksichtigen.

Dirk **Labudde** geht in seinem Beitrag „Vorhersage von Gruppendynamiken auf der Grundlage von Daten aus sozialen Netzwerken" auf theoretische Grundlagen und Potentiale von *Predictive Policing* ein. Insbesondere die Aussichten zur Vorhersage sogenannter Kriminalitäts-Hot-Spots sieht der Autor als vielversprechend an. Grundlegende Annahme des *Predictive Policing* ist, dass sich Straftaten sowohl räumlich als auch zeitlich zuordnen lassen. Auf Basis mathematischer Modelle sollen Tatwahrscheinlichkeiten vorhergesagt werden, auf die in einem nächsten Schritt durch operative Maßnahmen reagiert werden kann. Bei der Analyse der raumzeitlichen Muster von Kriminalität bietet die Integration von Daten und Informationen aus sozialen Netzwerken zunehmend neue Möglichkeiten. Methoden des *Text Mining*, wie zum Beispiel *Sentiment Detection*, dienen zur anonymisierten Analyse des Kommunikationsverhaltens von Nutzern. Auf diese Weise können offene Gruppen mit extremistischen Tendenzen in sozialen Netzwerken auf ihre Dynamik hin sowie hinsichtlich potentieller Zusammenhänge mit realen Ereignissen analysiert werden. Labudde weist jedoch auch auf einige Risiken in Zusammenhang mit der Interpretation von Daten hin. Ein methodisch hinreichend geschultes Personal auf Seiten der Anwender ist unerlässlich, um Fehlinterpretationen zu vermeiden, die in Verbindung mit alten Denkmustern zu falschen Folgehandlungen führen können.

Im Beitrag „Wirklichkeitskonstruktionen durch Big Data" erläutert Inti **Schubert** die Funktionsweisen und die aktuelle Bedeutung von Big Data in verschiedenen gesellschaftlichen Bereichen und für die Verfahrensweisen des *Intelligence Policing*. Schubert geht auf zentrale Herausforderungen ein, wie etwa die Erzeugung von Filterblasen, Echokammern und Datenmüll sowie das Risiko für Fehlbeurteilungen und Diskriminierungen. Die Datenverarbeitungen können zur Konstruktion einer virtuellen Wirklichkeit führen, die nicht mehr die materielle Wirklichkeit widerspiegelt, sondern ein Produkt sich selbstverstärkender Korrelationen darstellt. Beim *Intelligence Policing* etwa bildet ein sich aus der Analyse des Datenbestandes selbst generierender virtueller Verdacht den Ausgangspunkt für weitere Maßnahmen. Dies ist verfassungsrechtlich nicht unproblematisch, da auf diese Weise die grundrechtlich begründeten gesetzlichen Eingriffsschwellen aus dem Polizei- und Strafprozessrecht durch virtuelle Relevanzkriterien ersetzt werden. Der Autor wirft die Frage nach Möglichkeiten des rechtlichen Umgangs mit diesen Herausforderungen auf. Es wird deutlich, dass ein effektiver Rechtsschutz notwendig wird, gleichzeitig aber die rechtlichen Kategorien fehlen, um das Phänomen Big Data adäquat beschreib- und fassbar zu machen.

Marion **Albers** befasst sich in ihrem Beitrag mit der „Technisierung und Vernetzung im Sicherheitsrecht". Ihre Ausgangsthese lautet, dass sich die Sicherheitsarchitektur derzeit in einem rapiden Wandel befindet. Sie erläutert diese Veränderung vor dem Hintergrund der Digitalisierung, neuer Kriminalitätsformen, einer gestiegenen Präventionsorientierung im Sicherheitsbereich sowie der Entwicklung neuer Technologien. Kontroverse Techniken wie etwa die Vorratsdatenspeicherung, die Online-Durchsuchung, Videoüberwachung oder *Predictive Policing* implizieren insgesamt eine Ausweitung sicherheitsbehördlicher Tätigkeit und sind auch Gegenstand rechtlicher Diskussionen. Hinsichtlich vieler Instrumente besteht aus juristischer Sicht noch Klärungs- und Ausarbeitungsbedarf. Der Schwerpunkt des Beitrags von Albers liegt dabei auf der informationellen Vernetzung der Sicherheitsbehörden, die sich etwa in Zentral- und Verbunddateien, Gemeinsamen Dateien zwischen Polizeien und Nachrichtendiensten oder Gemeinsamen Abwehrzentren widerspiegelt. Die Autorin konstatiert erheblichen Reform- und Nachbesserungsbedarf für einige gegenwärtige Formen der informationellen Vernetzung und plädiert für neue Konzeptionen im Sicherheitsrecht, die insbesondere Dynamiken der Europäisierung und die immer anspruchsvolleren Herausforderungen im Datenschutz mit einbeziehen. Verstärkte Aufmerksamkeit sollte ihr zufolge auch der Frage gewidmet werden, welches Wissen von welcher Stelle in welchem Kontext aus einer Erhebung von Daten erzeugt wird.

*

Die Unterstützende Stelle des Fachdialogs Sicherheitsforschung organisierte die Konferenz im Auftrag des Bundesministeriums für Bildung und Forschung (BMBF). Der Fachdialog Sicherheitsforschung wird von einem wissenschaftlichen Beratungskreis engagiert unterstützt sowie fachkundig und fachkritisch beraten. Im Juni 2017 zählen zu diesem Kreis: Prof. Dr. Dr. h.c. mult. Hans-

Jörg Albrecht, Prof. Dr. Regina Ammicht Quinn, Prof. Dr. Ursula Birsl, Prof. Dr. Wolfgang Bonß, Prof. Dr. Christopher Daase, Prof. Dr. Thomas Feltes, Prof. Dr. Horst Entorf, Prof. Dr. Christoph Gusy, Prof. Dr. Rita Haverkamp, Prof. Dr. Christoph Hubig, Dr. Martin Kahl, Prof. Dr. Hans-Jürgen Lange, Ltd. RD Dr. Peter Poerting, Prof. Dr. Ralf Poscher, Prof. Dr. Tobias Singelnstein, Prof. Dr. Birgitta Sticher, Prof. Dr. Christian Traxler, Prof. Dr. Hans Vorländer.

Wir danken dem Bundesministerium für Bildung und Forschung für die finanzielle Förderung dieser Publikation; unser besonderer Dank für die Unterstützung gilt Herrn MR Dr. Wolf Junker und Frau RD'in Verena Knies. Für die gewissenhafte Bearbeitung und die Formatierung dieses Bandes danken wir Frau Andrea Absenger und Frau Natalie Zdrallek, für die kritische Kommentierung und Unterstützung gilt unser Dank Herrn Nicholas Eschenbruch.

Privatisierung und die Diffusion von Sicherheitsverantwortung

Nicole DEITELHOFF

1. Einleitung

Ein zentrales, aber bislang kaum beachtetes Problem der gegenwärtigen Sicherheitspolitik betrifft die Diffusion von Verantwortung in diesem Bereich. Sie tritt hier, wie in fast allen Politikbereichen auf, weil die Zahl verantwortlicher Akteure und relevanter Verfahren und Regeln der Verantwortungszuschreibung rasant angestiegen ist. Verantwortungsdiffusion liegt vor, wenn erstens so viele verantwortliche Akteure existieren, dass jeder einzelne sich nicht mehr verantwortlich fühlt, oder sich aus „der Verantwortung stiehlt"; zweitens, wenn konkurrierende Regeln und Verfahren der Zuschreibung vorliegen, zwischen denen keine Koordination möglich ist oder über denen keine übergeordnete Instanz existiert, die Verantwortung klären könnte. Drittens liegt Verantwortungsdiffusion dann vor, wenn die Komplexität eines spezifischen Gegenstands die Zuschreibung von Verantwortung erschwert oder unmöglich macht (Daase et al. 2017, 4).

Ein Paradebeispiel für Verantwortungsdiffusion stellt die Privatisierung von Sicherheit dar, d.h. die Bereitstellung von (Teil-)Aufgaben im Sicherheitsbereich, die vormals von staatlichen Akteuren erbracht wurden und nunmehr an nicht-staatliche, profit- oder nicht-profit-orientierte Akteure ausgelagert bzw. delegiert werden (vgl. Deitelhoff/Geis 2011).

In diesem Bereich ist vor allem die Zunahme an potenziell verantwortlichen Akteuren und damit zusammenhängend von konkurrierenden Regeln und Verfahren der Zuschreibung von Verantwortung zu beobachten, die die Verantwortungsdiffusion begünstigen. Ein Schlaglicht auf diese Problematik werfen die folgenden Nachrichtenmeldungen der letzten Jahre: Im Juni 2017 musste das Musikfestival „Rock am Ring" kurzfristig unterbrochen werden, weil Zugangspässe bei zwei Personen auftauchten, die vermeintlich der salafistischen Szene angehören und deren Personalien nicht vorab den Sicherheitsbehörden vorlagen;[1] im September 2014 wurde bekannt, dass Bewohnerinnen und Be-

---

[1] Tagesschau (03.06.2017): Terrorgefahr: „Rock am Ring" unterbrochen. Verfügbar unter: https://www.tagesschau.de/inland/rock-am-ring-terror-warnung-103.html [Zugriff: 12.04.2018].

wohner einer Flüchtlingsunterkunft in Burbach mehrfach Ziel von Misshandlungen seitens der Angestellten geworden waren.[2]
Beide Nachrichten zeigen nicht nur deutlich den nach wie vor anhaltenden, wenn sich nicht sogar verstärkenden Trend zur Privatisierung von Sicherheit, sondern auch die Problematik einer damit einhergehenden Verantwortungsdiffusion. Die beiden Personen, deren Personalien (wie inzwischen bekannt ist, aufgrund eines Schreibfehlers) die Unterbrechung des „Rock Am Ring"-Festivals verursachten, waren Angestellte eines Subunternehmers. Weil sie erst spät eingestellt wurden, kam es in der Übermittlung der Daten an die Sicherheitsbehörden zu dem verhängnisvollen Schreibfehler, der bei einer Routinekontrolle an einer Tankstelle dann einen Terroralarm auslöste. Die Angestellten, die für Misshandlungen und Demütigungen gegenüber Bewohnerinnen und Bewohnern des Flüchtlingsheims in Burbach verantwortlich waren, gehörten zu einem Subunternehmen, das wiederum die private Betreiberfirma des Flüchtlingsheimes in einer Kette von Subkontrakten beauftragt hatte, den Schutz der Einrichtung zu übernehmen. Irgendwie kamen in dieser Vertragskette schließlich einschlägig Vorbestrafte als Angestellte in die Flüchtlingsunterkunft.

Diese beiden Vorfälle werfen ein Schlaglicht auf die Praxis der Privatisierung im Sicherheitsbereich: Im Zuge des Anstiegs von immer vielfältigeren Sicherheitsbedrohungen, wie Terrorismus, transnational organisiertem Verbrechen, aber auch neuen oder rasch wachsenden Sicherheitsaufgaben, wie dem Schutz von Flüchtlingsunterkünften nimmt auch die Einbeziehung privater Akteure in die Sicherheitspolitik weiter – und rasant – zu. Inzwischen sind private Akteure in nahezu allen Bereichen der inneren und teils auch der äußeren Sicherheit zu finden (vgl. Daase/Deitelhoff 2013; Krahmann 2010; Eberhard/Engartner 2013). Diese Zunahme spiegelt einen Bedarf an mehr Sicherheitsgewährleistung, den der Staat bzw. die hoheitlichen Akteure nicht oder nicht mehr bedienen können oder wollen. Private Akteure stellen also zunächst schlicht mehr Sicherheit bereit, ganz unabhängig davon, wie effektiv sie dies im Einzelnen tun.

Damit einher gehen aber spezifische Probleme, die sich am besten mit dem Begriff der Verantwortungsdiffusion beschreiben lassen. Verantwortungsdiffusion meint eine Situation, in der nicht mehr klar erkennbar ist, wer für bestimmte Aspekte der Sicherheitsgewährleistung verantwortlich zeichnet oder zeichnen sollte und damit auch wer zu kontrollieren und im Zweifel zur Rechenschaft zu ziehen ist. Typischerweise ist Verantwortungsdiffusion in der Sicherheitsge-

---

[2] Frankfurter Allgemeine Zeitung (28.09.2014): Wachleute sollen Bewohner von Asylbewerberheim misshandelt haben. Verfügbar unter: http://www.faz.net/aktuell/politik/inland/ermittlungen-gegen-wachdienst-in-asylbewerberunterkunft-13178605.html [Zugriff: 12.04.2018].

währleistung durch Privatisierung in zwei Varianten zu beobachten: Erstens führt die Einbeziehung privater Akteure oftmals zu Rollenverwischungen zwischen den Akteuren. Das heißt, für Dritte (oftmals die Bürgerin oder der Bürger) und teils auch für die beteiligten Akteure selbst, ist nicht mehr klar erkennbar, wer verantwortlich für bestimmte Handlungen ist und – ganz zentral, wer befugt ist, bestimmte Eingriffe in die Grundrechte – vorzunehmen; zweitens führt die Einbeziehung privater Akteure teils zu einer Kommerzialisierung der Sicherheitsgewährleistung, in der Profitlogiken die Aufsplittung der Gewährleistung in immer kleinere und kurzfristigere Pakete begünstigen, die klassische Formen der Verantwortungszuschreibung und damit Kontrollmöglichkeiten unterlaufen.

Beide Spielarten von Verantwortungsdiffusion führen zu Folgeproblemen: Sicherheitslücken einerseits und problematischen Eingriffen in Grundrechte, mit anderen Worten: Legitimitätsproblemen andererseits.

Um dieses Argument plausibel zu machen, werde ich im Folgenden zunächst kurz auf das Phänomen der Sicherheitsprivatisierung im Allgemeinen eingehen und dabei seine Treiber und das gegenwärtige Ausmaß beschreiben (Abschnitt 2), bevor ich auf die grundlegenden Formen von Privatisierung eingehe (Abschnitt 3) und ihre jeweiligen Tendenzen zur Verantwortungsdiffusion und ihren Folgen komme (Abschnitt 4). Ich schließe mit einigen knappen Bemerkungen zu den Möglichkeiten einer Begrenzung bzw. Rücknahme von Verantwortungsdiffusion durch Privatisierung (Abschnitt 5).

2. Treiber und Ausmaß der Privatisierung von Sicherheit

Auch wenn mit guten Gründen bestritten werden kann, dass die primäre Aufgabe des Staates die Sicherheit ist, so ist es historisch betrachtet seine vordringlichste Aufgabe und eine, die in der Wahrnehmung vieler Bürgerinnen und Bürger auch untrennbar mit ihm verbunden ist (Geis/Deitelhoff 2010). Zumindest hat der Staat sich als dasjenige institutionelle Arrangement herausgebildet, das in einer bestimmten Konstellation die Sicherheitserfordernisse der Gesellschaft am besten gewährleistete (Leibfried/Zürn 2006). Allerdings existiert die historische Konstellation, in der ihm dies so gut gelang, nur noch sehr eingeschränkt. Sicherheitsgefährdungen lassen sich nicht länger auf einen nationalen territorialen Rahmen begrenzen, sondern haben oftmals transnationalen Charakter angenommen (wie etwa transnationaler Terrorismus, organisierte Kriminalität). Dementsprechend haben sich auch die nötigen Ressourcen für die Eindämmung von Sicherheitsgefährdungen aus dem nationalen Rahmen herausbewegt. Transnationale Phänomene erfordern überstaatliche Institutionen zu ihrer Bearbeitung. Schließlich sind Sicherheitsbedrohungen auch nicht auf den

Schutz territorialer Grenzen oder auch nur auf unmittelbare Gefährdungen von Leib und Leben beschränkt. Mit der Hinwendung zum Konzept der menschlichen Sicherheit in den 1990er Jahren ist das Individuum und sein Wohlergehen in das Zentrum des Sicherheitsdiskurses gerückt und mit der Einbeziehung von Pandemien oder Umweltproblemen sind Risiken neben das klassische Konzept der Bedrohungen getreten (Werthes/Debiel 2009; Daase 2010). Zusammengenommen wird durch diese Trends von Entterritorialisierung, Individualisierung und Risiken in unseren heutigen komplexen Gesellschaften die Verantwortung für Sicherheit zunehmend problematisch, denn die Ausweitung der Sicherheitsbedürfnisse übersteigt längst die Steuerungskapazitäten von Staaten wie auch Internationalen Organisationen (Deitelhoff/Geis 2010; 2012).

Vor diesem Hintergrund erscheint die Einbeziehung nichtstaatlicher Akteure in die Regulierung und Aufgabenerfüllung als notwendige Entlastung des Staates, um dessen Ressourcen zu schonen und die spezifische Expertise und Ressourcen des Privatsektors nutzbar zu machen. Der „kooperative Staat" (Voigt 1995) regiert nicht mehr per Verordnung und Gesetz von „oben", sondern er organisiert die unterschiedlichen Interessen als *primus inter pares*.

Zugleich entwickelte sich gefördert durch das Ende des Kalten Krieges und die allgemeine Verkleinerung der Sicherheitsapparate in den meisten westlichen Gesellschaften ein Angebot an hoch qualifizierten Sicherheitsfachkräften, die nach neuen Betätigungsfeldern suchen und in den Äußeren wie Inneren Markt der Sicherheit drängen, der lange Zeit von klassischen Wach- und Schließgesellschaften dominiert wurde. In der äußeren Sicherheit sind es die vielen kleinen und neuen Kriege in Regionen zerfallener oder mindestens fragiler Staatlichkeit und die komplexen Interventionen, die diese zu ihrer Befriedung erfordern, ebenso wie der Global War on Terror, der der jungen privaten Sicherheitsindustrie traumhafte Wachstumsraten in den 1990ern und vor allem 2000ern bescherte (vgl. Deitelhoff 2008; Deitelhoff/Geis 2010; 2011; Krahmann 2010; Avant 2005). Im Irak und in Afghanistan waren und sind zeitweise mehr private Dienstleister als reguläre Soldaten präsent. Nach neueren Zahlen des Pentagons kommen in Afghanistan auf jeden regulären Soldaten 2,92 Angestellte privater Firmen[3] (vgl. auch Peters et al. 2017, 4-5). Im Inneren ist es neben der Individualisierung und Vervielfältigung von Sicherheitsbedürfnissen vor allem das Leitbild vom schlanken Staat und *New Public Management*, das die Privatisierung forciert. Das Leitbild des schlanken Staats sieht den Staat eher als Hindernis, denn als Notwendigkeit der Bereitstellung öffentlicher Güter unter Effizienz-

---

[3] Washington Post (01.06.2016): How Obamas Afghanistan plan is forcing the army to replace soldiers with contractors. Verfügbar unter: https://www.washingtonpost.com/news/checkpoint/wp/2016/06/01/how-obamas-afghanistan-plan-is-forcing-the-army-to-replace-soldiers-with-contractors/?utm_term=.8925ce0ec415 [Zugriff: 12.04.2018].

Privatisierung und die Diffusion von Sicherheitsverantwortung

und Effektivitätsgesichtspunkten. Stattdessen propagierte es die weitmöglichste Auslagerung öffentlicher Aufgaben an den privatwirtschaftlichen Sektor, um Kostenreduktionen und Effizienzsteigerungen zu ermöglichen (Deitelhoff/Geis 2007a; b).

Unabhängig davon, ob sich diese Gewinne so realisieren lassen (die Privatisierungserfahrungen in der Bundeswehr stimmen zum Beispiel durchaus skeptisch; vgl. Daase/Deitelhoff 2013; Eberhard/Engartner 2013), ist das Ausmaß, das die Privatisierung der inneren Sicherheit erreicht hat, enorm. Ein Blick in die Zahlen, die die Sicherheitsbranche selbst dokumentiert, verdeutlicht dies: Laut Daten des Bundesverbands der Sicherheitswirtschaft wachsen die Umsätze privater Sicherheitsdienste konstant.[4] 2017 erzielte die Branche einen Umsatz von mehr als 8.4 Mrd. Euro[5] bei 257.000 Beschäftigten. Damit hat sich der Umsatz in den letzten 10 Jahren mehr als verdoppelt. Die Zahl der Beschäftigten ist im gleichen Zeitraum um knapp 100.000 von 168.000 auf 257.000 gestiegen. Nach Recherchen des Guardians liegen private Sicherheitsanbieter zahlenmäßig in vielen westeuropäischen Ländern, darunter auch in Deutschland, vor staatlichen Ordnungskräften. In Deutschland stehen 247.000 private Sicherheitsdienstleister 245.072 Polizeikräften gegenüber.[6]

Angesichts dieser Zahlen liegt es auf der Hand, dass Privatisierung bzw. der Einsatz von privaten Sicherheitsdienstleistern schon lange nicht mehr auf die klassischen Aufgaben der Wach- und Schließgesellschaften, d.h. Werkschutz und Kaufhausüberwachung, begrenzt ist. Private Sicherheitsdienste schützen Kraftwerke, militärische Liegenschaften und kritische Infrastrukturen im breiteren Sinne, sie gehen auf Patrouille in Bahnhöfen und in Zügen, in Einkaufsstraßen und in Problemvierteln, sie sind verantwortlich für Personen- und Gepäckkontrollen an Flughäfen, sie übernehmen den Personenschutz von privaten und staatlichen Klienten (etwa Botschaftsangehörigen im Ausland), sie sind in der Verkehrsüberwachung und -aufklärung tätig, sie sichern Großveranstaltungen wie Konzerte, Festivals, Sportveranstaltungen oder Parteitage, sie beraten oder bilden aus und schützen Flüchtlingsunterkünfte. In diesen Entwicklungen nicht

---

[4] Alle folgenden Daten stammen von der Internetseite des Bundesverbands der Sicherheitswirtschaft (BDSW). Verfügbar unter: https://www.bdsw.de/staistiksartz/ Statistiksatz-BDSW-BDGW-BDLS-2018-0406.pdf [Zugriff: 12.04.2018].
[5] Die Daten stellen eine Schätzung des Verbands dar, weil der Jahresabschluss nicht vorliegt.
[6] The Guardian (12.05.2017): The industry of inequality: Why the world is obsessed with private security. Verfügbar unter: https://www.theguardian.com/inequality/ 20 17/may/12/industry-of-inequality-why-world-is-obsessed-with-private-security [Zugriff: 12.04.2018]. Die Daten beruhen auf Eurostat und CoESS.

enthalten sind die proaktiven, quasi ehrenamtlichen Privaten, wie etwa Bürgerwehren.

3. Formen der Privatisierung

Diese enormen Zahlen wie auch das Aufgabenspektrum deuten bereits an, dass wir es mit vielfältigen Formen der Privatisierung zu tun haben. In der inneren Sicherheit zeigen sich vor allem *Privatisierungen durch Integration*, etwa in Form von Private-Public-Partnerships, wie in der Teilprivatisierung von Justizvollzugsanstalten, oder mit privaten Sicherheitsdiensten im öffentlichen Verkehr, sowie eine *Privatisierung durch Überlassung* von Sicherheitsaufgaben an private Akteure, so im Bereich des Schutzes von Einkaufscentern und Einkaufsstraßen. Schließlich lässt sich hier noch eine besondere Variante der Privatisierung benennen, die zwar zunächst als bottom-up Privatisierung erscheint, aber oftmals gezielt top-down forciert wird, nämlich die Formierung von freiwilligen Nachbarschaftswehren und Präventionsräten, die lokale Sicherheitsgewährleistung zumindest mit übernehmen (vgl. hierzu Hirschmann 2012; 2013). Es gibt keinen fixen Bereich von Aufgaben, der der Privatisierung komplett entzogen ist oder eine spezifische Form, in der diese auftreten könnte. Vielmehr zeigen sich je nach Bereich unterschiedliche Konfigurationen, die sich grob als Formen von Privatisierung durch *Auslagerung*, durch *Integration* und durch *Überlassung* kennzeichnen lassen (vgl. hierzu Stienen 2011).

Privatisierung durch Auslagerung beschreibt Formen der Privatisierung, in denen staatliche Akteure auf die Wahrnehmung bestimmter Aufgaben verzichten und sie Privaten überantworten. Diese Überantwortung geschieht jedoch kaum je komplett, da der Staat in unterschiedlicher Weise die Erfüllung der Wahrnehmung der Aufgabe kontrolliert oder ihre gemeinwohlorientierte Erfüllung garantiert. Ein Bespiel wäre etwa die Auslagerung der Wartung von Waffensystemen an private Unternehmen.

Privatisierung durch Integration umfasst dagegen Fälle, in denen die Aufgabenerfüllung geteilt wird und der Staat den privaten Akteur in seine Strukturen integriert. Klassisches Beispiel wären hier Public-Private-Partnerships, wie zum Beispiel zwischen Polizei und privaten Sicherheitsfirmen im Bereich der innerstädtischen Schutzfunktionen.

Privatisierung durch Überlassung verweist dagegen auf Fälle, in denen der Staat sich zunehmend aus bestimmten Bereichen zurückzieht und es Privaten überlässt, Sicherheit in diesen Bereichen zu erbringen. Zugleich lassen sich darunter aber auch Fälle fassen, in denen Private proaktiv Sicherheit herstellen, ohne dass staatliche Akteure aktiv geworden wären. Ein Bespiel für solche ambivalenten Fälle stellt etwa die Sicherung von Einkaufsstraßen durch private Sicherheitsdienstleister dar.

Zumeist haben wir es – rechtlich betrachtet – bei diesen drei Formen mit funktionaler bzw. Vollzugsprivatisierung zu tun. Dabei bleibt formal die Aufgabenverantwortlichkeit beim Staat, aber dieser kann private Akteure in die Aufgabenerfüllung einbeziehen, sei es indem er Teilaufgaben an diese delegiert oder in vertragliche Partnerschaften zur gemeinsamen Erfüllung eintritt (1 und 2). Ein Beispiel ist die Teilprivatisierung im Justizvollzug, wie in der Haftanstalt Hünfeld, in der private Sicherheitsdienstleister den privatwirtschaftlichen Betrieb übernehmen, während die staatlichen Behörden den Strafvollzug aufrechterhalten. In dieser wohl typischsten Form der Privatisierung in der Sicherheit gibt es wiederum zwei Subtypen zu bedenken. Wenn der Staat private Akteure in die Aufgabenerfüllung einbezieht und diese dabei hoheitliche Tätigkeiten erfüllen sollen, ist eine Beleihung erforderlich, die den Privaten praktisch zum Teil der staatlichen Behörde macht. Ohne eine solche Beleihung, die es beispielsweise in der Flughafensicherung bei Passagier- und Gepäckkontrollen gibt (vgl. Bundestag 2005), ist der Private nur Verwaltungsgehilfe und kann demnach keine hoheitlichen Rechte ausüben, die mit dem Eingriff in die Grundrechte verbunden sind.

4. Verantwortungsdiffusion durch Sicherheitsprivatisierung

4.1. Rollenverwischung durch Privatisierung: Teilprivatisierung im Justizvollzug/ Gemeinsame Patrouillen

Eine dieser typischen Formen der Privatisierung von innerer Sicherheit findet sich im Justizvollzug. In der Bundesrepublik Deutschland gibt es dazu vier Fälle: die Teilprivatisierungen der Justizvollzugsanstalten (JVA) in Hünfeld (Hessen), Offenburg (Baden-Württemberg, geschlossen), Burg bei Magdeburg (Sachsen-Anhalt) und Bremervörde (Niedersachsen). Der Bau einer neuen JVA in Gablingen bei Augsburg (Bayern) war ursprünglich als PPP geplant. Da sich die Angebote der Privatwirtschaft jedoch als nicht wirtschaftlich erwiesen, wurde das Projekt dann als klassisches staatliches Bauprojekt durchgeführt.[7]

Klassischerweise funktionieren solche PPPs so, dass die Gesamtorganisation und Letztverantwortung sowie das Bewachungs- und Kontrollmanagement (inklusive Aufnahme und Entlassung, Sicherungsmaßnahmen und der Anwendung unmittelbaren Zwangs) weiterhin von staatlichen Beamten vorgenommen wer-

---

[7] Cop2Cop (16.10.2009): Privatisierung des Strafvollzugs wegen zu hoher Kosten gestoppt. Verfügbar unter: http://www.cop2cop.de/2009/10/16/privatisierung-des-strafvollzugs-wegen-zu-hoher-kosten-gestoppt/ [Zugriff: 12.04.2018].

den, während Planung und Errichtung, Facility Management, Videoüberwachung, Versorgungsmanagement (Küche, Reinigung, Bekleidung etc.), Kranken- und Pflegebetreuung, Arbeitswerkstätten, Schulungs- und Beratungsdienste, Freizeitangebote und die Überwachung und Instandhaltung der Sicherungsanlagen von den privaten Dienstleistern übernommen werden. Diese Unterteilung gilt grob für alle Modelle, weil es ohne Beleihung den Privaten nicht gestattet ist, Eingriffe in die Grundrechte vorzunehmen. Sie dürfen nur als Verwaltungsgehilfen fungieren.

Allerdings funktionieren diese Rollenzuweisungen selten zuverlässig, weil es im Alltag des Strafvollzugs schwierig ist, in jedem Einzelfall die Bereiche mit hoheitlichem Eingriff (Zellendurchsuchung und -säuberung; Gesundheitsvorsorge und Zwang) von jenen ohne hoheitlichen Eingriff zu trennen. Oftmals erschwert es für die hoheitlichen und die privaten Akteure auch ihre Arbeit, weil aufgrund dieser Trennung Arbeitsschritte getrennt werden müssen, die besser in einer Hand verbleiben sollten.

Das macht sich etwa auch in den nicht realisierten Kostenersparnissen deutlich: Die Unterbringungskosten in der teilprivaten JVA Hünfeld etwa betrugen 2007 pro Tag und Inhaftiertem 83,18 Euro, während die Kosten in der vollständig staatlich betriebenen JVA Darmstadt nur bei 79,28 Euro lagen und die JVA Frankfurt am Main IV war sogar noch günstiger. Hier lagen die Haftkosten 2007 bei nur 74,23 Euro. Dies ist umso erstaunlicher, da die Beschäftigungsquote der Gefangenen in Hünfeld mit 76% relativ hoch ist, was die JVA rentabler machen sollte (vgl. Förtsch 2009, 148). Während sich die Zahlen in der JVA Hünfeld über die Jahre allerdings positiv entwickelt haben, gibt es bei den anderen nach wie vor viel Kritik an der mangelnden Wirtschaftlichkeit (vgl. Dübbgen/Mattutat 2017, 84-87).

Die Verwischung von Rollen tritt typischerweise in der Privatisierung durch Integration auf. Neben dem Beispiel des Justizvollzugs sind auch gemeinsame Streifen und Patrouillen in Innenstädten/Parkanlagen ein solcher Fall. Auch hier lassen sich Rollenüberschreitungen beobachten, weil es (a) über die Zusammenarbeit zu spontaner Kooperation zwischen öffentlichen und privaten Akteuren kommt, die quer zu den Rollen verlaufen; oder (b) durch Imitation Rollenanmaßungen stattfinden, in denen Private hoheitliche Aufgaben imitieren. Ebenfalls problematisch ist, dass es für Bürgerinnen und Bürger im Einzelfall kaum zu erkennen ist, wer ihnen gegenübersteht und mit welchen Kompetenzen derjenige handeln darf (vgl. zum pluralen Polizieren etwa Hirschmann 2012; 2013).

4.2. Kontrollverluste durch Privatisierung: Der private Betrieb von Flüchtlingsunterkünften / Sicherung von Großereignissen

Auch privat betriebene Flüchtlingsunterkünfte, wie jene berüchtigte in Burbach fungieren im groben Rahmen der Verwaltungshilfe, allerdings handelt es sich hier nicht um Privatisierung durch Integration, sondern durch Auslagerung. Der Staat (hier: die Kommunen) lagert eine Aufgabe, den Betrieb von Flüchtlingsheimen, an private Akteure aus. Auch hier handelte es sich um einen privaten Betreiber, der nicht beliehen war, nämlich die *European Homecare*.[8] Und auch hier lässt sich Verantwortungsdiffusion beobachten. Der private Betreiber schaltete – eine absolut gängige Praxis in der Branche (vgl. schon Avant 2005) – aus Kosten- und Effizienzgründen weitere Subunternehmer ein, um bestimmte Sicherheitsaufgaben erfüllen zu lassen. Der staatliche Akteur hat davon im Zweifel nicht einmal Kenntnis, weil dieser Teil der Aufgabenerfüllung nicht mehr zu seinen Aufgaben gehört (obgleich er formal in der Gesamtverantwortung bleibt). Über die Subunternehmen tritt ein klassischer *agency slack* auf, d.h. innerhalb der Vertragskette ist es kaum mehr möglich, komplette Kontrolle auszuüben, weil unklar wird, wer eigentlich für welchen Aspekt der Aufgabenerfüllung zuständig ist und/oder weil die Gesamtaufgabe nicht mehr klar erkennbar ist und nur der Einzelaspekt stur durchgeführt wird (vgl. Daase et al. 2017). Das ist die Gemengelage, in der Verletzungen von Grundrechten typischerweise auftreten. Im konkreten Beispiel der Flüchtlingsunterkunft in Burbach waren innerhalb der Vertragskette letzten Endes Vorbestrafte eingestellt worden, weil es keine Gesamtkontrolle über die Qualifikation des Personals vor Ort gab.[9]

Auch die Sicherung von Großereignissen, wie beispielsweise Festivals, zeugt von Verantwortungsdiffusion. Die Sicherung von „privaten" Großereignissen ist in weiten Teilen (auf dem Gelände) dem privaten Betreiber überlassen, um die Polizei von immer weiteren Aufgaben zu entlasten. Die Polizei agiert aber im Rahmen der Gesamtverantwortung, beispielsweise in dem sie alle Personalien von eingesetzten Mitarbeiterinnen und Mitarbeitern von privaten Sicherheitsfirmen überprüft und freigeben muss, bevor diese eingesetzt werden dürfen.

---

[8] Inzwischen steht die Unterkunft leer. Vgl. Westfalenpost (14.06.2017): Die Flüchtlingsunterkunft Burbach steht jetzt leer. Verfügbar unter: https://www.wp.de/staedte/siegerland/fluechtlingsunterkunft-burbach-steht-jetzt-leer-id210910635.html [Zugriff: 12.04.2018].

[9] RP Online (21.03.2017): Offenbar 38 Angeklagte im Misshandlungsfall. Verfügbar unter: http://www.rp-online.de/nrw/panorama/offenbar-38-angeklagte-im-misshandlungsskandal-aid-1.6703710 [Zugriff: 12.04.2018].

Bei dem Musikfestival „Rock am Ring" führte eine Verkehrskontrolle im weiteren Umfeld des Geländes zu einem vorübergehenden Abbruch des Festivals, weil sich daraus ein konkreter Verdacht auf einen möglichen Terroranschlag auf das Festival ergab. Die Polizei überprüfte die Personalien von zwei männlichen Personen, die Backstage-Pässe für den gesamten Bereich des Festivals bei sich hatten und nicht auf den Listen der Polizei auftauchten, aber mit großer Wahrscheinlichkeit der salafistischen Szene angehörten. Weil die Vorbereitung eines terroristischen Anschlags nicht auszuschließen war, ordnete die Polizei schließlich den Abbruch des Festivals und die Durchsuchung des Geländes an. Offenbar waren die beiden Männer erst sehr spät eingestellt worden, weil bei einem der Subunternehmer kurzfristig Mitarbeiter ausgefallen waren. Bis heute ist unklar, ob es sich dabei um Aufbauhelfer handelte (die die Polizei nicht flächendeckend prüft) oder um Ordner (die flächendeckend überprüft werden).

Inzwischen ist aber bekannt, dass die Namen der beiden Verdächtigen Schreibfehler aufwiesen, sie also den Behörden durchaus übermittelt worden waren. Dort wurde wegen des Schreibfehlers zunächst keine Gefährdungslage erkannt, die sich allerdings auch in der nachträglichen Überprüfung nie realisiert hat.[10]

Der Vorfall wirft dennoch ein ungutes Schlaglicht auf die Verantwortungsdiffusion durch Privatisierung. Wie auch im Fall privat betriebener Flüchtlingsheime führt die Überlassung von Aufgaben an Private dazu, dass diese profitorientierte Logiken in die Sicherheitsgewährleistung einführen. Das heißt in diesen Bereichen, dass aufgrund nicht rentabler Vorhalte- und mangelnder Ausbildungskapazitäten die Aufgabe der Sicherheitsgewährleistung immer weiter aufgesplittet wird, um kostengünstig operieren zu können und damit Kontrolle entlang der Vertragskette verloren geht (vgl. Deitelhoff/Geis 2010).

Obgleich für den Vorfall des Musikfestivals „Rock am Ring" deutlich wird, dass die Polizei schnell reagiert hat, zeigt der Vorfall dennoch, dass durch die Verantwortungsdiffusion klassische Sicherheitslücken entstehen. Kontrollverluste entlang der Vertragskette machen nicht nur Verletzungen der Grundrechte wahrscheinlicher, sie lassen auch Sicherheitslücken entstehen, die gerade im Bereich Terrorabwehr (aber nicht nur dort) brandgefährlich sind. Wenn unklar bleibt, welche Firmen im Einzelnen für welche Aspekte der Sicherheitsgewährleistung verantwortlich sind und wie diese ihre Mitarbeiterinnen und Mitarbeiter rekrutieren, ist es für die Polizei kaum möglich, ihre Gesamtverantwortung wahrzunehmen. Im Gefolge des Musikfestivals „Rock am Ring" hat der Chef

---

[10] General-Anzeiger (29.06.2017): Rock am Ring. Ermittler lassen den Terrorverdacht fallen. Verfügbar unter: http://www.general-anzeiger-bonn.de/region/Rock-am-Ring-Ermittler-lassen-den-Terrorverdacht-fallen-article3592544.html [Zugriff: 12.04.2018].

des rheinland-pfälzischen Landeskriminalamts, Kunz, gefordert, dass zukünftig nicht nur die Personallisten der Sicherheitsfirmen, sondern die aller privaten Dienstleister überprüft werden müssten – eine weitere Aufgabe für die Polizei, welche die anvisierten Entlastungen und Kosteneinsparungen durch Privatisierung unterlaufen dürfte.[11]

5. Verantwortungsdiffusion vermeiden oder verringern

Obgleich diese Beispiele herausragen, weil sie öffentlich skandalisiert wurden, sind sie dennoch nur Beispiele für typische Entwicklungen durch Privatisierung. Das liegt daran, dass Privatisierung im Bereich der inneren Sicherheit ein Ausmaß erreicht hat, das die Kontrollmöglichkeiten der staatlichen Auftraggeber immer wieder überfordert. Wenn mittlerweile genauso viele oder sogar mehr private Sicherheitskräfte als reguläre Polizeikräfte im Sicherheitsbereich tätig sind, ist das kaum zu vermeiden. Zugleich führt der stetig ansteigende Personalbedarf im privaten Sicherheitsmarkt dazu, dass die Qualifikation in diesem Bereich oftmals schlecht ist. Obwohl die Branche sich um Qualifizierung und Ausbildung bemüht, ist das Gros der privaten Sicherheitsmitarbeiter schlecht qualifiziert und sind viele Jobs oft mit ungelernten Hilfsarbeitern besetzt, die teils in äußerst sensiblen Bereichen agieren müssen.[12] Gut ein Drittel der Jobs sind mit geringfügig Beschäftigten besetzt (BDSW 2018).

Zusammen mit marktwirtschaftlichen Logiken, die die Gewährung von Sicherheit primär als Effizienzproblem sehen und flexible (d.h. zumeist in Kleinst- und Teilpakete ausgesplittete) Aufgabenerfüllung propagieren, führt das leicht zu Grundrechtsverletzungen, weil die Implikationen der jeweiligen Handlungen kaum mehr im Gesamtkontext der Aufgaben eingeschätzt werden können. Die Frage ist, wie sich das vermeiden lässt. Dabei kann es nicht darum gehen, Gesamtverantwortung an den Staat zurück zu verlagern, denn diese hat er formal nie abgegeben, sondern sie wieder sichtbarer zu machen bzw. Teilverantwortungen klar zu definieren und ihre Einhaltung zu kontrollieren.

---

[11] Focus Online (14.06.2017): Schreibfehler lösten Terroralarm bei Rock am Ring aus. Verfügbar unter: https://www.focus.de/politik/deutschland/praesident-des-lka-rheinland-pfalz-schreibfehler-loesten-terroralarm-bei-rock-am-ring-aus_id_7244719.html [Zugriff: 12.04.2018].

[12] Nach wie vor ist die Einstiegsvoraussetzung in die Branche eine 40-stündige Belehrung mit Abschlussprüfung in der IHK. Seit dem ersten Ausbildungsjahr in 2002 absolvieren durchschnittlich 760 Personen eine zwei- oder dreijährige Ausbildung. Mit knapp 260.000 Beschäftigten in der Branche wird damit das geringe Qualifikationsniveau deutlich. Vgl. die Daten des Bundesverbands der Sicherheitswirtschaft dazu auf www.bdsw.de [Zugriff: 12.04.2018].

Dafür muss prioritär die Praxis der Subkontrakte besser reguliert und generell eingeschränkt werden. Bereits in die Rahmenvertragsgestaltung gehören klare Beschränkungen der Weiterdelegation von Aufgaben, die besonders sensibel sind (mit Blick auf mögliche Eingriffe in Grundrechte) und die Vereinbarung von empfindlichen Vertragsstrafen, wenn der Private diese nicht einhält.

Eine Alternative wäre es, die Beleihung Privater zu forcieren, wenn sie in sensiblen Bereichen tätig werden müssen. Das findet sich bislang faktisch nur im Bereich der Personen- und Gepäckkontrollen an Flughäfen, ist aber angesichts der Zunahme an Privaten in allen Bereichen der inneren Sicherheit kaum mehr haltbar und ist insbesondere dort schwierig, wo private und öffentliche Sicherheitskräfte im Team arbeiten, wie im Justizvollzug oder bei gemeinsamen Patrouillen (vgl. auch Hirschmann 2013; 2012).

Schließlich müssen die Kontrollen der öffentlichen Hand ausgeweitet werden, um schwarzen Schafen, die es in jeder Branche gibt, auf die Schliche zu kommen und Sicherheitslücken zu vermeiden. Gerade im Bereich der Terrorabwehr sind gängige Praktiken des privaten Sicherheitsmarktes, wie das Subcontracting eine besondere Gefahr. Das heißt aber auch, dass die Kostenersparnis durch Privatisierung, die immer wieder propagiert wird, letztlich bestenfalls begrenzt ist, weil die öffentliche Hand umso mehr in die Kontrolle investieren muss.

Literatur

Avant, Deborah (2005): The Market for Force, Cambridge: Cambridge University Press.

Bundestag (2005): Drucksache 15/4720. Antwort der Bundesregierung auf die Große Anfrage der Abgeordneten Dr. Werner Hoyer, Dr. Karl Addicks, Daniel Bahr (Münster), weiterer Abgeordneter und der Fraktion der FDP. Auslagerung spezifischer Sicherheits- und Militäraufgaben an nichtstaatliche Stellen, Deutscher Bundestag – 15. Wahlperiode.

Daase, Christopher (2010): Wandel der Sicherheitskultur. In: Aus Politik und Zeitgeschichte 50, 9-16.

Daase, Christopher / Deitelhoff, Nicole (2013): Privatisierung der Sicherheit. Eine sozialwissenschaftliche Studie, Schriftenreihe Forschungsforum Öffentliche Sicherheit. Verfügbar unter: http://www.sicherheit-forschung.de/publikationen/schriftenreihe_neu/sr_v_v/_Schriftenreihe-Sicherheit-Nr_-11.pdf, Zugriff: 12.04.2018.

Daase, Christopher / Junk, Julian / Kroll, Stefan / Rauer, Valentin (2017): Verantwortung in der Politik und Politik der Verantwortung: Eine Einleitung. In: dies. (Hrsg.): Politik und Verantwortung, Sonderheft 52 der Politischen Vierteljahresschrift, Baden-Baden: Nomos Verlag, 3-11.
Deitelhoff, Nicole (2008): Ohne private Sicherheitsanbieter können die USA nicht mehr Krieg führen – die Privatisierungsdimension der RMA. In: Helmig, Jan / Schörnig, Niklas (Hrsg.): Transformation der Streitkräfte im 21. Jahrhundert, Frankfurt: Campus, 165-184.
Deitelhoff, Nicole / Geis, Anna (2007a): Ver- und Entstaatlichung von Sicherheit: Konträre Richtungen, doch ein gemeinsames Governance-Problem. In: Janning, Frank / Toens, Katrin (Hrsg.): Die Zukunft der Policy-Forschung, Wiesbaden: VS Verlag, 279-296.
Deitelhoff, Nicole / Geis, Anna (2007b): Warum Reformen nicht allein an Effektivitätssteigerung gemessen werden sollten. Das Beispiel Sicherheitspolitik. In: Wolf, Klaus Dieter (Hrsg.): Staat und Gesellschaft – fähig zur Reform?, Wiesbaden: VS Verlag, 303-328.
Deitelhoff, Nicole / Geis, Anna (2010): Entkernt sich der Leviathan? Die organisatorische und funktionelle Umrüstung der Militär- und Verteidigungspolitik westlicher Demokratien. In: Leviathan 3/2010, 389-410.
Deitelhoff, Nicole / Geis, Anna (2011): Beyond the Taboos? Die Privatisierung des Militärs. In: Leonhardt, Nina / Werkner, Jacqueline (Hrsg.): Militärsoziologie. Eine Einführung, Heidelberg: VS-Verlag, 139-157.
Dübgen, Franziska / Mattutat, Liza (2017): Neoliberalisierung im Vollzug. Gibt es einen „Prison-Industrial-Complex" in Deutschland. In: WestEnd 02-2017, 77-97.
Eberhard, Anna / Engartner, Tim (2013): War sells: Die Privatisierung der Bundeswehr. Verfügbar unter: http://www.fb03.uni-frankfurt.de/46285682/Privatisierung_Bundeswehr_Universitas_4_2013.pdf, Zugriff: 12.04.2018.
Förtsch, Daniel (2009): Privatisierung im Justizvollzug. In: Heindl, Markus (Hrsg.): Seminarbericht „Privatisierung und öffentliche Verwaltung", 135-153. Verfügbar unter: http://docplayer.org/8504502-Seminar-bericht-privatisierung-und-oeffentliche-verwaltung.html, Zugriff: 12.04.2018.
Hirschmann, Nathalie (2012): Kommerzialisierung der öffentlichen Sicherheit. PPP – Police-Private-Partnership. In: Deutsches Polizeiblatt für die Aus- und Fortbildung, Nr. 1/ 2012: 9-10.
Hirschmann, Nathalie (2013): Polizei (von) morgen – Sicherheitsgewährleistung im Wettbewerb mit privaten Sicherheitsdienstleistern? In: Frevel, Bernhard (Hrsg.): Polizei im Wandel. Entwicklungen, Strukturen

und Prozesse; Themenheft Zeitschrift Polizei & Wissenschaft, Ausgabe 3/2013: 35-45.

Krahmann, Elke (2010): States, Citizens and the Privatization of Security. Cambridge: Cambridge University Press.

Leibfried, Stefan / Zürn, Michael (2006): Transformation des Staates, Frankfurt am Main: Suhrkamp Verlag.

Peters, Heidi / Schwartz, Moshe / Kapp, Lawrence (2017): Department of Defense Contractors and Troop Levels in Iraq and Afghanistan 2007-2017, Washington: Congressional Research Service Report. Verfügbar unter: https://fas.org/sgp/crs/natsec/R44116.pdf, Zugriff: 12.04.2018.

Stienen, Ludger (2011): Privatisierung und Entstaatlichung der inneren Sicherheit – Erscheinungsformen, Prozesse und Entwicklungstendenzen. Eine empirische Untersuchung zur Transformation von Staatlichkeit am Beispiel der inneren Sicherheit in der Bundesrepublik Deutschland, Frankfurt am Main: Verlag für Polizeiwissenschaft.

Werthes, Sascha / Debiel, Thomas (2009): Menschliche Sicherheit. In: Ferdowski, Mir A. (Hrsg.): Internationale Politik als Überlebensstrategie, München: Bayerische Landeszentrale für politische Bildungsarbeit, 155-76.

I. Radikalisierungsdynamiken

Hasskriminalität und rassistische Gewalt: Konzeptionalisierungs- und Bearbeitungsprobleme in Deutschland

Britta SCHELLENBERG

Diskriminierungsschutz sowie das Erkennen und die Ahndung von Hassverbrechen sind grundlegend für die Sicherheit in liberalen Demokratien heute. Es geht um die Sicherheit der Bürger und Menschen, des Personals staatlicher und zivilgesellschaftlicher Institutionen, und damit auch um den Schutz des demokratischen Rechtsstaates. Aktuelle Sicherheitsprobleme müssen zielgenauer adressiert werden.

Wie konnte es dazu kommen, dass die hauptamtlich Zuständigen, die rassistische Motivation hinter den Taten des Nationalsozialistischen Untergrunds nicht erkannt haben? Rassistische Übergriffe auf Flüchtlinge und Einheimische haben in den letzten Jahren weiter zugenommen – Wo sind die Täter, wo die Verfahren? Warum kommen Opfer von rassistischer Gewalt, potentielle Betroffenengruppen und NGOs, die entsprechende Fälle dokumentieren, zu ganz anderen Lageeinschätzungen als staatliche Behörden? Und was können unterschiedliche Konzepte und aktuelle Forschungsbefunde zur Analyse und zur Verbesserung der Bearbeitung rassistischer Gewalt in Deutschland beitragen?

Der Artikel analysiert vorhandene und praktisch angewandte Konzepte in Bezug auf ihre Leistung, rassistische Gewalt zu erkennen und strafrechtliche Konsequenzen zu ziehen. Zunächst wird sich kritisch mit der traditionellen und gegenwärtigen Konzeptionalisierung auseinandergesetzt. Dafür wird das Extremismus-Konzept, das Definitionssystem der „Politisch motivierten Kriminalität" (PmK) und schließlich das – in Deutschland neu diskutierte – Konzept der Vorurteilskriminalität (Hate Crime) dargestellt und in den Auswirkungen auf die Praxis untersucht: Es werden Praxisbeispiele beleuchtet, vorliegende Daten betrachtet und jüngste staatliche Maßnahmen geprüft. Schließlich werden aktuelle Forschungsbefunde und Forschungsdesiderata für eine professionelle Analyse und Bearbeitung rassistischer Gewalt vorgestellt. Der Artikel adressiert, indem er die staatliche Bearbeitungsqualität rassistischer Gewalt ins Zentrum einer kritischen Analyse stellt, aktuelle Sicherheitsprobleme. Darüber hinaus eröffnet er Perspektiven für eine effektivere Bearbeitung rassistischer Gewalt in Deutschland.

Britta SCHELLENBERG

1. Extremismus: Der Täter und seine ideologische Verortung

In Deutschland hat sich das Extremismus-Konzept in enger Beziehung zum Konzept der „wehrhaften Demokratie" und im Zeichen des Nationalsozialismus und des Kalten Krieges entwickelt. Es wird genutzt, um politische Ideologien als nicht akzeptabel und strafrechtlich relevant zu bestimmen. Im Mittelpunkt stehen der Täter und seine ideologische Verortung. Der Blick wird weder auf das direkte Opfer noch auf die Auswirkungen auf eine bestimmte Opfergruppe und auch nicht auf die Auswirkungen auf die Gesamtgesellschaft gerichtet.

Sogenannte „Extremisten" sollen bekämpft werden, um das politische (demokratische) System zu schützen. Sie werden jenseits des demokratischen Spektrums und jenseits der Mitte der Gesellschaft verortet. Außerhalb des demokratischen Spektrums stehen auf der einen Seite linke, auf der anderen Seite rechte Extremisten. „Radikal" gilt im Unterschied zu „extrem" „in diesem Bestimmungssystem als sozial akzeptabel, weil es sich um eine strafrechtlich nicht relevante, politische Richtung handele, die das politische System weder infrage stelle noch bekämpfe" (Schellenberg 2018).

Mit dem klassischen Extremismus-Konzept werden Einstellungsdimensionen wie Rassismus und Antisemitismus und auch rassistische und antisemitische Handlungen jenseits eines (staats-)politischen Extremismus nicht als Bedrohung für das demokratische System und auch nicht als Probleme für die plurale Demokratie definiert. Die Polizei erfasste und verfolgte bis ins Jahr 2001 Staatsschutzdelikte „als gegen den Bestand oder die verfassungsmäßige Ordnung gerichtete Straftaten sowie Delikte mit einem politischen Element in Bezug auf die Bundesrepublik Deutschland" (Förster 1986, 27).

2. PmK: Eine Reform – aber die Grundperspektive bleibt

Mit dem polizeilichen Erfassungssystem „Politisch motivierte Kriminalität" (PmK) rechts und links wurde im Jahr 2001 ein weiteres Definitionssystem für den staatlichen Gebrauch in Deutschland eingeführt (vgl. BMI o.J.), es wurde von der Innenministerkonferenz beschlossen und ist mit kleinen Überarbeitungen seitdem in Kraft. Die letzte Reform trat zum 1. Januar 2017 in Kraft. Die traditionelle Erfassung alleine von Staatsschutzdelikten ist überwunden. „PmK" bedeutet schlicht, dass „Anhaltspunkte für eine politische Motivation gegeben sind".

Die Einordnung entsprechender Delikte bei der Polizei soll folgendermaßen ablaufen: Feststellen, ob „politisch motivierte Kriminalität" vorliegt. Wenn ja, den Phänomenbereich angeben: „links", „rechts", „Ausländer" oder „sonstige" und passende Themenfelder bestimmen. Eine Übersicht über mögliche Angaben findet sich in einem Katalog, der für den bundesweiten Gebrauch verfasst wurde. Er umfasst explizit auch Hasskriminalität wie etwa Antisemitismus oder Fremdenfeindlichkeit. Abschließend soll noch bewertet werden, ob die Straftat extremistische oder internationale Züge aufweist (vgl. Coester 2017, 172). Der Vorgang für den Polizisten*in im Dienst, etwa in Thüringen, sieht in der Praxis deutlich magerer aus: In einem Formular soll festgehalten werden, ob „eine(r) mögliche(n) politische(n) Tatmotivation bei Gewaltstraftaten" vorliegt. Ist das der Fall, muss die Polizist*in dies begründen (vgl. Thüringer Polizei o.D.). Hier können dann – je nach Ermessen des Beamten – auch Phänomenbereiche und Themenfeld eingetragen und weitere Zuordnungen vorgenommen werden. Die PmK-Erfassung ermöglicht es somit – anders als das klassische Extremismus-Konzept -, Delikte jenseits einer kämpferischen Haltung des Täters gegen das System und die Belange der Bundesrepublik Deutschland zu erfassen.

Hintergrund der ersten grundlegenden Überarbeitung der polizeilichen Erfassung war eine explodierende rassistische Gewaltwelle in den frühen 90er Jahren, die sich gegen Flüchtlinge ebenso wie gegen Migranten etwa aus der Türkei richtete. Journalist*innen, u.a. der Berliner Tageszeitung *Der Tagesspiegel*, veröffentlichten als Reaktion auf die rassistische Gewalt und die Unfähigkeit staatlicher Institutionen, diese zu verzeichnen und auf sie zu reagieren, eine Todesliste mit den Namen der Opfer „rechter, rassistischer und antisemitischer Gewalt seit 1990".[1] Die Journalist*innen konnten dadurch aufzeigen, dass eine Vielzahl der Tötungsdelikte von staatlichen Stellen nicht erfasst wurde. Eine Debatte über die nur unzureichend erfassten, dokumentierten und geahndeten „fremdenfeindlichen" Gewaltdelikte entbrannte und führte schließlich zur neuen PmK-Erfassung.

Im Zuge der Auseinandersetzung mit dem – wenig zielführenden - behördlichen Umgang mit der rassistischen und extrem rechten Terrorgruppe „NSU" wurde eine Bund-Länder-Arbeitsgruppe zur Überarbeitung des kriminalpolizeilichen Meldedienstes PmK (BLAG KPMD-PMK) einberufen. Beschlossen wurde auch, dass dieser stetig evaluiert und, falls erforderlich, an aktuelle Kriminalitätsentwicklungen angepasst werden soll (BMI/BMFSFJ 2017, 41). Hinzugezogen zur Überarbeitung der Erfassungskriterien wurden externe Berater, u.a. Prof. Dr. Uwe Backes (Mitbegründer des deutschen Extremismuskonzepts) und der Verband der Beratungsstellen für Betroffene rassistischer Gewalt (berücksichtigen das Hate Crime Konzept).

Entsprechend der Überarbeitung Hasskriminalität, die unter PmK subsummiert bleibt, mit folgenden 11 Kategorien erfasst: „Antisemitisch", „Antiziga-

---

[1] Der Tagesspiegel (31.05.2012): 149 Todesopfer rechter Gewalt. Verfügbar unter: http://www.tagesspiegel.de/politik/rechtsextremismus/toedlicher-hass-137-todesopfer-rechter-gewalt/1934424.html [Zugriff: 09.05.2018].

nistisch", „Fremdenfeindlich", „Behinderung" „Christenfeindlich", „Gesellschaftlicher Status", „Islamfeindlich" „Rassismus", „Sonstige ethnische Zugehörigkeit", „Sonstige Religionen" und „Sexuelle Orientierung" (BMI und BMFSFJ 2017, 19). Damit wird sie nun stärker differenziert.

Infolge der veränderten polizeilichen Erfassungspraxis haben heute auch die Verfassungsschutzämter die „PmK"-Dimension integriert. Den Extremismus-Bereichen „links" und „rechts" sowie dem „Islamismus/islamistischen Terrorismus" kommen hier allerdings weiterhin dominante und eigenständige Plätze zu.[2] Bei der Suche nach Definitionen bei den Zuständigen findet sich beim Bundesministerium des Inneren, für Bau und Heimat (Anfang 2018) neben Erläuterungen zum Extremismus auch eine Bestimmung zur „politisch motivierten Kriminalität": Hier heißt es, dass „politisch motivierte Kriminalität" u.a. vorliegen kann, wenn die Straftat „sich gegen eine Person wegen ihrer politischen Einstellung, Nationalität, Volkszugehörigkeit, Rasse, Hautfarbe, Religion, Weltanschauung, Herkunft oder aufgrund ihres äußeren Erscheinungsbildes, ihrer Behinderung, ihrer sexuellen Orientierung oder ihres gesellschaftlichen Status" richtet (sogenannte Hasskriminalität); dazu zählen auch Taten, die nicht unmittelbar gegen eine Person, sondern im oben genannten Zusammenhang gegen eine Institution oder Sache verübt werden" (BMI o.J., 21f.).

Kritik und Probleme für die Praxis: Doch obwohl „Hasskriminalität" nun genannt wird, scheinen gerade die Hasskriminalität – oder auch Vorurteilskriminalität, wie sie in der Forschung häufig heißt – und die rassistische Gewalt häufig von den Zuständigen vor Ort übersehen zu werden. So kommt der Kriminologie- und Polizeiforscher Marc Coester in seiner Studie zum Definitionssystem PmK zu einem ernüchternden Resultat. Es zeige sich (weiterhin), dass Vorurteilkriminalität nicht abgebildet wird. Seine umfassende Auswertung der von der Polizei erhobenen Daten zu Hasskriminalität im Rahmen des PMK-Definitionssystems verdeutlicht, dass es auch mit dem neuen Definitionssystem lediglich „die üblichen Verdächtigen" und damit wieder (nur) rechtsextreme Taten und Täter sind, die erfasst wurden (Coester 2008; Coester 2017, 173). Auch eine Studie des Deutschen Instituts für Menschenrechte kommt zu dem Schluss: „Vorurteilsmotivierte Taten werden häufig nur dann erkannt, wenn sie einen Bezug zu als (rechts-)extremistisch orientierten Tätern und/oder Verbin-

---

[2] Der aktuelle Bundesverfassungsschutzbericht umfasst folgende Bereiche: (1) „Politisch motivierte Kriminalität (PmK)", (2) „Rechtsextremismus", (3) „,Reichsbürger'" und „,Selbstverwalter'", (4) „Linksextremismus", (5) „Islamismus/ Islamistischer Terrorismus", (6) „Sicherheitsgefährdende und extremistische Bestrebungen von Ausländern (ohne Islamismus)", (7) „Spionage und sonstige nachrichtendienstliche Aktivitäten" und (8) „,Scientology-Organisation' (SO)" (BMI 2016).

dungen zu einer als rechtsextrem bekannten Organisation aufweisen" (Schellenberg/Lang 2016, 19).

Der (Rechts-)Extremismus-Begriff wird von Wissenschaftler*innen[3] im deutschsprachigen Raum, obwohl sie mitunter selbst den Rechtsextremismus-Begriff nutzen, weitgehend kritisch gesehen, weshalb sie sich klar von der staatlichen Extremismus-Konzeption abgrenzen (vgl. Frindte et al. 2016, 49f.). Sie kritisieren, diese sei zur Beschreibung, Erhellung und Erklärung der Wirklichkeit kaum geeignet. So stellt Gessenharter beispielsweise fest: Ein eindimensionales, verhaltens- und verfassungszentriertes Verständnis eines das politische System bedrohenden Extremismus kann wissenschaftlichen Anliegen nicht genügen (1998, 33). Kritisiert wird auch, dass staatliche Akteure in der Vergangenheit vor allem den Schutz eines (relativ abstrakten) Staates oder politischen Systems betonten, während Wissenschaftler*innen sich für Auswirkungen auf die demokratische Gesellschaft (Zusammenhalt, sozialer Frieden etc.) und den Einzelnen (Opfer, Täter, Umfeld) interessieren (vgl. Lang/Schellenberg 2016).[4]

Ein deutliches Analyseproblem als Konsequenz der Extremismus-Konzeption wurde in empirischen Studien, so von Britta Schellenberg (2014a und 2014b), belegt: Die Extremismus-Konzeption erzeuge „blinde Flecken" im Bereich der Vorurteilskriminalität und spezifisch der rassistischen Gewalt und wirke sich negativ auf die Effektivität der Ermittlungsarbeit aus.[5] Vorurteilskriminalität und rassistische Gewalt werden nicht als eigenständige Phänomene und Probleme erkannt und bearbeitet.

Tatsächlich wurde Deutschland in den vergangenen Jahren vielfach ob seines Extremismusansatzes bei der Bearbeitung von Vorurteilskriminalität und Rassismus kritisiert, so etwa seitens internationaler Organisationen wie ECRI, Human Rights Watch und des VN-Ausschusses CERD (ECRI 2009, 16; Human Rights Watch 2011, 3; CERD 2015, 4). Kritisch diskutiert wurde die Herangehensweise auch in verschiedenen Parlamentarischen Untersuchungsausschüssen zum „NSU", etwa im Untersuchungsausschuss des Deutschen Bundestags (Deutscher Bundestag 2013, 861).

---

[3] Eine Ausnahme stellen die Vertreter der „vergleichenden Extremismusforschung", deren Grundlagen Uwe Backes und Eckhardt Jesse entwickelt haben, dar. Dieser Ansatz wurde aus einer normativen, verfassungsrechtlichen und geschichtlichen Perspektive („wehrhafte Demokratie") in den 1980er Jahren entwickelt (vgl. Backes/Jesse 1989ff.).
[4] Eine ausführliche Besprechung der wissenschaftlichen Kritik am Extremismus-Konzept findet sich in: Schellenberg 2018.
[5] Häufig werden – im Rahmen der Extremismus-Konzeption – stattdessen und ohne sachliche Gründe Phänomene wie „linker" und „islamistischer" Extremismus (mit)diskutiert, was zu einer Verzerrung der Gefahrenwahrnehmung führen kann (Schellenberg 2018); vgl. ferner Neugebauer 2010.

Vielfach empfohlen für die Bearbeitung von rassistischen Delikten inklusive Gewaltdelikten, wird die Etablierung des Hate Crime (bzw. Vorurteilskriminalitäts-) Konzepts. Tatsächlich sind die Konzepte von Extremismus und PmK mit dem Hate Crime Konzept nicht kompatibel. Ihre Perspektivierungen sind grundverschieden. Dem Konzept der Vorurteilskriminalität wird seine Essenz genommen, wenn es unter eine Extremismus-Perspektive subsummiert und als „politisch rechts motivierte Kriminalität" gilt. Es kann nur als eigenständiges (nicht notwendigerweise als alleiniges) Konzept klären und wirken. Um dies zu verdeutlichen, werde ich das Konzept im Folgenden näher vorstellen.

3. Vorurteilskriminalität (Hate Crime): Opfer, (potentielle) Opfergruppen und gesellschaftlicher Zusammenhalt

Das Hate Crime Konzept hat Schnittpunkte mit dem Rechtsextremismus-Konzept – so sind die gleichen Opfergruppen von entsprechenden Delikten betroffen. Es öffnet jedoch die Perspektive hin zu den Opfern von Vorurteilskriminalität und markiert Gefahren für den gesamtgesellschaftlichen Zusammenhalt. Im Mittelpunkt stehen Auswirkungen und Wirkungen der Straftat auf Menschen aufgrund der ihnen zugeschriebenen Gruppenzugehörigkeit (Coester 2017: 171). Die rechtsextremen Taten sind nur ein kleiner Teilbereich der Hate Crime Delikte.

Der Begriff „Hate Crime" beschreibt ein Konzept und gleichwohl eine rechtliche Kategorie, wie sie u.a. in den USA genutzt wird. Hate Crimes sind strafrechtlich relevante Handlungen, die ein Vorurteils-Motiv haben. Es kann sich um Einschüchterung, Drohung, Sachschädigung, Beleidigung, Mord oder jede andere Straftat handeln. Erst das Vorurteils-Motiv macht die Straftat zu einer Hate Crime. Vorurteils-Motiv bedeutet, dass sich der Täter*in sein Opfer oder seinen Gegenstand ausgesucht hat, weil er mit diesem bestimmte negative Merkmale verbindet. Es geht also darum, welche Gruppe der Täter durch das Opfer repräsentiert sieht und nicht darum, wer das Opfer ist. Somit wird die Ursache der Tat wesentlich. Es geraten Vorurteile in den Blick, die ohne die Hate Crime Kategorie unsichtbar bleiben können (Schellenberg 2012).[6] Die meisten Länder, die das Hate Crime Konzept rechtlich umsetzen, führen gleichzeitig verbindliche Regelungen für die Qualifizierung der Polizei, der Staatsanwaltschaften und der Gerichte ein (vgl. Coester 2017, 177).

Wissenschaftliche Studien kommen zu dem Ergebnis, dass es sich bei Vorurteilskriminalität um ein eigenständiges Kriminalitätsphänomen handelt. Fol-

---

[6] Die OSZE bezeichnet Personenmerkmale, die von Mitgliedern einer bestimmten Personengruppe geteilt werden, z.B. Ethnie, Nationalität, Sprache, Religion oder sexuelle Orientierung, als geschützte Merkmale.

gende Unterschiede zu anderen (Gewalt-)Delikten werden angeführt: Die psychischen und physischen Schäden bei den Opfern sind häufig stärker; Opfer und Täter kennen sich meist nicht; oft sind es größere Tätergruppen, die Gewalt auf Einzelne ausüben; die Gewalt ist oft brutaler; häufig werden auch Eigentum der Opfer und wichtige Identifikationsorte zerstört. Herausgestellt wird, dass Vorurteilskriminalität sich gegen die Identität des Opfers richtet. Es wird eine Botschaft über Zugehörigkeit und Nicht-Zugehörigkeit zur Gesellschaft ausgesendet. Da es sich meist nicht um eine individuelle Auswahl des Opfers handelt, empfinden potentielle Opfergruppen die Kriminalität als besonders bedrohlich – sie könne sich in ihrer Folge in ihren Handlungen und Bewegungen eingeschränkt fühlen (vgl. etwa Levin/McDevitt 2002; Cogan 2002; Perry 2014; Coester 2017). Die OSZE betont in ihrer „Strategie gegen Bedrohungen der Sicherheit und Stabilität im einundzwanzigsten Jahrhundert" die Gefahr für die Sicherheit von Individuen und das Entstehen breiter Konflikte und Gewalt (OSCE/ODIHR 2011, 211). Diskriminierung und Hasskriminalität verursachen „ethnische, politische und soziale Spannungen innerhalb eines Staates und zwischen Staaten", so die Organisation (OSCE/ODIHR 2011, 209f.).

Es gibt zum Hate Crime Konzept – wie zu jeder Begrifflichkeit und jedem Konzept – berechtigte Kritik. So wird bemängelt, dass die Begriffe „Hass" und auch „Vorurteil" zu breit und unscharf sind. Insbesondere bestehe die Gefahr, dass die „geschützten Merkmale" auf privilegierte Gruppen übertragen werden (z.B. auf Soldaten oder gut Gebildete). So sei das Konzept nicht gefeit gegen eine Instrumentalisierung durch Lobbygruppen. Als Errungenschaften werden herausgestellt:

- Das Konzept betont positive Normsetzungen wie die Menschenrechte und Pluralismus.[7] Die Gesetzgebung gegen Vorurteilskriminalität bestätigt die Gleichwertigkeit aller Menschen in der Gesellschaft und die Anerkennung der menschlichen Würde.
- Es sendet positive Signale für Opfer und Gruppen, die diskriminiert werden, aus. Die Botschaft an die Opfer und die Opfergruppe heißt, dass der ihnen zugefügte persönliche Schaden anerkannt wird und das Rechtssystem sie schützt.
- Das Konzept fördert gesellschaftlichen Frieden und Sicherheit, indem es die Taten und Täter ächtet und explizit für Vorurteilskriminalität bestraft. Hate Crimes werden als ein potentielles Sicherheits-Problem ver-

---

[7] Das Konzept der Hate Crime oder Bias Crime wurde in den USA entwickelt. Es steht im Zusammenhang mit dem Amerikanischen Bürgerkrieg und der Entwicklung von Bürgerrechtsorganisationen und der amerikanischen Bürgerrechtsbewegung. Es ist also ein Resultat einer breiten Opferrechtsbewegung. Inzwischen ist das Konzept in vielen Ländern verbreitet, nicht zuletzt aufgrund des Engagements der OSZE.

standen, da sie das Potential haben, gesellschaftliche Konflikte und Unruhen zu verursachen. Schließlich können Hate Crimes eine Eskalationsphase der Gewalt – etwa zwischen verschiedenen gesellschaftlichen oder ethnischen Gruppen – auslösen (Schellenberg 2012).
In Bezug auf Deutschland kann festgestellt werden: Das „Hate Crime"- Konzept kann auf keine längere Tradition und Entwicklungsgeschichte zurückblicken. Seine Implementierung wird heute zum einen aufgrund von Forschungsergebnissen sowie zum anderen von internationalen Organisationen und Gremien empfohlen. Zum anderen wird das Konzept im Zuge gesellschaftlicher Veränderungen hin zu einem pluralistischen Einwanderungsland stärker diskutiert. Auch einige Parlamentarische Untersuchungsausschüsse (PUAs) zum NSU im Bund und in zahlreichen Ländern haben einen stärkeren Blick auf Vorurteilskriminalität empfohlen. Der NSU-PUA im Bund empfahl u.a. eine unabhängige Erfassung von Hasskriminalität und plädierte dafür, zivilgesellschaftliche Dokumentations- und Beratungsstellen finanziell zu fördern.

4. Wie wirken die Konzepte in der Praxis? Beispiele

Die Wahrnehmungsschwächen im Erkennen von Vorurteilskriminalität haben konkrete Folgen für die Sicherheit der Bürger*innen und Menschen in Deutschland. Beispielhaft möchte ich nun die konzeptionellen Schwierigkeiten und Vorteile veranschaulichen: Wenn jemand auf ein Flüchtlingswohnheim nachts einen Brandsatz schleudert und damit das Leben von Menschen bedroht, können sich – je nach Konzeption und ihrem Verständnis verschiedene Einschätzungen der Lage ergeben:

Durch *Konzeption 1 (Extremismus und PmK),* mit der vor allem erstens auf den Täter und zweitens entweder auf die Bedrohung der „wehrhaften Demokratie" oder auf den „politischen" Hintergrund der Tat geblickt wird, kann sich ergeben, dass

- nicht von Extremismus oder politisch motivierter Kriminalität geredet wird, weil derjenige, der die Lage einzuschätzen hat, keinen extremistischen oder politisch motivierten Täter sieht, sondern einen „normalen Bürger". Der Täter hat mitunter nicht den Hitlergruß gezeigt, sondern bekundet, er fühle sich, wie viele andere Bürger auch, „bedroht von den vielen Flüchtlingen". Die Extremismus-Konzeption, und mit ihr die PmK-Konzeption, geht (aus historischer Sicht eher überraschend) davon aus, dass der Extremist jenseits der als Mehrheit verstandenen politi-

schen Mitte steht.[8] Die Straftat wird also nicht im Themenfeld Extremismus oder „politisch motivierte Kriminalität" verortet.
- der Täter nicht staatliche Akteure angreifen oder die Demokratie an sich überwinden wollte und damit nicht von einer konkreten oder unmittelbaren Bedrohung für das demokratische System in Deutschland geredet werden kann.
- es sich um „politisch motivierte Kriminalität" handelt. Da nicht klar ist, ob es sich um einen „rechten", „linken" oder „ausländischen" Täter handelt, wird beim Phänomenbereich „sonstige" angegeben.
- die Tat als „PmK rechts" und ferner als „fremdenfeindlich" einzustufen ist, weil eine politisch rechts einzustufende Person fremdenfeindlich handelte.

Durch *Konzeption 2 (Hate Crime)*, mit der vor allem erstens auf die direkten und potentiellen Opfer und zweitens auf die Bedrohung des Zusammenhaltes der demokratischen Gesellschaft geschaut wird, ergibt sich notwendigerweise, dass es sich um Vorurteilskriminalität, um einen Angriff gegen die konkreten in der Flüchtlingsunterkunft lebenden Personen und gegen die Gruppe der „Flüchtlinge" insgesamt, handelt. Die Taten haben eine Signalfunktion und damit eine Rückwirkung auf die Gesamtgesellschaft. Es folgt die klare Einordnung als „Hate Crime" bzw. „Vorurteilskriminalität".

Charakteristisch für die Unsicherheit, die durch Extremismus- und PmK-Konzeptionen entstehen kann, ist folgende Einschätzung zu einem Brandanschlag im Oktober 2015 in Altena im Bundesland Nordrhein-Westfalen auf ein von Flüchtlingen bewohntes Haus, während diese schliefen. Die Ermittlungsbehörden werteten den Anschlag als schwere Brandstiftung. Der zuständige Staatsanwalt erklärte dazu, „Hintergrund ist eine persönliche Überzeugung, keine politische". Ein Vorurteilsmotiv wurde nicht diskutiert. Versuchter Mord wurde nicht in Betracht gezogen. Die geständigen Täter hatten in ihrer Vernehmung zur Motivation „Verärgerung über den Einzug von Flüchtlingen in das Wohnobjekt" angegeben.[9]

Die Ergebnisse einer aufwendigen journalistischen Recherche aus dem Jahr 2015 markierten das Ausmaß der staatlichen Bearbeitungs- und Umgangsschwierigkeiten im Themenfeld „rassistische Gewalt": Betrachtet wurde das Verhältnis zwischen den von den Journalisten nachgewiesenen gewalttätigen Anschlägen auf Flüchtlinge und ihre Unterkünfte und ihrer Strafverfolgung. 222

---

[8] Diese Sichtweise steht im Kontrast zum Begriff „Extremismus der Mitte" von Lipset (1959).
[9] Vgl. Spiegel Online (12.10.2015): „Eine rechtsradikale Einstellung besteht aus mehr als Fremdenhass". Verfügbar unter: http://www.spiegel.de/politik/deutschland/brand-an schlag-in-altena-taeter-frei-was-ist-passiert-a-1057327.html [Zugriff: 09.05.2018].

Anschläge wurden berücksichtigt. Das Ergebnis: Fast nie wurde erfolgreich ermittelt. In 169 Fällen gab es keinerlei Ermittlungserfolge. Zahlreiche Verfahren wurden nicht eröffnet oder waren zum Zeitpunkt der Recherche bereits eingestellt. Bis zum Abschluss der Recherche hatte es lediglich vier Urteile gegeben.[10] Es zeigte sich eine überaus schlechte Aufklärungsquote, die mit Erfassungs- und Bearbeitungsproblemen einherging.[11]

So zeigt die Praxis: Täter werden immer wieder als „normale Bürger" bezeichnet und nicht wie Personen behandelt, die Bürger und Menschen in Deutschland bedrohen, verängstigen und körperlich angreifen. Sie werden zu selten ermittelt und bestraft, obwohl sie dem Grundgesetz und den Menschenrechten gegenüber feindlich gesinnt sind und den gesellschaftlichen Zusammenhalt bedrohen. Nicht zuletzt aufgrund einer „(Rechts-)Extremismus-Brille" entsteht der fatale Eindruck, dass es etwas anderes ist, wenn ein organisierter Neonazi, der während der Tat den Hitlergruß zeigt, ein bewohntes Flüchtlingsheim nachts niederbrennt, als wenn das jemand, der kein Rechtsextremist ist (ein sogenannter „besorgter Bürger"), tut.

5. Datenlage und Daten

5.1. Staatliche Daten

Die staatlichen Daten sind PmK- und Extremismus-Daten. Bei den erhobenen Daten, die auch „fremdenfeindliche" Gewaltdelikte ausweisen, handelt es sich um Hellfeld-Daten: Zum Dunkelfeld, zur Viktimisierung und zu Opfern liegen keine Erkenntnisse vor. Sozialwissenschaftliche Studien verweisen auf die charakteristische Diskrepanz zwischen Hellfeld- und Dunkelfelddaten im Bereich der Hasskriminalität und der rassistischen Gewalt (Geschke 2017, 50; Coester 2017, 171, Coester/Gossner 2002). Ein nicht zu unterschätzendes Daten- und Ahndungsproblem ist zudem die fehlende Klarheit bei der Erfassung. Glet konnte zeigen, dass die Identifizierung und Erfassung von „Hasskriminalitäts"-Fällen subjektiven Entstehungsprozessen unterliegen, welche von unterschiedlichen Entscheidungsträgern maßgeblich mit beeinflusst werden (2011). Glet macht umfangreiche empirische Defizite im Identifikations- und Klassifikationsprozess aus. Insgesamt zeige sich ein hoher Grad an Uneindeutigkeit, Unsicherheit und Willkür, welche die Validität der offiziellen Statistiken Deutsch-

---

[10] Vgl. Zeit Online (03.12.2015): Es brennt in Deutschland. Eine Recherche von Zeit Online und Die Zeit. Verfügbar unter: http://www.zeit.de/politik/deutschland/2015-11/rechtsextremismus-fluechtlingsunterkuenfte-gewalt-gegen-fluechtlinge-justiz-taeter-urteile [Zugriff: 09.05.2018].

[11] Staatliche Verlaufsdaten standen in Deutschland bis dahin auch nicht zur Verfügung.

lands infrage stelle. Die polizeiliche Definitionspraxis sei unklar (Glet 2009; Glet 2011).

Resümiert werden kann, dass es neben konzeptioneller Unklarheiten auch an ausreichender Kompetenz und ergo Ausbildung bei Polizist*innen mangelt, um professionell Daten erheben zu können und sachgerecht zu ermitteln. Die Polizeistatistiken, die sich aus den Aufzeichnungen der ermittelnden Polizisten und deren Vermerke über die Motivation des Täters speisen, sind damit kaum objektiv nachvollziehbar. Aufgrund der bekannten Defizite schlägt Coester vor, in Deutschland – nach dem Vorbild USA- eine einheitlich und ständig zu verbessernde Erfassungsstatistik, die sowohl Hell- als auch Dunkelfeldstudien integriert, aufzubauen (2017, 177).

Dennoch soll hier ein Blick auf die aktuellen, offiziellen Daten gewagt werden. Es wurden für das Jahr 2016 von staatlicher Seite folgende Straftaten mit „rechtsextremistisch" motiviertem Hintergrund erfasst: Ein Tötungsdelikt, 18 versuchte Tötungsdelikte, 1.313 Körperverletzungen, 114 Brandstiftungen, 10 Sprengstoffexplosionen, 23 x Landfriedensbruch, 13 gefährliche Eingriffe in den Bahn-, Luft-, Schiffs- und Straßenverkehr, 2x Freiheitsberaubung, 16x Raub, 74 Widerstandsdelikte, 1 Sexualdelikt, 1.501 Sachbeschädigungen, 451 Nötigungen/Bedrohungen, 12.476 Propagandadelikte, 11x Störung der Totenruhe, 6.432 andere Straftaten, insb. Volksverhetzung. Insgesamt sind das 22.471 Straftaten, davon 1.600 Gewalttaten. Somit ist die Anzahl der Delikte gegenüber dem Vorjahr (von einem bereits hohen Niveau weiter) gestiegen (2015: 21.933 Straftaten, davon 1.408 Gewalttaten) (BMI 2016, 25).

Insbesondere die „fremdenfeindlichen" (bzw. rassistischen) Gewalttaten haben im Vergleich zu den Vorjahren kontinuierlich stark zugenommen: von 918 im Jahr 2015 auf 1.190 im Jahr 2016 und damit um 29,6%. (BMI 2016, 25). Von 18 Tötungsdelikten hatten 12 einen „fremdenfeindlichen" (d.h. rassistischen) Hintergrund (BMI 2016, 26). Es wurden 907 Straftaten gegen Asylunterkünfte erfasst (2015: 894), davon 153 Gewalttaten gegen Unterkünfte (2015: 153), es wurden 65 Brandanschläge verzeichnet (2015, 75) (BMI 2016, 27).

5.2. Zivilgesellschaftliche Daten

Die zivilgesellschaftlichen Dokumentations- und Beratungsstellen, die in Deutschland weitestgehend im Verband der Beratungsstellen für Betroffene rechter, rassistischer und antisemitischer Gewalt e.V. (VBRG e.V.) organisiert sind, sammeln Daten zu gewalttätigen Vorurteilsdelikten (Hate Crime) und weisen rassistische Gewalt explizit aus. Sie nehmen die „Opferperspektive" ein und betonen, dass aus der Tat mit der Auswahl des Opfers die Einstellung des Täters spricht. Die Taten würden aufgrund von Ungleichwertigkeitsvorstellungen verübt, d.h. aufgrund der Einstellung, dass ein Mensch wegen seiner Hautfarbe, sexuellen Orientierung oder seines Erscheinungsbildes, nicht genauso viel wert sei. Die Tat richte sich nicht gegen das Individuum als solches, sondern stellvertretend gegen eine Gruppe. Somit haben sie sich dem Hate Crime Konzept verschrieben (und nutzen auch das Verständnis der Gruppenbezogenen Menschenfeindlichkeit der Bielefelder Forscher). Ihre Erfassung und Dokumentation ist jedoch ferner auch angelehnt an das PmK-Definitionssystem. So wird sich auch an einer „politischen" Konzeption orientiert, etwa werden Zuordnungen wie politisch „rechts" vorgenommen.

In allen ostdeutschen Bundesländern sowie in den Bundesländern Berlin und Nordrhein-Westfahlen gibt es ein unabhängiges Monitoring durch zivilgesellschaftliche Beratungsstellen für Betroffene antisemitischer, rassistischer und rechter Gewalt. Infolge der Empfehlungen des NSU-PUAs im Deutschen Bundestag sind durch das BMFSFJ und mit seinem Programm „Demokratie leben!" verstärkt staatliche Mittel für die Förderung unabhängiger Beratungs- und Dokumentationszentren zur Verfügung gestellt worden.[12] Damit werden im Jahr 2017, gemessen an der Bevölkerungszahl der Bundesrepublik Deutschland (rund 82,52 Millionen), Daten von Monitoringstellen, die sich auf etwa 41,26% der Bevölkerung beziehen (insgesamt rund 34,05 Mio. Einwohner), erfasst (statistika 2018).

Die Beratungsstellen verzeichneten im Jahr 2016 insgesamt 1.948 gewalttätige Angriffe. Von ihnen waren direkt und persönlich 3.050 Menschen betroffen, davon 2.778 Erwachsene und 272 Kinder. Es wurden 1.306 rassistische Angriffe verzeichnet, 363 Angriffe richteten sich gegen Menschen, die von den Täter*innen als politische Gegner*innen angesehen wurden, darunter 27 gegen Journalist*innen. 80 Angriffe waren LGBTI[13]-feindlich motiviert. 37 Angriffe waren antisemitisch motiviert. Zudem verzeichneten die Beratungsstellen acht Angriffe gegen Menschen mit einer Behinderung und fünf gegen wohnungslose Menschen. 51 Taten sind unter „sonstig motiviert" verzeichnet.

Besonders stark stieg die Zahl rassistisch motivierter Gewalttaten an. Während die Angriffe insgesamt von 2015 auf 2016 um elf Prozent zunahmen, waren es bei den rassistisch motivierten Gewalttaten 30%. Die Beratungsstellen hatten bereits von 2014 auf 2015 eine starke Zunahme rassistischer Angriffe verzeichnet. Damit wurden mehr als fünf Angriffe pro Tag alleine in den ostdeutschen Bundesländern, Berlin und NRW verzeichnet (VBRG 2017a; VBRG 2017b).

---

[12] In vielen Bundesländern gibt es bis heute kein umfassendes Monitoring durch Beratungsstellen, weil die finanziellen Ressourcen nicht ausreichen (vgl. www.verbandbrg.de).

[13] Gegen Lesben, Schwule, Bisexuelle, Transgender und Intersexuelle gerichtet.

Zwischen den von staatlichen und den von zivilgesellschaftlichen Institutionen erhobenen Daten klafft eine markante Lücke: Die staatlichen bilden nur einen Bruchteil ab (vgl. Brügmann 2015). Beide Datensätze – sowohl die staatlichen als auch die zivilgesellschaftlichen – fließen in die Hate Crime Datenbank von ODHIR[14], obwohl es sich bei den staatlichen Daten kaum um Hate Crime Daten handelt.[15]

6. Nach der Selbstenttarnung des „NSU": Neue Maßnahmen

Die Unfähigkeit staatlicher Behörden (und anderer gesellschaftlicher Institutionen), eine rassistische oder extremistische Gruppe hinter den Anschlägen und Morden des Nationalsozialistischen Untergrunds zu erkennen, führte (und führt weiterhin) – nach deren Selbstenttarnung – zu zahlreichen Parlamentarischen Untersuchungsausschüssen sowie öffentlichen und wissenschaftlichen Kontroversen.[16] Die PUAs, Regierungen, Ermittlungs- und Sicherheitsbehörden wollten Schritte zu einer verbesserten Bearbeitungsqualität von „rechtsextremen" und „rassistischen" Taten umsetzen. Was hat sich – in Bezug auf die oben diskutierten Perspektivierungen des Themas in Folge der „NSU"-Auseinandersetzung bei den Behörden des Inneren und der Justiz getan?

6.1. Einrichtung des GETZ

In bester Tradition des Extremismus-Konzepts wurde das Gemeinsame Abwehrzentrum gegen Rechtsextremismus (GAR) im Dezember 2011, ausdrücklich als Maßnahme nach den „NSU"-Fehlermittlungen, eingerichtet – noch bevor der erste Parlamentarische Untersuchungsausschuss im Deutschen Bundestag eingesetzt wurde. Es ist im November 2012 im gemeinsamen Extremismus- und Terrorabwehrzentrums (GETZ) aufgegangen. Dieses etabliert die (Zusammen-)Arbeit von Polizei und Verfassungsschutzbehörden und rüstet diese technisch auf. Es befasst sich neben „Rechtsextremismus/-terrorismus" mit „Linksextremismus/-terrorismus" und „Ausländerextremismus" (sowie „Spionageabwehr" und „Proliferation") (vgl. Bundesregierung 2013, 19f.). Trotz des voran-

---

[14] Das ODIHR ist die Menschenrechtsinstitution der Organisation für Sicherheit und Zusammenarbeit in Europa (OSZE).
[15] Das von ODIHR betriebene, digitale „Hate Crime Reporting"-Portal (http://hatecrime.osce.org) stellt umfassende staatenbezogene Hasskriminalitätsdaten, Hintergründe zur Datensammlung sowie Informationen über relevante Aktivitäten und Publikationen im OSZE-Raum bereit.
[16] Zudem führt sie zu intensiver künstlerischer Produktivität, die sich etwa in zahlreichen Theaterstücken, Romanen und Filmen niederschlägt.

gegangenen Versagens der Behörden, alle Menschen gleichermaßen zu schützen und diskriminierungsfreie Professionalität zu garantieren, bleibt man hier dem alten Extremismusansatz verhaftet und klammert Problematiken von Hasskriminalität und möglichen Diskriminierungen bei Ermittlungen aus.

6.2. §46 StGB: Vorurteilsdelikte besonders strafwürdig

Im Jahr 2015 wurde das Strafgesetzbuch durch einen Absatz ergänzt, der Vorurteilsdelikte als besonders strafwürdig heraushebt: StGB §46.2. Hier heißt es: „Beweggründe und (...) Ziele des Täters, besonders auch rassistische, fremdenfeindliche oder sonstige menschenverachtende" sind bei der Strafzumessung zu berücksichtigen. Die Staatsanwaltschaft muss also ermitteln, ob Vorurteils-Motive vorliegen, und die Gerichte müssen entsprechende Erkenntnisse in die Strafzumessung einfließen lassen. Es handelt sich jedoch nicht um einen eigenständigen, sichtbaren materiell-rechtlichen Straftatbestand. Somit ist die Ergänzung im §46 StGB nur sehr eingeschränkt als Schritt zu einer verbesserten Wahrnehmung von Vorurteilskriminalität zu werten.

6.3. Verlaufsstatistik

Es fehlten bislang offizielle Daten darüber, wie viele der von der Polizei berichteten PmK-Delikte tatsächlich strafrechtlich verfolgt und geahndet werden. Damit fehlen grundlegende Daten, die für ein Lagebild zur PmK und den Umgang mit ihr entscheidend sind. Bereits der erste Parlamentarische Untersuchungsausschuss im Deutschen Bundestag zum „NSU" hatte dies bemängelt (Deutscher Bundestag 2013, 861).[17] Im Juni 2017 entschieden die Justizminister der Länder gemeinsam mit dem Bundesministerium für Justiz und Verbraucherschutz (BMJV) Gerichtsdaten zu sammeln und Verlaufsdaten zu veröffentlichen. Diese sollen sowohl die Anzahl der eingeleiteten und beendeten Ermittlungsverfahren als auch die tatsächlichen Verurteilungen und das jeweils verhängte Strafmaß beinhalten.

Dass Deutschland im Vergleich zu anderen Ländern bislang im Hintertreffen war, zeigt der Blick auf die ODIHR-Datenbank, die Daten zur „Hasskriminalität" ausweisen soll – wie oben dargestellt, sind es die PmK-Daten. Laut OSZE / ODIHR sollen Hasskriminalitäts-Daten folgende Aspekte umfassen: (1) die Anzahl der der Strafverfolgung berichteten Fälle, (2) die Anzahl der verfolgten Fälle und (3) die Anzahl der ergangenen Urteile. Die offiziellen Daten aus

---

[17] Zur bisherigen Datensammlung bezüglich der Straftaten mit „fremdenfeindlichem" und „rechtsextremistischem" Tathintergrund durch das Bundesamt für Justiz vgl. Schellenberg/Lang 2016, 20f.

Deutschland fehlen in der ODIHR-Datenbank bislang in den Bereichen (2) und (3) (vgl. bis 2016 erfasste Daten: ODIHR o.J.).
Gleichwohl haben sich die Justizminister der Länder mit dem BMJV über eine präzisierte Definition und ein Erfassungsformular verständigt. Die Generalbundesanwaltschaft hat sowohl für die Staatsanwaltschaften als auch für Justizvollzugsbeamte auf Bitten der Justizministerkonferenz Merkblätter mit „Indikatoren zum Erkennen rechtsterroristischer Zusammenhänge" erstellt. Diese fokussieren wieder eher auf den „klassischen rechtsextremistischen" Täter und den „Rechtsterrorismus" und nicht auf das Phänomen der „Hasskriminalität" (vgl. Schellenberg/Lang 2016, 21).

7. Herausforderungen erkennen, thematisieren und bearbeiten

Ist die Aufstellung der Inneren Sicherheit in Deutschland noch up to date? Wird mit aktuellen demographischen und kulturellen Entwicklungen und Forschungsergebnissen Schritt gehalten?

7.1. Entwicklungen in der Wissenschaft und kulturelle Veränderungen

Wenngleich Grundlagen dafür geschaffen werden, dass die Diskussion über Deutschlands offiziellen Umgang mit Extremismus und PmK und auch der darunter gefassten Hasskriminalität kompetenter, weil faktenbasierter, wird, bleiben die konzeptionellen Probleme bestehen. Die Handicaps der traditionellen Extremismus- und PmK-Konzeption können ohne grundlegende konzeptionelle Erneuerungen oder Ergänzungen – etwa durch die Einführung der Hasskriminalitäts-Perspektive als eigenständiges Konzept und die Schärfung einer Anti-Diskriminierungsperspektive – nicht aus dem Weg geräumt werden. Weil dies bislang aussteht, bleibt die Aussagekraft der Daten und die Analysefähigkeit der Behörden und Ministerien aktuell eingeschränkt.

Die undistanzierte, unhinterfragte und unflexible Verwendung eines Analyserahmens (oder gar die Hingabe zu einer akademischen Schule oder Richtung); eine Forschung ohne kritische Selbstreflexion (etwa über Vorannahmen) und ohne Auseinandersetzung mit weiteren, verschiedentlichen Ansätzen schmälert die Qualität einer realitätsnahen Aussagekraft. Zeitgemäße Forschung und Analyse ist pluralistisch, zu ihr gehört eine „Fehlerkultur" und nicht das Tabu. Sie verkündet keine Wahrheit und nicht, was alternativlos Wahrheitsanspruch haben sollte. Sie informiert über Befunde. Für die forschende Wahrheitssuche sind „wissenschaftliche Selbstdistanzierung" und „Irritationsbereitschaft" grundlegend. Perspektivenvielfalt ist ein Vorteil beim Erkennen von Problemen und steigert die Qualität (Strohschneider 2017). Wissenschaft fußt heute auf anderen

Staats- und Demokratieverständnissen als Mitte und Ende des letzten Jahrhunderts, als sich in Deutschland die Extremismus-Konzeption etablierte.

Einhergegangen mit einem postmodernen Wertewandel ist, dass der Einfluss von NGOs sowie von transnationalen und internationalen Institutionen auf die Verfasstheit des Staates und das Staatsverständnis heute stärker ist (Inglehart 1997). Gleichberechtigungsansprüche und Partizipationswünsche von Bürgern, und explizit auch von Frauen, Migranten und Minderheiten haben seither eine wachsende Bedeutung erfahren (Capoccia 2005, 235f.; Ivarsflaten 2014; Blühdorn 2013; Inglehart 1997)[18]. Deutschland 2.0 ist divers: Frauen wie Männer, Familien mit zwei, drei oder einem Elternteil, Menschen mit verschiedenen Familienbiographien, sozial, national, regional, mit unterschiedlichen Vorlieben und Selbstverständnissen, nicht nur sexuellen – sie pochen heute stärker darauf, gleichberechtigte Bürger*innen zu sein mit gleichen Rechten und Pflichten.

Der verstärkte Blick auf den Einzelnen, sein Recht auf Schutz durch den Staat sowie Diskriminierungsverbote für Staat, Organisationen und Bürger*innen werden auch in rechtlichen Neujustierungen sichtbar: so wurde mit dem Allgemeinen Gleichbehandlungsgesetz (AGG) im Jahr 2006 erstmals ein arbeits- und zivilrechtlicher Diskriminierungsschutz etabliert. Auch das Staatsbürgerschaftsrecht wurde 2000 neu geregelt und fußt nicht mehr allein auf dem jus sanguis, sondern wurde durch das Bodenrecht ergänzt – die Folge war, dass ausländische Gastarbeiterkinder Deutsche werden konnten, ihre Nachfahren sind es von Geburt an.

7.2. Ermittlungs- und Sicherheitsbehörden pluralisieren

Vor diesem Hintergrund muss auch die Zusammensetzung der Ermittlungs- und Sicherheitsbehörden und deren Chefetagen verstören. Eine optimale Bearbeitung von Vorurteilskriminalität ist mit einer homogenen „Mannschaft" in einer pluralen Gesellschaft kaum möglich, ja scheint „aus der Zeit" gefallen. Während in der Gesamtgesellschaft z.B. der Anteil von Menschen mit Migrationshintergrund bei etwa 20 Prozent liegt, beträgt er bei Polizist*innen unter einem Prozent (van Ooyen 2017, 276). Auch der Frauenanteil ist kaum repräsentativ. Die Führungsriege der Inneren Sicherheit ist sogar ausschließlich weiß und männlich. Zwei Fotos, die seit Anfang 2018 im Netz kursieren, verstören einen Teil der Bevölkerung, insbesondere die jüngeren Generationen, die in einer pluralen Gesellschaft aufgewachsen sind.

---

[18] Vgl. ausführlich hierzu Schellenberg 2018.

Es sind Fotos, die ein Problem der Gegenwart auf den Punkt zu bringen scheinen. Zum einen ist da das Foto mit dem (kaum ironisch gemeinten) Untertitel „Führungsmannschaft des BMI komplett", das nicht nur auf der BMI-Seite firmiert, sondern kritisch kommentiert im Netz geteilt wird: Es zeigt den Minister des Innern, für Bau und Heimat mit seinen acht männlichen, weißen Staatssekretären (Abb. 1). Zum anderen ein ganz ähnliches Foto, es porträtiert das Spalier stehende Personal der Innenministerkonferenz vom Dezember 2017. Auch hier sind ausschließlich weiße Männer im „besten Alter" zu sehen, es handelt sich um die 16 Landesinnenminister zusammen mit dem Bundesinnenminister (Abb. 2). Ein Abbild der deutschen Gesellschaft und des Selbstverständnisses vieler Bürger*innen im 21. Jahrhundert ist dies nicht.

Abbildung 1: Führungsmannschaft des BMI (Quelle: BMI)

Britta SCHELLENBERG

Abbildung 2: IMK-Gruppenbild (Fotograf: © Marko Kubitz)

7.3. Gegen Rassismus und Diskriminierung sensibilisieren und eigene Praxis reflektieren

Vorurteilskriminalität, rassistische Gewalttaten bis hin zum Terror beschreiben nur einige Facetten eines breiteren Problems, dem eine Ideologie der Ungleichwertigkeit von Menschen nach bestimmten (konstruierten) Gruppen zugrunde liegt, die sich gegen die Menschenrechte und die menschliche Würde richtet – so die vielfach von Wissenschaftler*innen verfolgte Perspektive heute (etwa Heitmeyer 2002-2011; Zick et al. 2011). Gewalttätige Manifestationen der Ideologie der Ungleichwertigkeit sind besonders sichtbar.

Im deutschen Kontext werden erst jüngst (schon länger z.B. in Großbritannien und den USA) – nicht zuletzt aufgrund der Ermittlungsfehler im „NSU"-Kontext – diskriminierende Aktivitäten und Diskriminierungserfahrungen jenseits der unmittelbaren physischen Gewalt diskutiert, die einen hemmenden Einfluss auf das Erkennen und die Ahndung rassistischer Gewalt haben können: Für eine kritische Analyse der staatlichen Bearbeitungsqualität rassistischer Gewalt ist ein Verständnis von institutioneller und diskursiver rassistischer Diskriminierung zentral. Damit rücken rassistisch diskriminierende Ermittlungen (institutionelle Ebene) und rassistisch-ausgrenzende Diskurse (diskursive Ebene) in den Fokus der Problemanalyse – bewusste wie unintendierte (vgl. Macpherson 1999; AnwältInnen, WissenschaftlerInnen und NGOs 2015; Gomolla 2018).

Gemein ist den verschiedenen rassistischen Diskriminierungsformen einschließlich der rassistischen Gewalt, dass sie „die menschliche Würde verletzen, ganz in dem Sinne, wie es eine gängige juristische Formel beschreibt: ‚Der konkrete Mensch wird zum Objekt, zu einem bloßen Mittel, zur vertretbaren Größe herabgewürdigt'" (Daimagüler 2017, S. 24). Der Diskriminierte wird nicht als Einzelner erkannt, sondern erscheint als Repräsentant einer negativ beschriebenen Gruppe. Diesen diskriminierenden Verhaltensweisen muss nicht immer eine Ideologie der Ungleichwertigkeit von Menschen zugrunde liegen, sie können auch aus unreflektierten Routinen folgen. Dann handelt es sich um unintendierte Diskriminierung.

7.4. Aus- und Fortbildung professionalisieren

Es wäre an der Zeit, neue Untersuchungen zur Verbreitung von Vorurteilen und Rassismus bei Polizist*innen anzustrengen (die letzte stammt von 1996). Eine Studie zu Einstellungen von Gewerkschaftsmitgliedern hatte gezeigt, dass diese (und insbesondere Angestellte in Verantwortungspositionen und auch einfache Arbeiter) im Vergleich zur Gesamtbevölkerung überdurchschnittlich häufig „rechtsextremen" Einstellungsdimensionen zustimmten (Zeuner et al. 2007). Selbst wenn Polizist*innen der Spiegel der Gesellschaft wären, täte es Not, in der Aus- und Fortbildung zu diskutieren und zu trainieren, was es für die eigene Profession bedeutet, dass die Menschenwürde allen Menschen zukommt und dass der Diskriminierungsschutz im Grundgesetz selbstverständlich verankert ist. Gerade bei Beschäftigten im Bereich der Inneren Sicherheit sind die Anforderungen, gesetzeskonform zu handeln, hoch. Das schließt nicht nur ein, Grundrechte zu kennen, sondern auch Diskriminierung einschließlich rassistischer Gewalt zu erkennen und problemorientiert bearbeiten zu können. Eine perspektivenreiche Auseinandersetzung mit Daten, wissenschaftlichen Befunden, aber insbesondere auch mit Herausforderungen innerhalb der eigenen Arbeit kann die professionelle Kompetenz stärken (Scherr 2017).

8. Resümee

Die rassistische Gewalt ist ein ungelöstes Problem der Inneren Sicherheit in Deutschland. Zu der aktuellen, brisanten Gefahrensituation, in der „rassistische Gewalt" immer wieder nicht als solche erkannt und verfolgt wird, konnte es erst kommen, weil die staatlichen Ermittlungs- und Strafverfolgungsbehörden Vorurteilskriminalität, Rassismus und Diskriminierung bis heute nicht oder nicht ausreichend professionell verstehen und bearbeiten. Die traditionelle Konzeption des Extremismus und auch der PmK verstellt den Blick auf die Auswirkungen und Wirkungen rassistischer Gewalt. Sie können sogar dazu führen, dass das Phänomen per se nicht erkannt und bearbeitet wird. Aufgrund der mit Einordnungsschwächen einhergehenden fehlenden Strafverfolgung konnte sich eine rassistische Mobilisierung vollziehen, in der Täter behaupten, sie würden aus Notwehr handeln und „Selbstverteidigung" betreiben – jenseits der deutschen Normen und Gesetze.[19]

Qualitativ hochwertige Analysekompetenz setzt Multiperspektivität voraus und damit Kenntnisse über unterschiedliche Methoden, wissenschaftliche Ansätze und Disziplinen sowie die Fähigkeit, sich mit den Vorannahmen und „blinden Flecken" unterschiedlicher Ansätze auseinanderzusetzen – ebenso wie mit in der Praxis deutlich werdenden Analyseschwächen (failures). Für ein verbessertes Verständnis und eine verbesserte Bearbeitung der rassistischen Gewalt in Deutschland erscheint es sinnvoll, „Vorurteilskriminalität" als eigenständiges Konzept zu verankern und eine Anti-Diskriminierungsperspektive zu stärken. Dies könnte zu mehr Klarheit im Erkennen rassistischer Gewalt führen und eine kritische Reflexion der eigenen Handlungspraxis, die immer Voraussetzung für Professionalität ist, ermöglichen.

Literatur

Anwält_innen, NGOs & Wissenschaftler_innen (2015): Parallelbericht zum 19.-22. Staatenbericht der Bundesrepublik Deutschland an den UN-Ausschuss zur Beseitigung rassistischer Diskriminierung (CERD): Institutioneller Rassismus am Beispiel des Falls der Terrorgruppe „Nationalsozialistischer Untergrund" (NSU) und notwendige Schritte, um Einzelne und Gruppen vor rassistischer Diskriminierung zu schützen, April, Berlin. Verfügbar unter: http://www.institut-fuer-menschenrechte.de/fileadmin/user_upload/PDF-Dateien/Pakte_Konventionen/ICERD/icerd_state_report_germany_19-22_2013_parallel_Joint_report__2015_de.pdf, Zugriff: 09.05.2018.

Backes, Uwe / Eckhardt Jesse (Hrsg.) (1989-2011): Jahrbuch Extremismus & Demokratie, Bonn: Bouvier (1989 bis 1994), Baden-Baden: Nomos (1995ff.).

Blühdorn, Ingolfur (2013): Simulative Demokratie. Neue Politik nach der postdemokratischen Wende, Berlin: Suhrkamp.

---

[19] Zu rassistischen Radikalisierungsprozessen entlang von Ungleichwertigkeitsvorstellungen und Vorstellungen von Zugehörigkeit vgl. Schellenberg 2016.

Brügmann, Anne (2015): Zwischen Beratung und Intervention – Monitoring als Querschnittsaufgabe in der Beratung von Betroffenen rechter, rassistischer und antisemitischer Gewalt. In Schellenberg, Britta & Becher, Martin (Hrsg.): Zivilgesellschaftliches Engagement gegen Rassismus und Rechtsextremismus. Ein deutsch-tschechischer Sammelband, Schwalbach i.T.: Wochenschau Verlag, 32-42.

Bundesministerium des Innern (BMI) (o.J.): Politisch motivierte Kriminalität, Berlin: BMI.

Bundesministerium des Innern (Hrsg.) (2017): Verfassungsschutzbericht 2016. Stand Juni 2017. Verfügbar unter: https://www.verfassungsschutz.de/de/oeffentlichkeitsarbeit/publikationen/verfassungsschutzberichte/vsbericht-2016, Zugriff: 09.05.2018.

Bundesministerium des Innern / Bundesministerium für Familie, Senioren, Frauen und Jugend (2017): Nationaler Aktionsplan gegen Rassismus. Positionen und Maßnahmen zum Umgang mit Ideologien der Ungleichwertigkeit und den darauf bezogenen Diskriminierungen. Verfügbar unter: https://www.bmfsfj.de/blob/116798/5fc38044a1dd-8edec34de568ad59e2b9/nationaler-aktionsplan-rassismus-data.pdf, Zugriff: 09.05.2018.

Bundesregierung (2013): 19. – 22. CERD Staatenbericht der BRD, Berlin.

Capoccia, Giovanni (2005): Defending Democracy: Reactions to Extremism in Interwar Europe, Baltimore: John Hopkins UP.

CERD (2015): Concluding observations of the Committee on the Elimination of Racial Discrimination (CERD): Germany. CERD/C/304/Add.115. Verfügbar unter: http://www.institut-fuer-menschenrechte.de/fileadmin/user_upload/PDF-Dateien/Pakte_Konventionen/ICERD/icerd_state_report_germany_15_2000_cobs_2001_en.pdf, Zugriff: 09.05.2018.

Coester, Marc (2008): Hate Crimes. Das Konzept der Hate Crimes aus den USA unter besonderer Berücksichtigung des Rechtsextremismus in Deutschland, Bern: Peter Lang.

Coester, Marc (2017): Das Konzept der Vorurteilskriminalität und Folgen für die polizeiliche Praxis. In: Kopke, Christoph / Kühnel, Wolfgang (Hrsg.): Demokratie, Freiheit und Sicherheit. Festschrift zum 65. Geburtstag von Hans-Gerd Jaschke. Wissenschaftliche Schriften der Hochschule für Wirtschaft und Recht Berlin. Band 63, Baden-Baden: Nomos, 167-182.

Coester, Marc / Gossner, Uwe (2002): Rechtsextremismus – Herausforderung für das neue Millenium. Wirklichkeiten eines Jugendphänomens, Marburg: Tectum Verlag.

Cogan, Jeanine C. (2002): Hate Crime as a criminal category worthy of policy Attention. In: American Behavioral Scientist, Jg. 46. Heft 1, 173-185.

Daimagüler, Mehmet (2017): Empörung reicht nicht! Unser Staat hat versagt. Jetzt sind wir dran. Mein Plädoyer im NSU-Prozess, Köln: Lübbe.

Deutscher Bundestag (2013): Beschlussempfehlung und Bericht des 2. Untersuchungsausschusses („NSU-Untersuchungsausschuss") nach Artikel 44 des Grundgesetzes. Vom 22. August. Drucksache 17/14600. (1314 Seiten.) Verfügbar unter: http://dipbt.bundestag.de/dip21/btd/17/146/1714600.pdf, Zugriff: 09.05.2018.

European Commission against Racism and Intolerance (ECRI) (2009): ECRI Bericht über Deutschland (vierte Prüfungsrunde), verabschiedet am 19.12.2008, Strasbourg, veröffentlicht am 26. Mai. Verfügbar unter: http://www.coe.int/t/dghl/monitoring/ecri/Country-by-country/Germany/DEU-CbC-IV-2009-019-DEU.pdf, Zugriff: 09.05.2018.

Förster, Hans-Jürgen (1986): Der Täterschwund zwischen der Polizeilichen Kriminalstatistik und der Strafverfolgungsstatistik am Beispiel der Raubkriminalität in Lübeck 1978 bis 1980, Karlsruhe: n.a.

Frindte, Wolfgang / Geschke, Daniel / Haußecker, Nicole / Schmidtke, Franziska (2016): Ein systematischer Überblick über Entwicklungslinien der Rechtsextremismusforschung von 1990 bis 2013. In: Frindte, Wolfgang / Geschke, Daniel / Haußecker, Nicole / Schmidtke, Franziska (Hrsg.): Rechtsextremismus und „Nationalsozialistischer Untergrund". Interdisziplinäre Debatten, Befunde und Bilanzen, Wiesbaden: VS Verlag für Sozialwissenschaften, 25-96.

Geschke, Daniel (2017): Alle reden von Hass. Was steckt dahinter? Eine Einführung. In: Wissen schafft Demokratie, Schriftenreihe des Instituts für Demokratie und Zivilgesellschaft, 1, 168-190.

Gessenharter, Wolfgang / Fröhling, Helmut (Hrsg.) (1998): Rechtsextremismus und Neue Rechte in Deutschland. Neuvermessung eines politisch-ideologischen Raumes?, Opladen: Leske+Budrich.

Glet, Alke (2009): The German Hate Crime Concept: An Account of the Classification and registration of Bias-motivated Offences and the implementation of the hate crime model into Germany's law enforcement system. Internet Journal of Criminology.

Glet, Alke (2011): Sozialkonstruktion und strafrechtliche Verfolgung von Hasskriminalität in Deutschland. Eine empirische Untersuchung polizeilicher und justizieller Definitions- und Selektionsprozesse bei der Bearbeitung vorurteilsmotivierter Straftaten. Schriftenreihe des Max-Planck-Instituts für Ausländisches und Internationales Strafrecht, Freiburg i.Br. / Berlin: Ducker & Humblot.

Gomolla, Mechthild (2018): Perspektiven der Auseinandersetzung mit Rechtsextremismus, Rassismus und Diskriminierung im schulischen Bildungssystem vor dem Hintergrund des NSU-Komplexes. In: Gomolla, Mechthild / Kollender, Ellen / Menk, Marlene (Hrsg.): Rassismus und Rechtsextremismus in Deutschland. Figurationen und Interventionen in Gesellschaft und staatlichen Institutionen, Weinheim: Beltz Juventa, 245-268.

Heitmeyer, Wilhelm (Hrsg.) (2002-2011): Deutsche Zustände. Band 1-9, Frankfurt am Main: Suhrkamp.

Human Rights Watch (2011): Die Reaktion des Staates auf „Hasskriminalität" in Deutschland. New York/Berlin. Verfügbar unter: http://www.hrw.org/sites/default/files/related_material/2011%2012%2007%20HateCrimesPaper_German_0.pdf, Zugriff: 09.05.2018.

Inglehart, Ronald (1997): Modernization and Postmodernization: Cultural, Economic, and Political Change in 43 Societies, Princeton: Princeton University Press.

Ivarsflaten, Elisabeth (2014): Unlikely New Kid on the Western European Radical Right Bloc. In: Hallerberg, Marc & Kayser, Mark A. (Hrsg.): APSA Cooperative Politics Newsletter Vol.24, 12-13.

Levin, Jack / McDevitt, Jack (2002): Hate Crimes Revisited. America's War on those who are different, New York: Basic Books.

Lipset, Seymour Martin (1960): Political Man: The Social Bases of Politics. New York: Doubleday & Company.

Macpherson of Cluny, William Sir (1999): The Stephen Lawrence Inquiry, Cm4262. London: The Stationary Office.

Neugebauer, Gero (2010): Zur Strukturierung der politischen Realität in einer modernen Gesellschaft. Aus Politik und Zeitgeschichte, Ausgabe 44/2010, 3–9.

ODIHR (o.J.): Hate Crimes 2016. Germany. Official Data & Incidents reported by civil society, international organizations and the Holy See. Verfügbar unter: http://hatecrime.osce.org/germany sowie http://hatecrime.osce.org/germany?year=2016, Zugriff: 09.05.2018.

OSCE / ODIHR (2011): Human Dimension Commitments. Vol. 1, Thematic Compilation, 3rd Edition, ODIHR: Warschau. Verfügbar unter: http://www.osce.org/odihr/76894?download=true, Zugriff: 09.05.2018.

Perry, Barbara (2014): Exploring the community impacts of hate crime. In: Grieve, John / Giannasi, Paul / Hall, Nathan / Corb, Abbee (Hrsg): The Routledge International Handbook on Hate Crime, London: Routledge, 47-58.

Schellenberg, Britta (2012): Strategien gegen Rechtsextremismus und Vorurteilskriminalität - für Pluralismus und liberale Demokratie in Deutschland. Was muss getan werden, um den Nationalsozialistischen Untergrund und seine Ideologie erfolgreich zu bekämpfen? In: Glaab, Manuela und Korte, Karl-Rudolf (Hrsg.): Angewandte Politikforschung, Wiesbaden: Springer VS, 419-429.

Schellenberg, Britta (2014a): Die Rechtsextremismus-Debatte. Charakteristika, Konflikte und ihre Folgen, Wiesbaden: Springer VS (zweite Auflage).

Schellenberg, Britta (2014b): Mügeln. Die Entwicklung rassistischer Hegemonien und die Ausbreitung der Neonazis. Reihe Demokratie, Dresden: Weiterdenken – Heinrich-Böll-Stiftung Sachsen. Verfügbar unter: https://www.boell.de/sites/default/files/muegeln_download.pdf, Zugriff: 09.05.2018.

Schellenberg, Britta (2016): Hassrede, Vorurteilskriminalität und rechte Radikalisierung in Deutschland. In: Benz, Wolfgang (Hrsg.): Fremdenfeinde und Wutbürger. Verliert die demokratische Gesellschaft ihre Mitte? Berlin: Metropol Verlag, 99-116.

Schellenberg, Britta (2018): Zur Aktualität der Radikalen Rechten. In: Politische Psychologie. Journal of Political Psychology, Heft 1.

Schellenberg, Britta / Lang, Kati (2016): Toleranz und Nichtdiskriminierung. Bekämpfung von Diskriminierung und Hasskriminalität. In: Deutsches Institut für Menschenrechte (Hrsg.): Die Umsetzung ausgewählter OSZE Verpflichtungen zu Menschenrechten und Demokratie in Deutschland. Unabhängiger Evaluierungsbericht anlässlich des deutschen OSZE Vorsitzes 2016, Berlin: DIMR, 10-40. Verfügbar unter: http://www.institut-fuer-menschenrechte.de/fileadmin/user_upload/Publikationen/Weitere_Publikationen/Evaluierungsbericht_Die_Umsetzung_ausgewaehlter_OSZE_Verpflichtungen_zu_Menschenrechten_und_Demokratie_in_Deutschland.pdf, Zugriff: 09.05.2018.

Scherr, Albert (2018): Anti-Diskriminierung als Kernprinzip menschenrechtlicher politischer Bildung im Kontext der polizeilichen Aus-, Fort- und Weiterbildung. Heft 2, S. 27-32 (unveröffentlichtes Manuskript).

Statista (2018): Bevölkerung – Einwohnerzahl der Bundesländer in Deutschland am 31. Dezember 2016. Verfügbar unter: https://de.statista.com/statistik/daten/studie/71085/umfrage/verteilung-der-einwohnerzahl-nach-bundeslaendern/, Zugriff: 09.05.2018.

Strohschneider, Peter (2017): Über Wissenschaft in Zeiten des Populismus. Rede anlässlich der DFG-Jahresversammlung in Halle am 4. Juli. Thüringer Polizei (o.J.): Formular zur PmK-Erfassung für den Polizeidienst (eingesehen im März 2018).

van Ooyen, Robert C. (2017): Polizei und Fremde – zu einem (ver)störenden Thema im Spiegel neuerer Literatur. In: Kopke, Christoph / Kühnel, Wolfgang (Hrsg.): Demokratie, Freiheit und Sicherheit. Festschrift zum 65. Geburtstag von Hans-Gerd Jaschke. Wissenschaftliche Schriften der Hochschule für Wirtschaft und Recht Berlin, Band 63, Baden-Baden: Nomos, 273-282.

Verband der Beratungsstellen für Betroffene rechter, rassistischer und antisemitischer Gewalt e.V. (VBRG) (2017a): Rechte, Rassistische und Antisemitische Gewalt in Ostdeutschland, Berlin und NRW. Factsheet 2016. Verfügbar unter: http://verband-brg.de/images/Publikationen/factsheet_vbrg2016.pdf, Zugriff: 09.05.2018.

Verband der Beratungsstellen für Betroffene rechter, rassistischer und antisemitischer Gewalt e.V. (VBRG) (2017b): PE vom 27.04.2017: Rechte, rassistische und antisemitische Angriffe in Ostdeutschland, Berlin und NRW im Jahr 2016. Verfügbar unter: http://verband-brg.de/index.php/presse/23-presse-vbrg/108-pe-vom-27-04-2017-rechte-rassistische-und-antisemitische-angriffe-in-ostdeutschland-berlin-und-nrw-im-jahr-2016, Zugriff: 09.05.2018.

Verband der Beratungsstellen für Betroffene rechter, rassistischer und antisemitischer Gewalt e.V. (VBRG) (o.J.): Monitoring rechtsmotivierter Gewalt. Verfügbar unter: http://verband-brg.de/index.php/monitoring; Zugriff: 09.05.2018.

Zeuner, Bodo / Gester, Jochen / Fichter, Michael / Kreis, Joachim / Stöss, Richard (2007): Gewerkschaften und Rechtsextremismus: Anregungen für die Bildungsarbeit und die politische Selbstverständigung der deutschen Gewerkschaften, Münster: Westfälisches Dampfboot.

Zick, Andreas / Küpper, Beate / Hövermann, Andreas (2011): Die Abwertung der Anderen. Eine europäische Zustandsbeschreibung zu Intoleranz, Vorurteilen und Diskriminierung, Berlin: Friedrich-Ebert-Stiftung. Verfügbar unter: http://library.fes.de/pdf-files/do/07905-20110311.pdf, Zugriff: 09.05.2018.

Zur Dynamik rechter Radikalisierungsprozesse. Die Kritik des Extremismuskonzepts als notwendige Voraussetzung für eine Rejustierung der Sicherheitspolitik

Samuel SALZBORN

Viele Jahre wurde gegen das statische Extremismuskonzept, das auf dem Grundgedanken einer genuin nicht-extremistischen Mitte und zweier extremistischer Pole mit starken Gemeinsamkeiten basiert und die Analysegrundlage vieler nachrichtendienstlicher Tätigkeiten der Bundesrepublik bildet, argumentiert, dass es normativ falsch sei: es vernachlässige die erheblichen Differenzen zwischen rechter und linker Weltanschauung und entlaste in seiner Analogisierung die „Mitte", die zugleich durch diesen Konstruktionsprozess überhaupt als politischer Ort erst konstituiert werde. Diese Einwände waren nie falsch – nur zeigt sich seit dem Bekanntwerden des Nationalsozialistischen Untergrunds (NSU), dass das statische Extremismuskonzept vor allem eines ist: empirisch unzulänglich, d.h. jenseits der Frage von differenten Deutungskontexten hat es sich als gefährlich erwiesen, da es gerade in der empirischen Praxis nicht dazu in der Lage ist, Rechtsextremismus als solchen zu erkennen, weil es Radikalisierungsprozesse (aus und in der Mitte der Gesellschaft), die jenseits von starren organisatorischen Strukturen erfolgen, nicht erfasst. Vor diesem Hintergrund soll das Extremismuskonzept kritisiert und seine Mängel mit Blick auf den Rechtsextremismus herausgearbeitet werden. Dass für eine Rejustierung der Sicherheitspolitik hierfür der gleichsetzende Blick auf unterschiedliche Extremismen Teil des analytischen Problems ist, wird dabei mit Blick auf den Rechtsextremismus argumentiert: denn gerade mit Blick auf rechte Radikalisierungsprozesse zeigt sich, dass die normativ falsche Gleichsetzung von rechten und linken Weltanschauungen auch zu erheblichen sicherheitspolitischen Fehlannahmen in der Praxis führt, da sie rechte Radikalisierungsprozesse nicht erkennen und insofern nicht frühzeitig auf sie reagieren kann.

In diesem Beitrag wird gezeigt, warum ein dynamisches Verständnis von Rechtsextremismus notwendig ist, um ihn als politischen und sozialen Prozess zu verstehen und auf diese Weise erkennen zu können, wie Radikalisierungen verlaufen. Diese zu erkennen ist elementar notwendig, will man effektiv gegen die gewaltförmige Dimension des Rechtsextremismus vorgehen – ganz gleich, ob er aus einem „alltagsterroristischen bzw. präterroristischen Milieu" (Funke 2015, 20) kommt oder als organisierter Rechtsterrorismus auftritt. Dafür soll im ersten Teil das Konzept der begrifflichen Unterscheidung von *Einstellungen* und *Verhalten* und die Frage der *Intensität* der Einbindung von Individuen in rechtsextreme Strukturen vorgestellt werden, das auf Überlegungen von Richard Stöss (2010) und Wolfgang Gessenharter (2010) basiert und von uns weiterentwickelt wurde (vgl. Kurth/Salzborn 2017) und das hier in Relation zu Erkenntnissen der empirischen *Radikalisierungs*forschung gesetzt wird. Ausgehend von einer Kritik des statischen Extremismuskonzepts wird dann im zweiten Teil ein *dynamisches Extremismusverständnis* entwickelt, das in der Lage ist, die empirischen Realitäten von Einstellung, Verhalten und Intensität (der Einbindung von Individuen in rechtsextreme Strukturen) in Verbindung mit dem Radikalisierungskonzept konzeptionell zu integrieren und insofern eine sachadäquate Alternative zum statischen Extremismuskonzept darstellt, die im Unterschied zu diesem für die empirische Analyse und praktische Interventionsarbeit tragfähig ist.

1. Einstellung, Verhalten und Intensität als Elemente rechter Radikalisierungsprozesse

Richard Stöss (2010, 21) hat als „Dimensionen des Rechtsextremismus" die grundlegende Unterscheidung zwischen Einstellungen und Verhalten betont, wobei hervorzuheben ist, dass „Einstellungen [..] in der Regel dem Verhalten vorgelagert" sind, also die Grundlage für rechtsextremes Verhalten eine rechtsextreme Einstellung ist – was nicht ein geschlossen rechtsextremes Weltbild bedeuten muss. Das heißt, nicht jede Wahlentscheidung für eine rechtsextreme Partei oder jedes jugendliche Schmieren von rechten Symbolen verweisen auf organisierten Rechtsextremismus, aber ohne das Vorhandensein von mindestens Versatzstücken eines rechtsextremen Weltbildes (wie z.B. Rassismus oder Antisemitismus) würde es nicht zu diesem kommen.

Insofern ist auch die Annahme, es würde sich bei diesem um einfachen Protest handeln, verkürzt – denn jeder soziale oder politische Protest hat eine bestimmte weltanschauliche Richtung. Zudem besteht laut Stöss eine Wechselbeziehung zwischen Einstellungen und Verhalten, das heißt, wenn eine rechtsextreme Grundeinstellung vorhanden ist, kann rechtsextremes Verhalten die Einstellungen weiter radikalisieren – bis hin zu einem geschlossen rechtsextremen Weltbild. Bei der Frage nach den Elementen des rechtsextremen Weltbildes ist dies insofern wichtig, weil sie – wenigstens teilweise – jedem Verhalten vorgelagert sind, sei es dem Protest, dem Wahlverhalten, der aktiven Mitgliedschaft oder der Ausübung von Gewalt und Terror (vgl. Stöss 2010, 21).

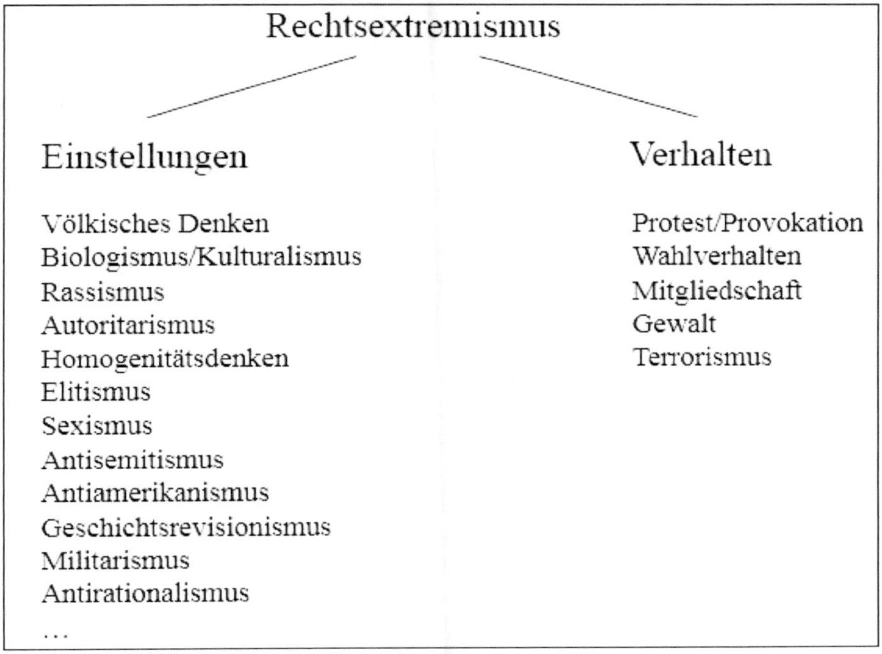

Rechtsextremismus

Einstellungen

Völkisches Denken
Biologismus/Kulturalismus
Rassismus
Autoritarismus
Homogenitätsdenken
Elitismus
Sexismus
Antisemitismus
Antiamerikanismus
Geschichtsrevisionismus
Militarismus
Antirationalismus
...

Verhalten

Protest/Provokation
Wahlverhalten
Mitgliedschaft
Gewalt
Terrorismus

Abbildung 1: Die Differenzierung von Einstellungen und Verhalten im Rechtsextremismus (Salzborn 2015, 21, dort mit Ergänzungen und Änderungen übernommen von Stöss 2010, 21)

Das rechtsextreme Weltbild ist getragen von einer Ideologie der Ungleichheit, die Menschen ihre Individualität und Subjektivität abspricht und die Errungenschaften von Aufklärung und Emanzipation rückgängig machen will (vgl. Sternhell 2010). Gegen die offene, pluralistische Gesellschaft stellt das rechtsextreme Weltbild die völkische, homogene Gemeinschaft – die als „natürliches" Kollektiv unterstellt wird, was mal rassistisch, mal kulturalistisch begründet wird. Die Ablehnung von Pluralismus, Freiheit und Demokratie führt zu einem hierarchischen Politikverständnis, das sich antisemitisch, rassistisch, antiliberal, patriarchal, antifeministisch, elitär, sozialdarwinistisch und autoritär äußert. Insofern ist das Moment der Einstellung die zentrale Grundlage für die Charakterisierung von Rechtsextremismus, wobei sich Einstellungen in unterschiedlichen Formen von Verhalten ausdrücken. Vermittelt wird der Zusammenhang von Einstellung und Verhalten über die – individuell jeweils spezifische, aber gleichsam im sozialen Raum fortwährend änderbare und sich ändernde – Intensität der Integration in recht(sextrem)e Strukturen. Begreift man den Rechtsextremismus als heterogene Sozialstruktur und kontextualisiert ihn damit im Rahmen der Bewegungsforschung *auch* als soziale Bewegung (ihn *nur* als soziale Bewegung zu verstehen, würde deutlich zu kurz greifen), dann ist darin die weltanschaulich gefestigte und organisationsgebundene Multifunktionärin genauso aufgehoben, wie der gewaltbereite autonome Nationalist oder der mit rassistischen Parolen sympathisierende Schüler. Die organisatorische Stärke der sozialen Bewegung ist gerade ihre Möglichkeit, auch mit nur geringer formaler Bindung agieren zu können.

Roger Griffin (2003, 27) hat im Zentrum des Rechtsextremismus nichts desto trotz die „groupuscules" ausgemacht – die fest geformten Gruppen, die oft nur über eine kleine Zahl an fest Zugehörigen verfügen, aber kadermäßig agieren und weltanschaulich gefestigt sind. Sie bilden, wenn man so will, die konzentrischen Kerne der rechtsextremen Bewegung – Wolfgang Gessenharter (2010) hat die These vertreten, dass Rechtsextremismus anhand eines Kreismodells veranschaulicht werden kann, das in doppelter Hinsicht die Intensitätsgrade der Zugehörigkeit von Individuen in rechtsextremen Strukturen begreifbar macht. Im Zentrum stehen die Bewegungseliten, die umgeben werden von Basisaktivisten, an die sich wiederum die Unterstützer anschließen, die gerade auch für Aktivitäten oder Gewalttaten zentral sind und wiederum, in einem gedachten äußeren Kreis, von den Sympathisanten eingerahmt werden. Wichtig daran ist: je weiter in der Mitte, desto straffer der Organisierungsgrad, die weltanschauliche Festigung und die Bereitschaft, aktiv und durchaus auch gewalttätig für die eigene Ideologie einzutreten. Der Grad der Organisiertheit und der Grad der weltanschaulichen Überzeugung nehmen nach außen entsprechend ab, was in der Tendenz auch für die Gewaltbereitschaft gilt, aber nicht in demselben Maße wie für die Organisierung und Überzeugung.

Die systematischen Dimensionen von Einstellung, Verhalten und Intensität zeigen, dass individuelle Prozesse der Radikalisierung den gesamten Prozess der weltanschaulichen Formung (mit Blick auf die Einstellungen, die im Prozess der Radikalisierung zu einem geschlossen rechtsextremen Weltbild werden), der Verhaltensbereitschaft (bis hin zur aktiven Ausübung von Terrorismus) und der zentralen Verankerung im Zentrum des rechtsextremen Spektrums (als konspirativ organisierte und bedingungslos gewaltbereite Rechtsterroristen) erfassen. Zugleich folgt daraus, dass sowohl der Prozess der Radikalisierung, wie der alltagspraktischen Unterstützung – und damit auch de facto der Vorbereitung und ggf. Durchführung und Umsetzung von Verbrechen – nicht ohne die Einbindung in genau dieses terrorismusaffine Milieu erfolgt.

Wie dies konkret funktioniert, hat Matthias Quent für Jena und Thüringen untersucht und gezeigt, wie die „Karrieren individueller Radikalisierung" (Quent 2016, 289) mit Blick auf den NSU vor dem Hintergrund des bundesdeutschen Rechtsextremismus der 1990er Jahre funktioniert haben. Quent entwickelt dafür einen Ansatz, der gut geeignet ist, die Radikalisierungsprozesse empirisch vor dem Hintergrund des Konzepts von Einstellung, Verhalten und Intensität zu verstehen. Dafür entlehnt er einen Begriff aus der Terrorismusforschung und wendet ihn auf den Rechtsextremismus an – den des Vigilantismus, was so viel meint, wie „systemstabilisierende Selbstjustiz". Mit Blick auf den Rechtsterrorismus heißt das, dass sich dieser als „systemstabilisierend" begreift, weil er sich im Einklang mit der rechten Szene und mit einem gewichtigen Teil der Bevölkerung sieht, aber eben fundamental in Opposition zur Bundesrepublik, der Demokratie und dem Rechtsstaat steht. Dieser Haltung folgend phantasiert man sich in der rechtsextremen Szene dann in eine „Notwehrsituation", in der ein völkisches „Notwehrrecht" gegen Demokratie und reales Recht für sich reklamiert wird, da man sich – angelehnt an die fiktionale Erzählung des Romans *The Turner Diaries* – in einem auf Eskalation angelegten „Rassenkrieg" wähnt und diesen Krieg in kleinen und unabhängig agierenden Untergrundgruppen führen müsse.

Auf der Basis dieses Konzepts gelingt es Quent (2016, 320), die Radikalisierungsprozesse des NSU in seinem politischen Nahfeld, aber auch im Kontext des gesamtdeutschen Rechtsextremismus zu rekonstruieren und zu zeigen, dass dessen Entwicklung hin zu einer „vigantilistischen Untergrundgruppe" ein schrittweiser Prozess war, beginnend bei einer kriminellen Jugendgruppe, die sich zunehmend rechtsextrem politisiert hat, also allgemeine Kriminalität sich nach und nach verband mit rechtsextremen Einstellungen. Hieraus gingen dann Strukturen einer „informell organisierten Untergrundgruppe (Kameradschaft)" hervor, aus der heraus wieder kleine Teile zunehmend konspirativ agierten, bevor sie sich dann vollständig in den Untergrund abgesetzt haben. Es gilt zu betonen, dass der NSU aus einem Radikalisierungsprozess hervorgegangen ist, bei dem die NSU-Terrorist(inn)en fortlaufend zahlreiche Kontakte zu anderen Rechtsextremist(inn)en hatten, ohne die die terroristischen Aktivitäten undenkbar waren. Sie haben zwar als rechtsterroristische Untergrundgruppe als „lone wolves" gehandelt, waren aber im Unterschied zu dem, was der medial oft verwandte Begriff nahelegt, in keiner Weise isoliert, sondern weiterhin Bestandteil ihrer terroraffinen Szene (vgl. Feldman 2017).

Das empirische Beispiel der Radikalisierungsprozesse beim NSU zeigt, dass das zentrale Moment für Radikalisierungsprozesse die rechtsextreme Einstellung ist, die schrittweise zum geschlossenen rechtsextremen Weltbild wird – insofern liegt in jedem Element rechtsextremen Denkens, ganz gleich, ob es bei einer Parteiversammlung oder in einem Internetkommentar geäußert, ganz gleich, ob es von einer Funktionärin oder einem (noch) unorganisierten Schüler formuliert wird, Radikalisierungs*potenzial*. Für den Prozess der Radikalisierung bis hin zum Rechtsterrorismus ist zunächst die Frage der rechtsextremen Einstellung zentral, aus der dann Formen von Verhalten entstehen, die verwoben sind mit zunehmenden Intensivierungen von strukturellen Anbindungen an die rechtsextreme Szene. Diese aber dürfen nicht verwechselt werden mit formalisierter Mitgliedschaft in Organisationen (die vorliegen kann, aber eben nicht muss).

Sicherheitspolitisch entscheidend ist, dass in so gut wie allen Fällen von rechter Radikalisierung die Anzeichen dafür sehr früh vorhanden sind. Nur werden diese aufgrund eines falschen Extremismusverständnisses oft ignoriert, was damit zu tun hat, dass Versatzstücke rechten Gedankenguts auch außerhalb der organisierten rechtsextremen Szene vertreten werden und dann diejenigen, die im Nachhinein befragt werden (z.B. Familienangehörige oder Schulfreunde), oft eben deshalb keine „Radikalisierung" erkennen konnten, weil sie selbst Facetten rechtsextremen Denkens vertreten, dies aber nicht reflektieren können oder wollen. Das Fatale dabei ist, dass eine effektive Sicherheitspolitik gegen Rechtsextremismus nur dann möglich wäre, wenn sie diesen Denkfehler revidiert und begreift, dass die Ursprünge dafür, rechten Terror nicht zu verhindern, in der Mitte der Gesellschaft liegen, da in dieser rechte Einstellungen entweder ignoriert oder Teile davon sogar goutiert werden. In der Konsequenz werden Radikalisierungen hin zum Rechtsterrorismus nicht wahrgenommen, so lange sie „nur" im Denken auf völkische, rassistische oder antisemitische Abwertung zielen. Eine Kritik am statischen Extremismusbegriff ist vor diesem Hintergrund unerlässlich.

2. Statischer und dynamischer Extremismusbegriff

2.1. Statischer Extremismusbegriff

Innerhalb der deutschsprachigen Diskussion wird der Extremismusbegriff vor allem in einem spezifischen Sinn gebraucht (vgl. Bötticher/Mareš 2012; Kraushaar 1994; Wippermann 2000): Es geht um ein Verständnis von Extremismus, nach dem dieser im normativen Sinn der demokratischen Verfassungsordnung entgegensteht und dabei sowohl durch seine negative wie durch seine positive Bestimmtheit in Opposition zur Demokratie stehe. Der negative Extremismusbegriff zielt darauf ab, als extremistisch kenntlich zu machen, was dem demokratischen Verfassungsstaat in fundamentaler und totaler Weise entgegensteht, diesen versucht zu bekämpfen oder auch abzuschaffen. Das positive Begriffsverständnis versucht überdies, Einstellungs- und Verhaltensmerkmale zu bestimmen, aus denen ersichtlich werden soll, dass das begriffliche Verständnis von Extremismus auch über eine eigene Phänomenologie verfügt. Besonders

Uwe Backes (1989, 111) hat sich für diese Ausdifferenzierung zwischen einem negativen und einem positiven Begriffsverständnis des Extremismus stark gemacht. Er vertritt die Auffassung, dass eine rein negative Definition des Extremismus das „breite Spektrum der Extremismen" strukturell unbestimmt lasse. Entscheidend an diesem bis vor einigen Jahren noch dominanten deutschsprachigen Extremismusdiskurs ist, dass Demokratie und Extremismus – und zwar sowohl im negativen wie im positiven Sinn – als „antithetisches Begriffspaar" (Backes/Jesse 1983, 4) verstanden und insofern in beiden Definitionsvarianten des Extremismusbegriffs statisch auf ein *bestimmtes* Ideal von Demokratie und dabei konkretisiert auf den Rahmen des bundesdeutschen Verfassungsstaates fixiert werden. Für die Analyse von Extremismen eröffnet dies lediglich einen relativ schmalen empirischen Interpretationsraum. Backes und Jesse folgend handelt es sich beim Extremismus um eine Sammelbezeichnung, mit der unterschiedliche politische Denkformationen und Handlungsweisen zusammengefasst werden, die sich allerdings in der „Ablehnung des demokratischen Verfassungsstaates und seiner fundamentalen Werte und Spielregeln einig wissen" (Backes/Jesse 1993, 40).

Aus einer solchen Extremismusdefinition ergibt sich das Dilemma, das am anschaulichsten mit einem Beispiel aus der vergleichenden Rechtsextremismusforschung illustriert werden kann: Während unter Zugrundelegung eines statischen Extremismusbegriffs eine Partei wie der französische Front National aufgrund seines völkischen Menschen- und Weltbildes im französischen Verfassungskontext eindeutig als extremistische Partei gedeutet werden muss, reicht der Bezug auf ein völkisches Menschenbild in der Bundesrepublik mit Blick auf denselben normativ-statischen Extremismusbegriff nicht aus, da hier (Art. 116 GG) das völkische Menschenbild selbst teilweise Grundlage der politischen Ordnung ist. Insofern bleibt ein Extremismusbegriff, der sich lediglich an eine real existierende Formation von Demokratie als Norm anlehnt, unterkomplex und bleibt im Sinne von Backes hinsichtlich seiner positiven Bestimmung ausgesprochen unscharf und wenig konturiert. Gero Neugebauer (2001, 13) sieht deshalb den Extremismusbegriff auch als normativ verkürzt, unterkomplex und eindimensional an. Überdies bestehe ein zentraler Haken im Wechselspiel zwischen normativem Extremismusbegriff und empirischer Extremismusforschung darin, dass die Feststellung, nach der „es sich beim Extremismus um Demokratiefeindschaft, Gewaltbereitschaft, Repression, Dogmatismus etc." handele, nicht „als Ergebnis der Extremismusforschung ausgegeben werden" kann, sondern vielmehr deren Voraussetzung sei (Neugebauer 2001, 20). Armin Pfahl-Traughber (1992, 67) weist überdies auf das Missverhältnis zwischen „inflationärer Verwendung des Extremismusbegriffs" und seiner „mangelnden theoretischen Reflektiertheit" hin.

Vor diesem Hintergrund ist auch der Einwand von Hans-Gerd Jaschke gegen die, wie er sie nennt, „konventionelle Extremismusforschung" (Jaschke (1991, 46) zu verstehen, wenn er darauf hinweist, dass der Extremismusbegriff allzu oft die gesellschaftlichen Ursachen für das Entstehen von politischem Extremismus ausklammere und dabei die Dynamik extremistischer Gruppierungen und die Wandelbarkeit sowohl innerhalb des Extremismus, aber eben auch die Interaktion mit dem demokratischen Spektrum außer Acht lasse. Das Etikett des Extremismus, das die Extremismusforschung entsprechenden Personen und Gruppen zuweist, verkenne, dass es sich um eine Zuschreibung handle, die Wandelbarkeit und soziale Dynamik innerhalb eines demokratischen Gesellschaftswesens ignoriert. Auf diese Weise werden Ursachenkomplexe individualisiert und der gesellschaftliche Kontext vernachlässigt (vgl. Jaschke 1991, 1994). Darauf macht auch Christoph Butterwegge (2000, 2002) aufmerksam. Er schreibt: „Die Konzentration auf das/die Extreme lenkt vom gesellschaftlichen Machtzentrum und von seiner Verantwortung für die politische Entwicklung eines Landes ab" (Butterwegge 2000, 19). Dabei sei die aus der Extremismusformel resultierende Gleichsetzung von Rechts- und Linksextremismus ein zentrales Problem, weil sie aus einer lediglich formalen Gegnerschaft zum politischen System eine Vergleichbarkeit von Zielen und Wertvorstellungen ableite. Christoph Kopke und Lars Rensmann betonen, dass die Individualisierung struktureller Aspekte von Vergesellschaftung durch einen derart statischen Extremismusbegriff befördert werde, da politische Orientierungen als „völlig beliebig" erscheinen, wenn links und rechts „gleichgesetzt und austauschbar" werden, „sofern man außerhalb der willkürlich gesetzten Mitte steht" (Kopke/Rensmann 2000, 1453).

Und selbst wenn die Differenzen hinsichtlich der Zielvorstellung rechter und linker Bewegungen gewahrt blieben, klammert der statische Extremismusbegriff die gesellschaftlichen Dynamiken aus: denn er übersieht, dass extremistische Gesinnungen nicht eben nur an den Rändern, sondern auch in der Mitte der Gesellschaft anzutreffen sind. Von einer normativen Amputation des Extremismusbegriffs kann gesprochen werden, weil es sich beim Blick auf die internationale und vergleichende Extremismusforschung keineswegs um die einzige Variante handelt, den Extremismusbegriff für die wissenschaftliche Diskussion fruchtbar zu machen. Die theoriengeschichtliche Auseinandersetzung mit extremistischen und totalitären Bewegungen zeigt, dass das Potenzial des Extremismusbegriffs weit größer ist, als sich dies in seiner bundesdeutschen Vereinfachung darstellt (vgl. Salzborn 2015, 105ff.).

2.2. Dynamischer Extremismusbegriff

Seymour Martin Lipset hat bereits in einem Aufsatz von 1959, der dann auch in sein berühmtes Werk *Political Man* (1960) eingeflossen ist, einen differenzierteren Extremismusbegriff eingeführt. Lipset unterscheidet dabei drei wesentliche Kategorien, die zur Klassifizierung von Extremismus dienen können und zugleich einen gehaltvollen und substanziellen Demokratiebegriff zu Grunde legen. Während die politischen *Ziele* auf der traditionellen Rechts-Links-Achse und ihrer Distanz zur liberalen Demokratie ebenso die Unterscheidung zwischen demokratischen und autoritären *Mitteln* zur Durchsetzung eigener politischer Ziele noch Bestandteile der fachwissenschaftlichen Diskussion sind, die heute auch in der deutschen Extremismusforschung weiterhin Anwendung finden, ist die eigentlich zentrale Kategorie von Lipset weitgehend aus ihrem Blickfeld verschwunden: die Differenzierung zwischen Pluralismus und Monismus, wobei eine antiplurale und monistische Weltanschauung als Kennzeichen von Extremismus interpretiert wird. Nimmt man die Kategorien von Lipset ernst, dann fällt auf, dass Extremismus nicht nur an den Rändern des politischen Systems zu lokalisieren ist, sondern gleichermaßen in dessen Mitte. Dies zeigt auch, dass ein *statischer Extremismusbegriff* im Vergleich mit einem *dynamischen Extremismusbegriff* empirisch gegenüber antipluralistischen und gegenaufklärerischen Bestrebungen aus der Mitte der Gesellschaft blind bleibt, da diese stets normativ verklärt wird.

Lipset prägte damit den Begriff des „extremism of the center" und fügte der konzeptionellen Überlegung eines linken und eines rechten Extremismus einen dritten Typus hinzu, der allerdings zuvörderst auch als sozialökonomischer Begriff als Extremismus der Mittelklassen bzw. Mittelschichten zu verstehen war. So gibt es Lipset (1960, 173) folgend mit Blick auf die Linke, die Rechte und die Mitte jeweils eine moderate und eine extremistische Strömung, „each major social stratum has both democratic and extremist political expressions" (Lipset 1960, 131). Die Gemeinsamkeiten der drei Extremismen bestünden in ihrer sozialpolitischen Orientierung an den verärgerten, orientierungslosen, desintegrierten, ungebildeten, differenzierungsunfähigen und damit eben letztlich autoritären Personen auf jedem Level der Gesellschaft (Lipset 1960, 175). Entscheidend ist, dass alle Extremismen Bezüge zu den demokratischen Bewegungen aufweisen. Dies ähnelt nicht nur dem Argument von Theodor W. Adorno (1959, 555f.), nach dem das „Nachleben des Nationalsozialismus *in* der Demokratie [..] potentiell bedrohlicher denn das Nachleben faschistischer Tendenzen gegen die Demokratie" sei, und dem von Ralf Dahrendorf (1961, 267), nach dem die Zerstörung der Demokratie historisch bereits „ein Werk des Mittelstandes" war, sondern macht kenntlich, dass die Grenzen zwischen Demokratie und Extremismus weder statisch, noch undurchlässig sind: „The different extremist groups have ideologies which correspond to those of their democratic counterparts" (Lipset 1960, 133).

Nimmt man Lipsets Überlegungen in sozialstruktureller und demokratietheoretischer Hinsicht ernst, dann liefern sie ein wertvolles Grundgerüst für einen *dynamischen Extremismusbegriff*. Dieser bleibt zwar ein normativer Begriff, aber er bietet die Möglichkeit, die subjektive Setzung von Norm und Abweichung – auf die der *statische Extremismusbegriff* letztlich in seiner ganzen Banalität hinausläuft – hinter sich zu lassen. Lipsets Grundkonzept bedarf lediglich einer Konkretisierung von Pluralismus und Antipluralismus, den Manfred G. Schmidt (2010, 245f.) als attitudinalen Antipluralismus und weltanschaulichen Monismus beschrieben hat.

Strukturtheoretisch können wesentliche Aspekte für eine solche konzeptionelle Ergänzung eines dynamischen Extremismusbegriffs aus den Überlegungen von Ernst Fraenkel aufgegriffen werden, dessen (Neo-)Pluralismustheorie auf der Annahme basiert, dass die Vertretung von konkurrierenden Interessen einer Demokratie nicht schade, sondern vielmehr deren Fundament bilde. Auf der Basis der Anerkennung konkurrierender sozialer Lebensformen werde ein kontroverser Prozess der Willensbildung erstrebt, dem jedoch ein gemeinsam anerkannter Wertekodex zugrunde liegen müsse. Das Gemeinwohl sei dabei nicht abstrakt definierbar, sondern müsse in konkreten Interessenauseinandersetzungen ausgehandelt werden. Staatlicher Idealtyp ist für Fraenkel der „autonom legitimierte, heterogen strukturierte, pluralistisch organisierte Rechtsstaat" (Fraenkel 1991, 326). Aufgrund der damit konzeptionell gegebenen normativen Offenheit handelt es sich um ein strukturtheoretisches Instrumentarium, mit dem Antipluralismus und Monismus scharf kritisiert werden können. Die Offenheit des Konzepts impliziert aber zugleich, dass um die Frage eines gesellschaftlichen Konsensus dauerhaft entlang von Interessenkonflikten, auch grundlegender Art, gestritten werden muss.

Ein wesentlicher Schlüssel ist die konsequente Orientierung am freien und sich selbst bestimmenden Individuum als genuinem Subjekt der Politik, dessen „Gemeinwohl" im gesellschaftlichen Kontext niemals *a priori*, sondern ausschließlich *a posteriori* bestimmbar ist, da die ihm zugrunde liege Vorstellung von Gerechtigkeit „kein absoluter, sondern ein relativer Begriff" ist (Walzer 1992, 440). Als extremistisch hätten in diesem Sinne Personen, Bewegungen oder Parteien zu gelten, die den Vorrang des Individuums im demokratischen Pluralismus ablehnen und mit antiliberaler und antiindividualistischer Intention eine kollektive Homogenitätsvorstellung bei Unterstellung einer Ungleichheit der Menschen das Wort reden. In einen solchen Extremismusbegriff im Sinne der politischen Kulturforschung sind nicht nur Handlungen, sondern auch Einstellungen und vor allen Dingen Vorstellungen eingelassen (vgl. Salzborn 2009). Diese Vorstellungen und Einstellungen sind aber eben reversibel und unterliegen der öffentlichen Auseinandersetzung im demokratisch-pluralen Kontext, wobei sie als Denkformen eben in keiner Weise an bestimmte politische Spektren oder eine ausdifferenzierte Rechts-Links-Achse gebunden sind. Ein von Lipsets Überlegungen ausgehender und konzeptionell um die demokratietheoretischen Überlegungen des Neopluralismus erweiterter *dynamischer Extremismusbegriff* stellt insofern das normative Postulat einer nichtextremistischen Mitte aus empirischen Gründen grundsätzlich in Frage und macht Antipluralismus und Monismus zur Grundlage der Analyse.

3. Resümee

Durch eine konzeptionelle Revision des Extremismuskonzepts hin zu einem dynamischen Verständnis, das sicherheitspolitische Wahrnehmungen präziser ermöglicht, als der statische Ansatz (vgl. Salzborn 2017), werden Radikalisierungsprozesse verstehbar – und auch, auf der individuellen Ebene, präventiv erkennbar: denn wählt man als analytischen Ausgangspunkt das Moment rechtsextremer Einstellungen und fokussiert konsequent auch auf die wahrnehmbare Artikulation von einzelnen Facetten rechtsextremen Denkens, ermöglicht dies (in dem der Blick nicht mehr nur allein auf starre organisatorische Strukturen gelegt wird) ein seismografisches Frühwarnsystem, das Radikalisierungs*potenziale* erkennbar werden lässt, noch bevor sie zu organisatorischer Einbindung oder zumindest intensiver Festigung in rechten Strukturen führen.
Wichtig ist dabei, Radikalisierungsprozesse auch wirklich *als Prozesse* zu begreifen, die von Subjekten vollzogen werden – der sicherheitspolitische Blick auf rechte und rechtsextreme Strukturen muss die individuelle Verantwortung *jedes* Individuums ernst nehmen. Dabei dürfen nicht dieselben Fehler gemacht werden, die die so genannte akzeptierende Jugendarbeit in den 1990er Jahren gemacht hat, als man nicht empathisch auf die Opfer oder unbeteiligte (nichtrechtsextreme) Jugendliche fokussierte, sondern verständnisvoll auf die Täter, so dass rechtsextreme Jugendliche für ihr Verhalten mit der Einstellung von Sozialarbeiter(inne)n und der Eröffnung von Jugendzentren „belohnt" wurden (was auch die Grundlage für die Entstehung des NSU war, denn die Haupttäter hatten genau in solchen „akzeptierenden" Strukturen freie Entfaltungs- und Vernetzungsmöglichkeiten). Der Kern des Problems bestand darin, dass rechte Einstellungen verharmlost und damit verkannt wurde, dass sie am Anfang *jeder* potenziellen rechten Radikalisierung stehen, für die eben jedes einzelne Individuum als Subjekt vollkommen verantwortlich ist – und in keinem Fall entschul-

digt werden darf, will man Radikalisierungsprozesse effektiv aufhalten oder bekämpfen.

Literatur

Adorno, Theodor W. (1959): Was bedeutet: Aufarbeitung der Vergangenheit. In: ders. (1997): Eingriffe. Neun kritische Modelle. Gesammelte Schriften, Bd. 10.2, Frankfurt: Suhrkamp, 553–572.
Backes, Uwe (1989): Politischer Extremismus in demokratischen Verfassungsstaaten. Elemente einer normativen Rahmentheorie, Opladen: VS Verlag für Sozialwissenschaften.
Backes, Uwe / Eckhard Jesse (1983): Demokratie und Extremismus. Anmerkungen zu einem antithetischen Begriffspaar. In: Aus Politik und Zeitgeschichte, H. 44, 3–18.
Backes, Uwe / Eckhard Jesse (1993): Politischer Extremismus in der Bundesrepublik Deutschland, 3. überarb. u. akt. Aufl., Bonn: Bundeszentrale für politische Bildung.
Bötticher, Astrid / Mareš, Miroslav (2012): Extremismus. Theorien – Konzepte– Formen, München: Oldenbourg Wissenschaftsverlag.
Butterwegge, Christoph (2000): Entschuldigungen oder Erklärungen für Rechtsextremismus, Rassismus und Gewalt? Bemerkungen zur Diskussion über die Entstehungsursachen eines unbegriffenen Problems. In: ders. / Lohmann, Georg (Hrsg.): Jugend, Rechtsextremismus und Gewalt. Analysen und Argumente, Opladen: Leske + Budrich, 13–36.
Butterwegge, Christoph (2002): Rechtsextremismus, Freiburg: Herder. Dahrendorf, Ralf (1961): Gesellschaft und Freiheit. Zur soziologischen Analyse der Gegenwart, München: R. Piper & Co. Verlag.
Feldman, Matthew (2017): Terrorist 'radicalizing networks': A Qualitative Case Study on Radical Right Lone-Wolf Terrorism. In: Steiner, Kristian / Önnerfors, Andreas (Hrsg.): Expressions of Radicalization. Global Politics, Processes and Practices, London: Palgrave Macmillan.
Fraenkel, Ernst (1991): Deutschland und die westlichen Demokratien, Frankfurt: Suhrkamp Verlag.
Funke, Hajo (2015): Staatsaffäre NSU. Eine offene Untersuchung, Münster: Kontur-Verlag.
Gessenharter, Wolfgang (2010): Was ist Rechtsextremismus? Zentrale Aspekte eines vielschichtigen Problems. In: Spöhr, Holger / Kolls, Sarah

(Hrsg.): Rechtsextremismus in Deutschland und Europa, Frankfurt: Peter Lang Verlag, 27–43.

Griffin, Roger (2003): From slime mould to rhizome. An introduction to the groupuscular right. In: Patterns of Prejudice, H. 1, 27–50.

Jaschke, Hans-Gerd (1991): Streitbare Demokratie und Innere Sicherheit. Grundlagen, Praxis und Kritik, Opladen: Westdeutscher Verlag.

Jaschke, Hans-Gerd (1994): Rechtsextremismus und Fremdenfeindlichkeit. Begriffe, Positionen, Praxisfelder, Opladen: Westdeutscher Verlag.

Kopke, Christoph/ Rensmann, Lars (2000): Die Extremismus-Formel. Zur politischen Karriere einer wissenschaftlichen Ideologie. In: Blätter für deutsche und internationale Politik, H. 12, 1451–1460.

Kraushaar, Wolfgang (1994): Extremismus der Mitte. Zur Geschichte einer soziologischen und sozialhistorischen Interpretationsfigur. In: Lohmann, Hans-Martin (Hrsg.): Extremismus der Mitte. Vom rechten Verständnis deutscher Nation, Frankfurt: Fischer Taschenbuchverlag, 23–50.

Kurth, Alexandra / Salzborn, Samuel (2017): Rechtsextremismus im Fokus von Politikwissenschaft und Politischer Bildung. In: Oberle, Monika / Weißeno, Georg (Hrsg.): Politikwissenschaft und Politikdidaktik. Theorie und Empirie, Wiesbaden: VS Verlag für Sozialwissenschaften, 183–197.

Lipset, Seymour Martin (1959): Social Stratification and ‚Right-Wing Extremism'. In: The British Journal of Sociology, Jg. 10, 346–382.

Lipset, Seymour Martin (1960): Political Man. The Social Bases of Politics, London: Heinemann.

Neugebauer, Gero (2001): Extremismus –Rechtsextremismus – Linksextremismus. Einige Anmerkungen zu Begriffen, Forschungskonzepten, Forschungsfragen und Forschungsergebnissen. In: Schubarth, Wilfried / Stöss, Richard (Hrsg.): Rechtsextremismus in der Bundesrepublik Deutschland. Eine Bilanz. Wiesbaden: VS Verlag für Sozialwissenschaften, 13–37.

Pfahl-Traughber, Armin (1992): Der Extremismusbegriff in der politikwissenschaftlichen Diskussion – Definitionen, Kritik, Alternativen. In: Jahrbuch Extremismus & Demokratie, Bd. 4, 67–86.

Quent, Matthias (2016): Rassismus, Radikalisierung, Rechtsterrorismus. Wie der NSU entstand und was er über die Gesellschaft verrät, Weinheim/Basel: Beltz Verlag.

Salzborn, Samuel (Hrsg.) (2009): Politische Kultur – Forschungsstand und Forschungsperspektiven, Frankfurt: Peter Lang Verlag.

Salzborn, Samuel (2015): Rechtsextremismus. Erscheinungsformen und Erklärungsansätze, 2. aktualisierte und erweiterte Auflage, Baden-Baden: Nomos / UTB.

Salzborn, Samuel (2017): Extremismusbeobachtung. In: Dietrich, Jan-Hendrik / Eiffler, Sven-R. (Hrsg.): Handbuch des Rechts der Nachrichtendienste, Stuttgart: Boorberg Verlag, 631–656.

Schmidt, Manfred G. (2010): Wörterbuch zur Politik, 3. überarbeitete und aktualisierte Auflage, Stuttgart: Alfred Kröner Verlag.

Sternhell, Zeev (2010): The Anti-Enlightenment Tradition, New Haven / London: Yale University Press.

Stöss, Richard (2010): Rechtsextremismus im Wandel, Berlin: Friedrich-Ebert-Stiftung.

Walzer, Michael (1992): Sphären der Gerechtigkeit. Ein Plädoyer für Pluralität und Gleichheit. Frankfurt / New York: Campus Verlag.

Wippermann, Wolfgang (2000): „Doch ein Begriff muß beim Worte sein". Über „Extremismus", „Faschismus", „Totalitarismus" und „Neofaschismus". In: Jäger, Siegfried / Schobert, Alfred (Hrsg.): Weiter auf unsicherem Grund. Faschismus – Rechtsextremismus – Rassismus. Kontinuitäten und Brüche, Duisburg: DISS, 21–47.

Hassgewalt und Rechtsterrorismus –
aktuelle Entwicklungen, Hintergründe und religiöse Aufladungen vorurteilsgeleiteter Radikalisierung

Matthias QUENT

Am 22. Juli 2016 tötete der 18-jährige Schüler David S. im und um das Olympia-Einkaufszentrum in München neun Menschen mit Migrationshintergrund und er verletzte fünf weitere Menschen mit und ohne Migrationshintergrund, bevor er sich selbst erschoss. Der Täter besaß die deutsche und die iranische Staatsbürgerschaft; seine Familie war in den 1990er Jahren auf der Suche nach Asyl nach Deutschland gekommen. Wie aus den Ermittlungsakten hervorgeht, war er in seiner Kindheit in psychiatrischer Behandlung und wurde in der Schule gemobbt. David S. beging seine Taten am fünften Jahrestag der Anschläge des norwegischen Rechtsterroristen Breivik, den er verehrte. Die FAZ[1] berichtete, er sei stolz auf seinen gemeinsamen Geburtstag mit Adolf Hitler gewesen und aufgrund seiner Abstammung ein „Arier" zu sein. Mehrere Medien berichteten über Hinweise auf ein rassistisches Motiv des Täters; laut einem im SPIEGEL[2] zitierten Freund habe er „einen Riesenhass auf die meisten Ausländer" entwickelt, weil ihn Mitschüler mit Migrationshintergrund in der Schule „richtig zerpflückt" hätten. Die Ermittlungsbehörden gehen nicht von einem politischen Tatmotiv aus. In der Antwort des bayerischen Innenministeriums auf eine Kleine Anfrage der GRÜNEN im Bayerischen Landtag heißt es:

„Alle beteiligten Stellen kamen übereinstimmend zu der Bewertung, dass nicht eine politische Motivation tatauslösend war, sondern in der Gesamtbetrachtung die Auswahl der Opfer durch den Täter dem persönlichen, aber verallgemeinerten Feindbild der ehemaligen Mobber geschuldet sein dürfte." (Bayerischer Landtag 2017a, 3)

So weit, so nachvollziehbar. Aber ist die Verallgemeinerung eines Feindbildes entlang ethnischer Kriterien nicht genau das, was Rassismus ausmacht? – auch

---

[1] Frankfurter Allgemeine Zeitung (27.07.2016): Amokläufer von München war Rechtsextremist. Verfügbar unter: http://www.faz.net/aktuell/politik/inland/f-a-z-exklusiv-amoklaeufer-von-muenchen-war-rechtsextremist-14359855.html [Zugriff: 03.07.2017].

[2] Spiegel Online (27.07.2016): Hinweise auf rassistisches Motiv verdichten sich. Verfügbar unter: http://www.spiegel.de/panorama/justiz/muenchen-david-sonboly-handelte-womoeglich-aus-fremdenhass-a-1105007.html [Zugriff: 03.07.2017].

dann, wenn individuelle Erfahrungen für die Zuspitzung der gruppenbezogenen Abwertungen verantwortlich sind?

Auch die späteren NSU-Terroristen fühlten sich frustriert und von Teilen der Gesellschaft und explizit von der Polizei diskriminiert. Für Ausländer werde alles gemacht, für das „eigene Volk" dagegen nichts: als Ausdruck von Deprivationswahrnehmungen ist die Aussage prototypisch für den Rechtsextremismus, der Unzufriedenheit auf Sündenböcke projiziert. Vorurteile haben Ursachen, die in Erfahrungen der Kränkung, enttäuschten Erwartungen oder anderen Problemen und Konflikten liegen können. Vorurteile können auch aus konkreten Negativerfahrungen entstehen und dann pauschalisiert auf ganze Gruppen bezogen werden. Daher vertrete ich die These: Es handelt sich bei dem Amoklauf in München um ein Hass-, also ein Vorurteilsverbrechen.[3] Die Auswahl der Opfer erfolgte auf Grund von Vorurteilen. Die Opfer waren innerhalb ihrer Gruppenzuschreibung seitens des Täters individuell austauschbar, aber nicht rein willkürlich gewählt, sondern eben aufgrund ihrer anhand äußerer Merkmale konstruierten Gruppenzugehörigkeit. Ob ein explizit politisches Motiv im Sinne einer politischen Strategie im Vordergrund stand, steht dabei auf einem anderen Blatt. Mit diesem aktuellen Beispiel sind wir mitten im Thema: Es wird einmal mehr über die Deutung, Einordnung und die Hintergründe schwerer Gewalttaten diskutiert. Dabei drängt sich die Gegenüberstellung zu Selbstmordanschlägen bzw. amokähnlichen Taten mit muslimischen Tätern auf, die häufig ebenfalls zuvor bereits psychisch oder sozial auffällig waren. Im März 2018 teilte das Bundesamt für Justiz auf Grundlage von drei Gutachten, die von der Stadt München in Auftrag gegeben wurden, mit, das OEZ-Attentat als extremistische Tat zu werten.[4] Damit stehen Hinterbliebenen und Verletzten Härteleistungen zu. Der Freistaat Bayern hat sich dieser Neubewertung bisher nicht angeschlossen.[5] Offensichtlich ist: Es gibt Abgrenzungsschwierigkeiten zwischen den Phänomenen Amok und Terrorismus. Das Verhältnis zwischen politischen Mo-

---

[3] Ausführlich dargelegt ist diese Argumentation in einem Gutachten im Auftrag der Landeshauptstadt München. Auch ein weiteres Gutachten von Prof. Dr. Christoph Kopke argumentiert in diesem Zusammenhang mit dem Ansatz der Hasskriminalität. Der Gutachter Dr. Florian Hartl betont, es handelt sich bei der OEZ-Mehrfachtötung um rechten Terrorismus eines allein handelnden Täters. Alle Gutachten sind auf der Seite der Stadt München einzusehen. Verfügbar unter: https://www.muenchen.de/rathaus/Stadtpolitik/Fachstelle-fuer-Demokratie/Kampagnen/Expertengespr-ch--Hintergr-nde-und-Folgen-des-OEZ-Attentats-.html [Zugriff: 09.01.2018].
[4] Vgl. u.a. Zeit Online (14.03.2018): Bundesbehörde wertet Münchner Amoklauf als extremistische Tat. Verfügbar unter: https://www.zeit.de/gesellschaft/zeitgeschehen/2018-03/olympia-einkaufszentrum-muenchener-amoklauf-extremismus-einstufung-bundesbehoerde [Zugriff: 25.04.2018].
[5] Stand: 25.04.2018.

tiven und biographischen Hintergründen ist zudem nicht trennscharf. Multikausale Einflüsse und ideologische Rechtfertigungen von Gewalt sind Herausforderungen für die Erklärung aller Gewaltbereiche. Ich konzentriere mich im Folgenden zunächst auf den Bereich rassistischer bzw. rechtsmotivierter Taten und deren Verhältnis zu Religion.

1. Politisch motiviert oder hate crime?

Für die Behörden ist das Tatmotiv von Täterinnen bzw. Tätern für die Entscheidung, eine Tat als „politisch motiviert" zu bewerten, ausschlaggebend. Sozialwissenschaftlich ist dies für das Verstehen von Taten unbefriedigend: Gesellschaftliche Definitionsprozesse – etwa die Abwertung von Minderheiten – bleiben bei einem verengten Verständnis von Motiven bzw. Motivbündeln außen vor. Auch Nichtregierungsorganisationen sowie Institutionen der Europäischen Union und der OSZE fordern ein Umdenken hin zu einer stärkeren Berücksichtigung der Opferperspektive. Ein durchwachsenes Zeugnis hat die Europäische Kommission gegen Rassismus und Intoleranz (ECRI von engl. *European Commission against Racism and Intolerance*), die wiederholt die Implementierung von Hate Crime-Statistiken angemahnt hat, im Februar 2017 der Bundesrepublik Deutschland ausgestellt: Einerseits begrüßte die Kommission die Maßnahmen der Polizeibehörden in den vergangenen Jahren, um rassistische, homophobe und transphobe Vorfälle besser zu erfassen; andererseits stellte sie weiterhin signifikante Defizite fest. Wie auch andere Organisationen bemängelt sie die Nutzung unkorrekter Begrifflichkeiten in der deutschen Praxis. Sie lehnt die Bezeichnung „Politisch motivierte Kriminalität" (PMK) als Überbegriff ab: Dieser sei unangemessen, da viele rassistische, homophobe und transphobe Übergriffe nicht politisch motiviert seien. Nach Ansicht der ECRI kann die Begriffsnutzung Polizeibeamte irritieren. Darüber hinaus bemängelt die Kommission, die deutschen Polizeibehörden würden eine übermäßig restriktive Definition von Hasskriminalität für ihre Statistik verwenden; dadurch würden viele vorurteilsgeleitete Straftaten nicht als solche erfasst (ECRI 2017). Hasskriminalität ist mit strukturellen und kulturellen Prozessen verknüpft, durch die Minderheiten als Opfer für diese systematische Gewalt anfällig sind. Doch die Motivation von Tätern kann weitaus banaler sein, als die intentionale Durchsetzung von Unterordnung zu praktizieren. Motivierend können auch Langeweile, Eifersucht oder fehlende Gewöhnung an Vielfalt sein, wie der englische Kriminologe Neil Chakraborti (2015, 18) zusammenfassend feststellt: Viele Fälle von Hasskriminalität werden demnach im Kontext ihres „gewöhnlichen" Alltagslebens von relativ „gewöhnlichen" Menschen begangen. Seitens der Täter ist ein Vergehen nicht immer durch ein Gefühl verankerter Vorurteile oder des Hasses inspiriert. Hassaktivitäten sind trotzdem stets auch Botschaftstaten – doch ergibt sich dies nicht zwingend aus der Intention der Täter, sondern aus der Perspektive der Opfer. Hass als Emotion ist dabei nicht entscheidend: Es geht um Vorurteile gegen abgewertete Gruppen, der saubere Begriff ist daher „Vorurteilsverbrechen" (bias crime). Daraus ergibt sich die besondere Folgenschwere dieser Taten:

„The European Convention of Human Rights puts „emphasis on the bias motivations behind hate crime because offenders who victimise people for what they are or are perceived to be convey a particularly humiliating message: namely that the victim is not an individual with his or her own personality, abilities and experience, but just a faceless member of a single-characteristic group. The offender thus implies that the rights of that group can – or even should – be ignored, in clear violation of the EU's core principles of democracy and equality." (European Union Agency for Fundamental Rights 2012, 1)

Am Rande bemerkt: Der Begriff Hassrede ist derzeit en vogue, wird aber im deutschen Diskurs, etwa in der Hate Speech-Debatte, aus seinem ursprünglichen Zusammenhang des Minderheitenschutzes zu einem allgemeinrepressiven Konzept zur Durchsetzung von staatlichem Recht durch private Unternehmen erweitert. Das Konzept Hassrede meint nicht beliebige Beleidigungen im digitalen Raum – die ohnehin schon strafrechtlich relevant sind –, sondern solche Ausdrücke, die sich gegen diskriminierte Gruppen wenden:

„Der Begriff ‚Hassrede' umfasst jegliche Ausdrucksformen, welche Rassenhass, Fremdenfeindlichkeit, Antisemitismus oder andere Formen von Hass, die auf Intoleranz gründen, propagieren, dazu anstiften, sie fördern oder rechtfertigen, einschließlich der Intoleranz, die sich in Form eines aggressiven Nationalismus und Ethnozentrismus, einer Diskriminierung und Feindseligkeit gegenüber Minderheiten, Einwanderern und der Einwanderung entstammenden Personen ausdrücken." (Ministerkomitee des Europarats 1997, 2)

Die aktuelle Eigendynamik der politischen Debatte um den Hass in sozialen Medien schießt also in gewissem Sinn über das Ziel des Minderheitenschutzes hinaus. Kritiker befürchten die Installation von privatwirtschaftlichen Strukturen zur Zensur öffentlicher Diskurse.[6] Warum kommt dem Phänomenbereich der Vorurteilskriminalität eine besondere Bedeutung zu? Zum einen natürlich aufgrund der hohen Fallzahlen; es wird zum anderen davon ausgegangen, dass die Folgen, das heißt der Schaden von Hasskriminalität auf individueller, kol-

---

[6] Vgl. u.a. Süddeutsche Zeitung (01.01.2018): Beginnt jetzt das große Löschen? Verfügbar unter: http://www.sueddeutsche.de/digital/netzwerkdurchsetzungsgesetz-beginnt-jetzt-das-grosse-loeschen-1.3809895 [Zugriff: 05.03.2018].

lektiver und gesellschaftlicher Ebene, schwerer wiegen als der von allgemeinkriminellen Taten.

Auf individueller Ebene ist – unter anderem auf Grundlage von britischen und amerikanischen Vergleichsstudien (Iganski/Lagou 2009) – davon auszugehen, dass Hasskriminalität im Vergleich zu nicht-vorurteilsgeleiteten Straf- und Gewalttaten für die Betroffenen psychisch und emotional besonders folgenschwer sind. Auf kollektiver Ebene richten sich vorurteilsgeleitete Straftaten stellvertretend gegen eine ganze Bevölkerungsgruppe, die damit auch gemeinschaftlich geschädigt wird. Auf gesellschaftlicher Ebene richtet sich Hasskriminalität gegen die Menschenrechte und die Menschenwürde und somit gegen die Grundwerte der Verfassung. Sie stehen im Widerspruch zu demokratischen Normen. Die Betrachtung von Hasskriminalität folgt einem Antidiskriminierungsansatz, der sich normativ aus unserem Grundgesetz ableitet. Integrations- und sicherheitspolitisch gewinnt die Ächtung und Verfolgung von vorurteilsgeleiteten Straftaten zusätzlich dadurch an Relevanz, dass die Erfahrung von Diskriminierung und sozialer Desintegration dazu führen kann, dass sich ethnische oder religiöse Minderheiten in ihre Communities zurückziehen, nicht integriert werden und das Risiko ihrer Radikalisierung durch die Erfahrung von Nichtzugehörigkeit steigt.

Wechselwirkungen zwischen Rassismus, Rechtsextremismus und Islamismus kommen eine große Bedeutung zu – doch auch hier steht die Forschung am Anfang. Medien und Nichtregierungsorganisationen gehen davon aus: Seit 1990 sind mindestens 193 Menschen durch „rechte Gewalttaten" in Deutschland zu Tode gekommen[7] – die 9 Todesopfer von München eingeschlossen. Die Bundesregierung hat demgegenüber ‚nur' 75 Fälle als politisch rechts motiviert anerkannt (Bundesministerium des Inneren 2015, 9). Die große Virulenz des Themas für die öffentliche und fachliche Auseinandersetzung wird auch in der Gegenüberstellung zu anderen Bereichen politischer und religiöser Gewalt deutlich: Seit 1990 sind in Deutschland 14 Menschen durch islamistische Gewalt getötet worden und nach Angaben des Bundeskriminalamtes drei durch linke Militanz.[8] Es ist naheliegend, dass es sich bei vielen Fällen im Bereich rechter Gewalt tatsächlich nicht um ausschließlich oder vorrangig politisch motivierte Handlungen handelt, sondern um Vorurteilsverbrechen. Der dominante Diskurs über Rechtsextremismus ist irreführend. In Hinsicht auf die wachsende Bedeu-

---

[7] CURA, Opferfonds der Amadeu Antonio Stiftung (2018): Opferfonds rechter Gewalt. Verfügbar unter: http://www.opferfonds-cura.de/ [Zugriff: 05.03.2018].
[8] Tagesspiegel (04.12.2013): Sehr viel mehr Opfer als bisher bekannt. Verfügbar unter: https://www.tagesspiegel.de/politik/rechtsextremer-terror-sehr-viel-mehr-opfer-als-bisher-bekannt/9170756.html [Zugriff: 05.03.2018].

tung des Hasskonzeptes ist eine wissenschaftliche Überprüfung dieser Todesfälle wichtig. Nicht in anklagender Intention, um etwa den Behörden vorzuwerfen, Hasskriminalität nicht anzuerkennen, sondern um die konkreten Fälle und ihre Hintergründe aus unterschiedlichen Perspektiven hin zu analysieren und davon ausgehend Schlussfolgerungen und Empfehlungen für die Zukunft herauszuarbeiten.

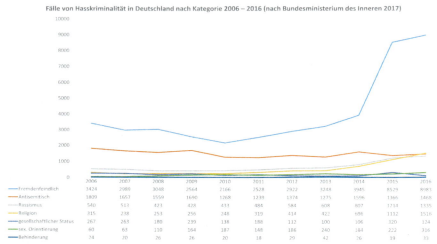

Abbildung 1: Hasskriminalität in Deutschland (Beweggründe für Hasskriminalität in der polizeilichen Kriminalstatistik 2006–2016, eigene Darstellung auf Grundlage von Bundesministerium des Inneren 2017b)

Obwohl Hasskriminalität – die nicht nur Gewalttaten umfasst – theoretisch seit der Reform des polizeilichen Erfassungssystems 2001 aufgenommen wird, wurde sie meines Wissens nach erstmals 2017 bei der Vorstellung der PMK-Statistiken für das Jahr 2016 vom Bundesinnenministerium veröffentlicht (vgl. Abb. 1). Den Behördenangaben zufolge stieg die Zahl der Hasskriminalität 2016 auf einen Höchstwert in der Erfassung. Auffällig ist der massive Anstieg seit 2015 im Kontext des gestiegenen Zuzugs von Geflüchteten und einer äußerst polarisierten politischen Diskussion. Der mit Abstand größte Anteil von vorurteilsgeleiteten Straftaten wird in der polizeilichen Kriminalstatistik dem Bereich politisch rechts motivierter Kriminalität zugerechnet: 85 Prozent der Hassgewalt und 90 Prozent der Hasskriminalität insgesamt entfallen im Jahr 2016 darauf. Diese Werte können als Beleg dafür interpretiert werden, dass Hasskriminalität über den Bereich des klassischen Rechtsextremismus hinausreicht. Die hohe Zuordnung zur „PMK rechts" zeigt aber auch: Hasskriminalität ist in der Praxis meist von rechten Tatmotiven begleitet oder wird zumindest von den aufnehmenden Polizisten als solche gedeutet. Es ist davon auszugehen, dass die Dunkelziffer weitaus größer ist. Die Durchführung von Studien zur Aufhellung ist notwendig.

Interessant ist es, die Befunde der Einstellungsforschung der Entwicklung der Vorurteilskriminalität gegenüberzustellen. So zeigen die Werte aus den Untersuchungen des Bielefelder Instituts für Interdisziplinäre Konflikt- und Gewaltforschung (IKG) zur Gruppenbezogenen Menschenfeindlichkeit (vgl. Abb. 2), dass im Gegensatz zu den polizeilich erfassten Straftaten der Anteil von Menschen, die gegenüber den hier genannten Gruppen feindlich eingestellt sind, im selben Zeitraum insgesamt zurückgegangen ist: Es gibt dem folgend nicht mehr menschenfeindlich eingestellte Personen, sondern eine Radikalisierung im Sinne einer gesteigerten Handlungsbereitschaft im Kontext der Asyldebatte.

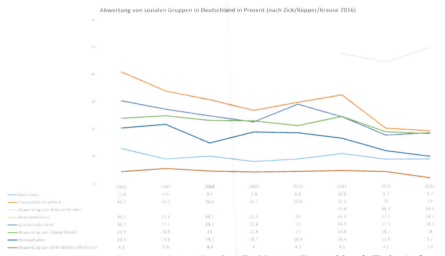

Abbildung 2: Gruppenbezogene Menschenfeindlichkeit in Deutschland (Zick, Andreas / Krause, Daniela / Berghan, Wilhelm / Küpper, Beate 2016)

Zu diesem gesellschaftspolitischen Zusammenhang gehört das Erstarken des sogenannten Rechtspopulismus. Im rechten Diskursraum wird die Frage des aktiven „Widerstands" offen diskutiert. Dies zeigt sich unter anderem in der Bürgerkriegsrhetorik von „Compact", dem neurechten Netzwerk „Einprozent" und reicht bis in die in rechtspopulistische Partei „Alternative für Deutschland" (AfD).

2. Vorurteilsgeleitete Radikalisierung

Abbildung 3 veranschaulicht ein deskriptives Pyramidenmodell vorurteilsgeleiteter Radikalisierung in Deutschland.

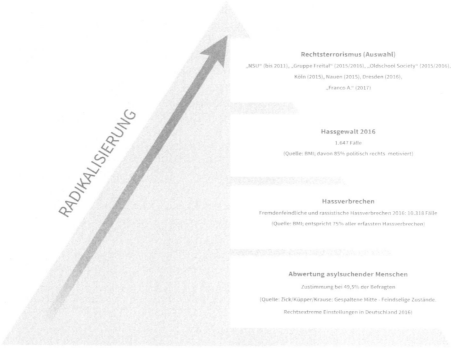

Abbildung 3: Vorurteilsgeleitete Radikalisierung

Es zeigt an Hand von Beispielen die Steigerung von abwertenden Vorurteilen gegen Einwandernde und Asylsuchende über Hasskriminalität bis zum Rechtsterrorismus. Aus der repräsentativen Bielefelder Mitte-Studie 2016 geht hervor, dass 49,5 Prozent der Befragten in Deutschland asylsuchende Menschen abwerten (Zick et al. 2016, 56). Es wurden im selben Jahr insgesamt mehr als 10.000 rassistische und fremdenfeindliche Straftaten durch die Polizei registriert. Vorurteilsgeleitete Gewalttaten gegen unterschiedliche Gruppen wurden in über 1.600 Fällen aufgenommen, davon die meisten im Kontext rechter Tatmotive (Bundesministerium des Inneren 2017b). Die Hellfeldzahlen umfassen Gewalttaten gegen unterschiedliche Minderheiten, wobei der Großteil auch hier durch Rassismus bzw. Fremdenfeindlichkeit und durch Antisemitismus motiviert war.

In die Schlagzeilen gekommen sind Angriffe auf Wohnungslose. Auch dieser Bereich ist bisher wenig erforscht, obwohl NGOs von vielen Vorurteilsgewaltopfern in dieser Gruppe ausgehen. Unter anderem haben Menschen, die als Flüchtlinge nach Deutschland gekommen sind, in Berlin Obdachlose angegriffen. Dies zeigt: Die Abwertung von schwachen Gruppen umfasst eben auch Menschen aus Einwandererfamilien, die in der sozialen Ordnung „nach unten" treten können, gegen Angehörige von Gruppen, die als noch schwächer angesehen werden, um ihren Vorurteilen und Aggressionen nachzugeben (Quent 2017). An der Spitze des Modells der vorurteilsgeleiteten Radikalisierung (vgl. Abb. 3) stehen terroristische Taten: Die folgende, unvollständige Auflistung umfasst in diesem Sinne eine Reihe von terroristischen Aktivitäten in Deutschland, die allesamt im Zusammenhang mit Vorurteilen insbesondere gegen Menschen aus Einwandererfamilien, Asylsuchende und gegen Muslime zu verstehen sind.

- Zum NSU-Komplex (1998-2011) möchte ich an dieser Stelle die These aufstellen, dass dieser Rechtsterrorismus mit einem fundierten Konzept von Vorurteilskriminalität in der operativen Praxis der Behörden mit großer Wahrscheinlichkeit ausgehend von der Opferauswahl früher hätte aufgedeckt werden können und damit großer Schaden für die Betroffenen und ihre Angehörigen sowie für das Vertrauen in den Rechtsstaat hätte vermieden werden können.
- Die Oldschool Society (2015) soll Sprengstoffanschläge auf bekannte Salafisten, Moscheen, Kirchen, Kindergärten, Asylbewerber- und Behindertenheime geplant und über „false flag"-Aktivitäten beraten haben.
- Frank S. (2015) ist verantwortlich für das Messerattentat auf die Kölner Bürgermeisterkandidatin Henriette Reker, bei der sie und vier weitere Personen erheblich verletzt wurden. Nach Polizeiangaben handelte der 44jährige Täter, der eine Vergangenheit in der rechtsextremen Szene hat, aus „Fremdenfeindlichkeit". Er wird unter anderem zitiert mit den Worten: „Ich wollte sie töten, um Deutschland und auch der Polizei einen Gefallen zu tun" und „Ich wollte in 20 Jahren nicht in einer muslimisch geprägten Gesellschaft leben".[9]
- Die Gruppe Freital (2015/16) ist laut Generalbundesanwaltschaft verantwortlich für Anschläge auf Asylunterkünfte, politische Gegner und ein alternatives Wohnprojekt – weitere Tatzusammenhänge werden

---

[9] In einem Artikel des Kölner Stadt-Anzeigers wurden einige Auszüge aus der Aussage von Frank S. wiedergegeben: Kölner Stadt-Anzeiger (21.10.2015): Messerangriff auf Oberbürgermeisterin. Das wirre Geständnis von Reker-Angreifer Frank S. Verfügbar unter: http://www.ksta.de/koeln/verworrenes-gestaendnis-von-reker-angreifer-frank-s-sote-23009764 [Zugriff: 29.06.2017].

vermutet. Ermittelt wird gegen sieben Männer und eine Frau. Davon – und das ist vergleichsweise ungewöhnlich – waren nur zwei Personen bereits zuvor polizeibekannt (Bundesanwaltschaft 2016).
- In und um Nauen (2015/2016) wurden u.a. Brand- und Sprengstoffanschläge auf Asylunterkünfte, Flüchtlingshelfer und „Linke" begangen. Bei den Tätern handelt es sich um sechs polizeibekannte Neonazis aus dem Kameradschaftsumfeld und mit NPD-Verbindungen.
- Auf den sogenannten Amoklauf von München (2016) wurde bereits eingegangen.
- Für einen Doppelanschlag in Dresden (26.09.2016) gegen eine Moschee und ein Kongresszentrum vor den bundesweiten Einheitsfeierlichkeiten in Dresden gilt ein 30jähriger, nicht vorbestrafter Bauarbeiter als tatverdächtig, der zuvor als Redner bei PEGIDA in Erscheinung trat.
- Der Bundeswehroffizier Franco A. (2017) und mindestens zwei weitere Bundeswehrangehörige stehen derzeit unter Terrorverdacht. Franco A. registrierte sich offenbar als syrischer Kriegsflüchtling, um Anschläge auf Politiker und Personen des öffentlichen Lebens zu begehen und die Taten muslimischen Flüchtlingen in die Schuhe zu schieben („false flag terrorism").

Dieser Überblick erhebt keinen Anspruch auf Vollständigkeit. Angesichts der Vielzahl auch schwerer Anschläge insbesondere gegen Asylunterkünfte ist aus meiner Sicht davon auszugehen, dass weitere noch unbekannte organisierte Gruppen für konspirativ vorbereitete Gewalttaten verantwortlich sind. In den meisten der aufgeführten Fälle, die offiziell oder in der öffentlichen Debatte als Terrorismus diskutiert werden, handelt es sich um politisch motivierte Taten. Die vorurteilsgeleiteten Angriffe richten dabei Gewalt mittelbar oder unmittelbar – wie im Fall des Attentats auf die Kölner Oberbürgermeisterin Henriette Reker – gegen Muslime bzw. eine angebliche Islamisierung. Rechte Gewalttäter inszenieren dabei einen „Counter-Dschihad". Die religiöse und die rassistische Dimension überschneiden sich.

3. Religiöse Aufladungen und Funktionalisierungen

Davon ausgehend betrifft mein letzter Punkt die religiösen Aufladungen und Funktionalisierungen im rassistischen, rechten Terrorismus. Was meine ich mit Aufladungen bzw. Funktionalisierung in Abgrenzung zur Motivation? Wie im Kontext der Islamisierung von Diskriminierung, Devianz und Gewaltaffinität ist auch die Ethnisierung bisweilen eine Form der ideologischen Rechtfertigung. In der Washington Post im letzten Jahr war die treffende Überschrift zu lesen:

„Today's new terrorists were radical before they were religious".[10] Am Beispiel der beiden Brüder, die die Bombenanschläge in Brüssel geplant und durchgeführt haben, argumentiert der Autor: Beide wären bereits zuvor kriminell und im Gefängnis, aber kein bisschen religiös gewesen; die Hinwendung zum religiösen Fundamentalismus sei erst im oder nach dem Gefängnis geschehen. Diese ideologische Aufladung devianten Verhaltens in konfliktbelasteten Biografien ist bekannt aus der Forschung zu rechtsextremen Gewalttätern. Beate Zschäpe, Uwe Böhnhardt und viele andere aus dem NSU-Komplex waren bereits wegen allgemeiner Kriminalität polizeibekannt und zum Teil verurteilt, bevor sie sich der rechtsextremen Subkultur zuwandten und von da an politisch motivierte Straftaten begingen. Fundamentalismen und Vorurteilskonstruktionen bieten die Möglichkeit, Bedürfnisse, Wünsche und Verlangen – auch und gerade sozial unerwünschte – zu rechtfertigen und auf Sündenböcke zu projizieren. Aber es gibt auch den Typ des ideologisierten berechnenden Täters, der zuvorderst aus ideologischer Überzeugung handelt und vor der Begehung von politisch motivierten Straf- und Gewalttaten polizeilich unauffällig bleibt – wie bspw. Uwe Mundlos im NSU-Komplex oder die ‚Mentoren' des sogenannten Islamischen Staates. Und es gibt bei hausgemachter Hasskriminalität auch den vigilantistischen Teilzeitterroristen, der keinen politischen Gruppen oder Bewegungen angehört und trotzdem die Asylunterkunft in seiner Nachbarschaft verwüstet oder ansteckt. Ich möchte einige Aspekte religiöser Aufladungen ansprechen und anschließend einen gemeinsamen ideologischen Kern rechtsextremer und islamistischer Akteure aufzeigen.

4. Rassismus als Alltagsreligion

Der sogenannte Rechtspopulismus wie auch der Rechtsterrorismus pflegen in weiten Teilen einen paranoiden Stil. Sie meinen, dass etwas sakralisiertes, übermenschlich Bedeutsames gefährdet sei: ein als homogen konstruiertes Volk, eine „Rasse", Nation, Religion, Kultur, Identität, das „Abendland" oder das Christentum: Meist werden Ideologien und metaphysische Konstruktionen vor allem zur Rechtfertigung von Abwertung und Gewalt herangezogen. Die rezipierte Bedrohung geht aus vom Liberalismus – den Breivik und andere als „Kulturmarxismus" beschreiben –, vor allem aber von Nichtdeutschen und vom Islam, daher sei Abwehr oder Widerstand auch unter Anwendung von Gewalt

---

[10] Washington Post (31.03.2016): Today's new terrorists were radical before they were religious. Verfügbar unter: https://www.washingtonpost.com/opinions/todays-new-terrorists-were-radical-before-they-were-religious/2016/03/31/9cb8e916-f762-11e5-9804537defcc3cf6_story.html?utm_term=.23e0ed7ce678 [Zugriff: 29.06.2017].

nicht nur legitim, sondern notwendig. In diesem Sinne hat der NSU seinen Kampf dem – ich zitiere aus dem Bekennervideo – „Erhalt der deutschen Nation" verschrieben (Quent 2016). Dominantes Motiv ist der „Rassismus als Alltagsreligion" (Claussen 1994, 18) oder als Ersatzreligion, durch den die Interpretation der Welt und ihrer sozialen Hierarchien vermittelt wird. Was den Islamisten Allah und die vermeintlich historische Aufgabe des Dschihad ist, ist den gewalttätigen Rassisten ihr als homogen imaginiertes „Volk" und die Durchsetzung einer angeblich natürlichen Überlegenheit im Rassenkrieg.

5. Rassistische Deutungen des Christentums

Zwischen 1977 und 1984 tötete die deutsche „Gruppe Ludwig" 15 Menschen, darunter Prostituierte, Homosexuelle, Drogensüchtige und Besucher von Rotlichtetablissements. Sie schrieb unter anderem: „Wir sind die letzten Erben des Nazismus […]. Zweck unseres Lebens ist der Tod jener, die den wahren Gott verraten".[11] Die Bedeutung christlicher Bezüge im zeitgenössischen Rechtsterrorismus zeigt sich besonders in den Worten des norwegischen Rechtsterroristen Anders Breivik, der im August 2011 77 Menschen tötete. Breivik bezeichnet sich selbst als christlich, er stellt sich in die Tradition der christlichen Tempelritter und schrieb in seinem 1500-seitigen sogenannten Manifest ausufernd über das Verhältnis von Islam und Christentum:

„If you have a personal relationship with Jesus Christ and God then you are a religious Christian. Myself and many more like me do not necessarily have a personal relationship with Jesus Christ and God. We do however believe in Christianity as a cultural, social, identity and moral platform. This makes us Christian." (Breivik 2011, 1307)[12]

Er konstruiert dabei eine christliche Identität, die nicht religiös ist, aber die es als kulturelles Erbe mit Gewalt gegen angebliche Bedrohungen von außen zu verteidigen gelte. Er hat damit ernst gemacht. Derartige Konstruktionen finden wir in Teilen der AfD, von Pegida, bei der sogenannten Identitären Bewegung und anderen extremen neuen Rechten wieder. Die „Alltagsreligion" des Rassismus wird mit Bezügen auf das Christentum religiös-historisch untermauert. Weltweit finden sich rassistische Deutungen des Christentums. In Russland die

---

[11] Zitiert in: Die Zeit (05.12.1986): Die Gnadenlosen. Verfügbar unter: http://www.zeit.de/1986/50/die-gnadenlosen [Zugriff: 03.07.17].

[12] Breivik, Anders (2011): 2083 - A European Declaration of Independence.
[Der Rechtsterrorist Anders Breivik, der am 22. Juli 2011 Anschläge in Oslo und auf Utøya verübte, bei denen 77 Menschen ums Leben kamen, versandte kurz vor den Anschlägen dieses über 1500-seitige "Manifest" an mehr als 1000 E-Mail-Empfänger.]

„Gemeinschaft Orthodoxer Bannerträger", in Ungarn die rechtsextreme Partei Jobbik und die verbotene Ungarische Garde, im Sudan die „Lords Resistance Army", fundamentalistische religiöse Gruppen in Nordirland und in den USA indizieren: christlich-fundamentalistischer Terrorismus ist eine internationale Erscheinung. Seit dem 20. Jahrhundert wurden rassistische Gruppen auch in den USA besonders von einer rassistischen Interpretation des Christentums geprägt, die sich beispielsweise äußert in der „Christian Identity Bewegung", der Terrorgruppe „The Order", dem Ku-Klux-Klan – der auch im NSU-Kontext relevant ist –, der „Army of god" sowie der „Hutaree-Miliz".

6. „Odinismus" – Rassistisches Heidentum

Insbesondere in der neonazistischen Subkultur nehmen außerdem heidnische Bezüge eine große Rolle ein, u.a. im Pagan- oder Wotankult. „Odin statt Jesus" oder „Odin statt Allah" ziert zahllose T-Shirt-Motive. Heroische Kriegsgötter aus der nordeuropäischen Mythologie werden als Antagonismus zu den eher passiven Werten der großen Religionen konstruiert: Statt die Feinde zu lieben, sollten diese mit dem Hammer von Thor zerschmettert werden. Europaweit treten seit 2015 die sogenannten „Soldiers of Odin" als eine rassistische Bürgerwehr in Erscheinung. Über deskriptive Darstellungen hinaus steht eine systematische Untersuchung der Bedeutung dieser spezifischen religiösen Aufladungen im Rechtsextremismus aus. In den 1990er Jahren machte ein Mord in der Thüringer Stadt Sondershausen bundesweit Schlagzeilen als sogenannter „Satansmord", der übrigens weder von zivilgesellschaftlichen noch staatlichen Stellen als rechtsmotiviert erfasst wurde. Hendrik Möbus und andere Mitglieder seiner Band „Absurd", die dem NSBM, dem sog. Nationalsozialistischen Black-Metal zugeordnet werden, quälten und töteten den 15-jährigen Jugendlichen Sandro Beyer. Seitdem besitzt die Band bundesweit in der rechten Szene Kultstatus. Möbus ist nach seiner Flucht zu Neonazis in die USA und seiner Verhaftung dort sowie einer Haftstrafe wieder auf freiem Fuß, lebt in Berlin und soll weiterhin in der Neonazimusikszene aktiv sein.

7. Rechtsextremismus und Islamismus

Ambivalent ist das Verhältnis zwischen rechtem bzw. rassistischem und islamistischem Fundamentalismus und Terrorismus. Rechte Populisten und Extremisten nutzen Anschläge und Vorfälle, um die Stimmung gegen Muslime anzuheizen und sich selbst als Anti-Dschihadisten zu inszenieren. Dabei werden auch Juden und der Staat Israel instrumentalisiert. Die Zahl der vorurteilsgeleiteten Gewalttaten gegen Muslime in Großbritannien ist beispielsweise nach dem

Anschlag in Manchester schlagartig angestiegen, weil der Terrorist sich auf den Islam berief. Es waren aber auch Muslime, die den späteren Attentäter schon zuvor mehrfach bei der britischen Polizei als gefährlich gemeldet hatten. Der Bundeswehroffizier Franco A. wollte, so der Vorwurf, Anschläge begehen und die Schuld daran Muslimen zuschreiben, um gesellschaftliche Spannungen und Feindschaft gegen Muslime zu steigern. Auch die Oldschool Society hat über die Inszenierung von „false flag"-Anschlägen diskutiert. Der Anschlag im April auf den Bus von Borussia Dortmund hatte zwar offenbar kein politisches Motiv, aber auch dieser Täter hat mit seinem Bekennerbrief versucht, antimuslimische Vorurteile zu seinen Gunsten zu funktionalisieren. Rechtsextreme haben schon des Öfteren durch gezielte Falschmeldungen versucht, der politischen Linken Anschläge und Anschlagspläne unterzuschieben, etwa beim Hochwasser 2013 mit gefälschten Drohungen von Anschlägen auf Schutzdeiche, über die medial breit berichtet wurde.

Auf der anderen Seite finden sich positive Bezüge zum islamistischen Fundamentalismus in der extremen Rechten. Auf Gemeinsamkeiten in der Art und Weise der ideologischen Rechtfertigung zwischen Rechtsterroristen und Islamisten habe ich bereits hingewiesen. Es gibt historische Verbindungen zwischen radikal-muslimischen und rechten Organisationen sowie positive Bezugnahmen von rechten Extremisten und Terroristen. 1980 tötete der Rechtsextremist Uwe Behrendt den ehemaligen Vorsitzenden der Israelitischen Kultusgemeinde Nürnberg und dessen Lebensgefährtin und tauchte dann mit Unterstützung der Fatah im Libanon unter. Nach 9/11 äußerten mehrere Rechtsextremisten große Anerkennung für die Attentäter. Auf dem Dach des sogenannten Braunen Hauses in Jena, das von dem mutmaßlichen NSU-Unterstützer Ralf Wohlleben betrieben wurde, wehte 2008 die Fahne des Iran. Zwei Jahre zuvor hatten mehrere deutsche Rechtsextremisten an einer internationalen Konferenz von Holocaustleugnern des damaligen Präsidenten Ahmadinedschad in Teheran teilgenommen. In Florida, USA machte in den letzten Wochen die Geschichte eines Neonazis Schlagzeilen, der zum Islam konvertierte und ultrarassistische, neonazistische sowie islamistische Ideologiefragmente zusammenbrachte zu einem, wie er es nennt, „Salafistischen Nationalsozialismus" und der einer rechtsextremen Gruppe namens „Atomwaffen Division" angehört, die den IS verherrlicht. Unter Verweis auf den Islam tötete er zwei befreundete Neonazis, mit denen er zuvor zusammenarbeitete. Auch der amerikanische Rechtsextremist Richard Spencer bewundert den IS. Es gibt mehrere prominente Beispiele für Rechtsextremisten, die zu einer extremen Auslegung des Islams konvertierten, bspw. der Schweizer Ahmed Huber, der Brite David Myatt oder der Anfang dieses Jahrs in Northeim festgenommene mutmaßliche Salafist Sascha L., der nach Medienberichten mit einer Sprengfalle in Deutschland Polizisten oder Soldaten töten wollte und der zuvor in der rechtsextremen Szene aktiv war.

Was ist das Verbindende in diesen unterschiedlichen religiösen Aufladungen und Bezügen? In allen angeführten Beispielen aus der extremen Rechten, vom NSU bis zu Franco A. und vor allem bei den positiven Bezugnahmen auf Dschihadisten, schwingen unterschiedliche Formen des Antisemitismus mit. Religiöse Bezugnahmen des Rechtsterrorismus gruppieren sich um Vorurteile gegen Juden, die verantwortlich bzw. synonym werden mit Liberalismus, Pluralismus, Kosmopolitismus, Kapitalismus, Globalisierung und Individualismus – kurz: mit der Moderne.

Auch im *Modus Operandi* finden sich bei Rechtsextremen und Islamisten Gemeinsamkeiten: Im Juni 2017 ist in London bei einem mutmaßlich rassistischen Anschlag ein Mann mit einem LKW in eine Gruppe Muslime vor einer Moschee gerast, dabei ist ein Mann ums Leben gekommen. Es wirkt so, als hätte sich der Täter den Anschlagsmodus von Nizza und vom Breitscheidplatz in Berlin abgeguckt. Auch Rechtsterroristen, wie im Fall von Henriette Reker, genügen einfache Tatmittel. Wechselseitig werden Tatmittel und Strategien adaptiert. Zusammenfassend gilt: Es ist alles andere als einfach, Taten trennscharf zuzuordnen, zum Beispiel zwischen Motivationen und hintergründigen Einflussfaktoren etwa auf die Opferauswahl. Der Hate Crime-Ansatz bietet einen differenzierten Zugang. In den Blick genommen werden müssen verstärkt die Zusammenhänge und Wechselwirkungen zwischen dem Hass von Islamisten und von Rassisten in der Einwanderungsgesellschaft. Im Vergleich zur Relevanz des Themenfeldes in Deutschland und auch im internationalen Vergleich, in Hinblick auf die historische wie tagespolitische Bedeutung sind die Themenfelder Hasskriminalität, vorurteilsgeleitete Radikalisierung und Rechtsterrorismus konzeptionell, theoretisch und empirisch insgesamt unterbeleuchtet. Hinsichtlich der Ursachen und der Folgen, des Dunkelfelds von vorurteilsgeleiteten Straftraten und von Gewalttaten mit religiösen Aufladungen in Deutschland, der Narrative sowie rechtsterroristischer Netzwerke gerade in Ostdeutschland besteht großer Forschungs- und Aufklärungsbedarf. Weiterführende und vertiefende wissenschaftliche und politische Diskussionen sind notwendig.

Literatur

Bayerischer Landtag (2017): Schriftliche Anfrage des/r Abgeordneten Katharina Schulze Bündnis 90 / Die Grünen vom 03.04.2017. „Amoklauf" am OEZ in München: Weiterhin viele offene Fragen zum rassistischen Motiv des Täters. Drucksache 17/17018. Verfügbar unter: https://kleineanfragen.de/bayern/17/17018-amoklauf-am-oez-in-muenchen-weiterhin-viele-offene-fragen-zum-rassistischen-motiv-des-taeters, Zugriff: 29.06.17.

Bundesanwaltschaft (2016): Anklage wegen des Verdachts der Bildung einer rechtsterroristischen Vereinigung. 56/2016. Verfügbar unter: https://www.generalbundesanwalt.de/de/showpress.php?themenid=18&newsid=639, Zugriff: 29.06.17.

Bundesministerium des Inneren (2015): Antwort auf die kleine Anfrage der Abgeordneten Monika Lazar u.a. und der Fraktion Bündnis 90 / Die Grünen. Stand der polizeilichen Überprüfung möglicher rechter Tötungsdelikte in den Jahren 1990 bis 2011. BT-Drucksache 18/5488. Verfügbar unter: https://www.gruene-bundestag.de/fileadmin/media/gruenebundestag_de/themen_az/rechtsextremismus/KA_18_5488.pdf, Zugriff: 29.06.17.

Bundesministerium des Inneren (2017a): Übersicht „Hasskriminalität" – Entwicklung der Fallzahlen 2001 - 2016. Verfügbar unter: http://www.bmi.bund.de/SharedDocs/Downloads/DE/Nachrichten/Kurzmeldungen/2017/pmk-2016-hasskriminalitaet-2001-2016.pdf?__blob=publicationFile, Zugriff: 27.06.17.

Bundesministerium des Inneren (2017b): Straf- und Gewaltdaten im Bereich Hasskriminalität 2015 und 2016. Verfügbar unter: http://www.bmi.bund.de/SharedDocs/Downloads/DE/Nachrichten/Kurzmeldungen/2017/pmk-2016-hasskriminalitaet.pdf?__blob= publicationFile, Zugriff: 29.06.17.

Chakraborti, Neil (2015): Framing the boundaries of hate crime. In: Hall, Nathan (Hrsg.): The Routledge international handbook on hate crime. Abingdon: Routledge.

Claussen, Detlev (1994): Was heisst Rassismus? Darmstadt: Wissenschaftliche Buchgesellschaft.

European Commission against Racism and Intolerance (2017): ECRI Conclusions on the implementation of the recommendations in respect of Germany subject to interim follow-up. Verfügbar unter: http://www.institut-fuer-menschenrechte.de/fileadmin/user_upload/

PDF-Dateien/Europarat_Dokumente/ECRI_Follow_up_Germany___ 2017_en.pdf, Zugriff: 27.06.17.
European Union Agency for Fundamental Rights (2012): Hate crime in the European Union. Verfügbar unter: http://www.red-network.eu/resources/toolip/doc/2012/11/29/fra-factsheet_hatecrime_en_final.pdf, Zugriff: 27.06.17.
Iganski, Paul / Lagou, Spiridoula (2009): How Hate Crimes Hurt More: Evidence from the British Crime Survey. In: Perry, Barbara und Iganski, Paul (Hrsg.): The consequences of hate crime, Westport: Praeger.
Ministerkomitee des Europarats (1997): Empfehlung Nr. R. (97) 20 des Ministerkomitees an die Mitgliedstaaten über die "Hassrede". Verfügbar unter: http://www.egmr.org/minkom/ch/rec1997-20.pdf, Zugriff: 29.06.17.
Quent, Matthias (2016): Rassismus, Radikalisierung, Rechtsterrorismus: Wie der NSU entstand und was er über die Gesellschaft verrät, Weinheim: Beltz.
Quent, Matthias (2017): Vorurteilsgeleitete Radikalisierung als integratives Konzept öffentlicher Demokratieforschung. In: Institut für Demokratie und Zivilgesellschaft (Hrsg.): Wissen schafft Demokratie. Schriftenreihe des Instituts für Demokratie und Zivilgesellschaft. Berlin, 104–123.
Zick, Andreas / Krause, Daniela / Berghan, Wilhelm / Küpper, Beate (2016): Gruppenbezogene Menschenfeindlichkeit in Deutschland 2002–2016. In: Melzer, Ralf (Hrsg.): Gespaltene Mitte - Feindselige Zustände. Rechtsextreme Einstellungen in Deutschland 2016, Dietz: Bonn, 33-81.

Quo vadis Jihadis?
Aktuelle Dynamiken im Themenfeld jihadistischer Radikalisierung in Deutschland

Hazim FOUAD

1. Hintergrund

Im Kontrast zu ihrem Selbstverständnis, nicht hinterfragbare und unabänderliche Wahrheiten darzustellen, sind politisch-extremistische Ideologien einem stetigen Wandel unterworfen. Dieser wird durch die menschlichen Träger dieser Ideologien formuliert, welche sich der Herausforderung gegenüber sehen, veränderte weltpolitische Entwicklungen als auch sozialökonomische Realitäten mit ihrem Weltbild in Einklang zu bringen, um weitere Anhänger gewinnen und Aufmerksamkeit erzeugen zu können. Dies gilt zweifellos auch für den Jihadismus, der sich in den letzten zwei Jahrzehnten sowohl auf globaler, wie auch auf nationaler Ebene äußerst dynamisch entwickelt hat. Der Staat und seine Organe der Inneren Sicherheit sind wiederum bemüht, ihre Maßnahmen diesem stetigen Wandel anzupassen. Ziel dieses Aufsatzes ist es, die Wandelbarkeit des Jihadismus im deutschen Kontext sowie die entsprechenden sicherheitsbehördlichen Reaktionen nachzuzeichnen. Da Jihadismus in Deutschland nicht losgelöst von transnationalen Entwicklungen analysiert werden kann (Frontini/Ritzmann 2017, 13), skizziert dieser Aufsatz zunächst aktuelle Entwicklungen in diesem Themenfeld auf globaler und europäischer Ebene. Darauf folgt eine Darstellung der Entwicklung des Jihadismus in Deutschland. Abschließend wird die Frage diskutiert, welche Konsequenzen sich für den Staat aus den beschriebenen Wandlungsprozessen ergeben.

2. Ein gemeinsamer Feind: Jihadismus in der arabischen Welt und in Europa

2.1. Arabische Welt

Der Jihadismus ist die derzeit dominante Ideologie der Aufstandsbewegungen in der arabischen Welt. Ein Grund sind die lokalen Entwicklungen nach dem Arabischen Frühling. Dabei sah es zunächst so aus, als ob die weitestgehend gewaltfreien Proteste in Tunesien und Ägypten erfolgsversprechender seien, als der Weg der Gewalt.[1] Ihre bisherige Strategie als kontraproduktiv empfindend, versuchten viele ideologisch eigentlich militant ausgerichtete Gruppen, sich daher in der post-revolutionären Landschaft über sozial-karitative Tätigkeiten und Missionsarbeit zu profilieren.[2] Die weiteren Entwicklungen in den Ländern des arabischen Frühlings führten – mit Ausnahme Tunesiens – jedoch dazu, dass Gewalt als einziges probates Mittel, um politische Ziele zu erreichen, wieder „en vogue" wurde.

In Ägypten putschte im Juni 2013 das Militär gegen die gewählte Regierung der Muslimbrüder, erklärte diese zur Terrororganisation und lies tausende ihrer Mitglieder verhaften. Der Niederschlagung der islamistischen Opposition folgte eine weitere Repressionswelle gegen linke, liberale, säkulare und sonstige Kritiker des Regimes. Als Folge der Anti-Terror-Gesetzgebung sitzen zehntausende Oppositionelle und politische Aktivisten unter oftmals menschenunwürdigen Bedingungen im Gefängnis; von einigen fehlt jegliche Spur (Arabic Network for Human Rights Information 2016, 2). Dem Aufstand des IS-Ablegers im Sinai wird durch das Regime mit einer Militärkampagne begegnet, die teilweise die Zerstörung ganzer Dörfer zur Folge hat. Alle drei Faktoren – die politische Exklusion gewaltfreier islamistischer sowie nicht islamistischer Aktivisten, deren Inhaftierung samt Folter sowie die, ihr Ziel der Zerschlagung des IS-Ablegers verfehlende und hohe zivile Opfer verursachende Militärkampagne auf dem Sinai – lässt immer mehr Menschen den Jihadismus als legitime und notwendige Form des Widerstands gegen die Staatsgewalt erscheinen.

Im Jemen tobt – weitestgehend unbeachtet von der Medienberichterstattung – ein Bürgerkrieg zwischen den schiitischen Houthi-Rebellen, der Zentralregierung und den Jihadisten von al-Qaida und dem IS. Während die Houthis Unterstützung aus dem Iran erhalten, ist Saudi-Arabien mit einer eigenen Militärkampagne an der Seite der Zentralregierung direkt in den Krieg involviert. Die humanitäre Situation ist aufgrund des Krieges katastrophal: Über 2 Millionen Menschen sind auf der Flucht, das Bildungssystem ist nahezu vollständig zusammengebrochen und ca. 370.000 Kinder sind vom Hungertod bedroht.[3] Hiervon profitieren Gruppen wie der lokale IS-Ableger, da dessen ideologische

---

[1] Vor allem führende Ideologen al-Qaidas stellten sich die Frage, wie es denn sein könne, dass die gewaltfreien Aufstände geschafft haben, was sie seit Jahrzenten erfolglos versuchen: Den Sturz der arabischen Regime (Holbrook 2012, 4).
[2] Am bekanntesten waren die Ansar al-Sharia-Gruppen in Tunesien, Libyen, Ägypten und Jemen (Vgl. Zelin 2014).
[3] The Independent (09.01.2017): Yemen civil war: Widespread starvation forces people to eat food from rubbish dumps. Verfügbar unter: http://www.independent.co.uk/news/world/middle-east/yemen-civil-war-latest-starvationeating-rubbish-dumps-sanaa-children-a7516796.html [Zugriff: 17.01.2018].

Quo vadis Jihadis?

Feinde Iran und Saudi-Arabien für viele Menschen im Jemen tatsächlich für das Leid vor Ort verantwortlich sind (Kuoti 2016, 3-5).

In Libyen existiert de facto keine Zentralregierung mehr, stattdessen bekämpfen sich mehrere Milizen, darunter auch der lokale IS-Ableger. Auch hier sind die Folgen dramatisch. Rund 300.000 Menschen sind innerhalb Libyens auf der Flucht; 1,3 Millionen Menschen bräuchten medizinische Versorgung, jedoch sind 60% der Krankenhäuser außer Betrieb (IDMC 2017). Aufgrund der chaotischen Lage sind weder Waffentransfers noch Ein- und Ausreisen nach und aus Libyen kontrollierbar. Davon profitieren sowohl illegale Schlepperbanden als auch jihadistische Gruppierungen.

Auch für den Irak und Syrien ist kein Ende des Bürgerkrieges in Sicht. Bei der meist als „Befreiung" gefeierten Einnahme Mossuls von jihadistischen Milizen wird die Tatsache verkannt, dass die im Zuge von Säuberungs- und Racheaktionen verübten Gräueltaten schiitischer und kurdischer Milizen unter der sunnitischen Zivilbevölkerung dafür sorgen, dass der IS auch weiterhin auf lokale Unterstützung hoffen kann. Ebenso unklar ist, wer in Syrien die Lage in den ehemaligen IS-Gebieten stabilisieren soll (Steinberg 2017, 44). Insbesondere die Einmischung und Uneinigkeit regionaler und internationaler Großmächte in den Konflikt, verhindert eine zeitnahe politische Lösung.

Insofern überrascht es nicht, dass in den genannten Ländern terroristische Anschläge in den letzten Jahren exponentiell gestiegen sind:

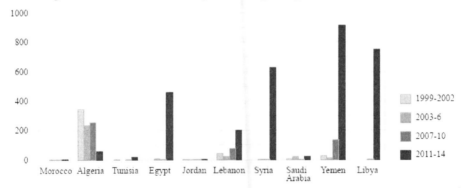

Abbildung 1: "Acts of terrorism in the Middle East 1999-2014, based on data harvested from the Global Terrorism Database (GTD)" (Lia 2016, 78)

Bisher haben sowohl die staatlichen Akteure vor Ort als auch ausländische Interventionen versucht, den Terror primär militärisch anstatt mit polizeilichen Methoden sowie Wiederaufbauhilfen zu unterstützen. Die zivilen Opfer, nicht zuletzt verursacht durch den Einsatz von Drohnen, führen dazu, dass die Sympathien für Jihadisten unter großen Teilen der Bevölkerung steigen und diese sich im Sinne der Guerillastrategie Maos „wie ein Fisch im Wasser" bewegen können (Lia 2016, 76). Für viele Teile insbesondere der jungen Bevölkerung in der Region, stellt die Heilsideologie des Jihadismus die vermeintlich einzige sinnvolle Zukunftsperspektive dar. Umgekehrt gilt, dass viele der älteren Jihadisten mittlerweile auf viele Jahre militärische Erfahrung zurückblicken können. Ein Rückfluss von so genannten „Foreign Fighters", also Kämpfern, die jenseits ihrer Heimatländer Kriegserfahrungen gesammelt haben, stellt somit sowohl die arabischen, wie auch die europäischen Herkunftsstaaten zukünftig vor massive sicherheitspolitische Herausforderungen.

2.2. Europa

Verglichen mit der arabischen Welt, wirken die Opferzahlen in Europa auf den ersten Blick fast minimal. Jedoch gilt es, sich dabei vor Augen zu führen, dass die Zahlen in den Jahren davor nahezu gegen Null tendierten und insofern auch im europäischen Kontext ein signifikanter Anstieg von Terroranschlägen und Opfern konstatiert werden muss. Zwischen 2014 und 2016 kamen durch jihadistische Anschläge 237 Menschen ums Leben und somit mehr als in allen vorherigen Jahren zusammengerechnet; ebenso stieg die Anzahl der Anschläge gegenüber den vorherigen 15 Jahren um das dreieinhalbfache. Zwischen 2011 und 2015 wurden nahezu 1600 Personen aufgrund von jihadistischem Terrorverdacht in der EU verhaftet, was einem Anstieg von 70% gegenüber den fünf Jahren davor entspricht (Hegghammer 2016, 156). Die gestiegene Anzahl von Anschlägen, wie auch eine dadurch gestiegene Sensibilität der Behörden, die möglichst frühzeitig präventiv wirken wollen, hat zu diesem Anstieg geführt. Nun ist zwar zu erwarten, dass der IS nach dem Verlust seines Territoriums die Fähigkeit verlieren wird, große und komplexe Anschläge im Ausland zu planen und durchzuführen. Allerdings ist es dennoch wahrscheinlich, dass aufgrund von fünf Faktoren der Jihadismus in Europa weiter ansteigen wird. Diese sind:
    a) Eine steigende Anzahl von ökonomisch abgehängten muslimischen Jugendlichen
    b) Eine steigende Zahl von erfahrenen Jihad-Veteranen, die als Rekrutierer agieren
    c) Ein Fortbestehen der bewaffneten Auseinandersetzungen im Nahen Osten
    d) Wechselwirkungen mit gewaltbereiten rechtsextremistischen und islamfeindlichen Gruppen
    e) Weitestgehende operative Freiheiten durch das Internet.[4]

---

[4] Die Faktoren sind angelehnt an Hegghammer 2016 sowie Welt (26.12.2016): Der Kampf gegen den Dschihadismus wird ewig dauern. Verfügbar unter:

Der erste Punkt ist bedingt durch das Bildungsniveau der ersten Generation vieler muslimischer Migranten und den – mit Ausnahme Skandinaviens – tendenziell eher begrenzten Möglichkeiten sozialer Mobilität in der EU. Hinzu kommt eine durch zahlreiche Studien belegte, anti-muslimische Diskriminierung auf dem Arbeitsmarkt (Organisation for Economic Cooperation and Development 2015; Jackson 2012). Dies muss für sich genommen nicht zwangsläufig zu einem Anstieg von Jihadisten führen. Erfahrungsgemäß führen sozioökonomische Missstände eher zu einem Anstieg der Allgemeinkriminalität oder zu sozialen Unruhen. Entscheidend ist vielmehr die Existenz radikaler Organisationen und deren Rekrutierungsmöglichkeiten und somit das Verhältnis zu den anderen genannten Faktoren.

Für den zweiten Punkt gilt, dass zu den Veteranen und Netzwerkbauern Rückkehrer und Personen gehören, die wegen jihadistischen Straftaten in Gefängnissen inhaftiert sind. Bisher werden in der EU Personen, die im Ausland gekämpft oder dies versucht haben, zu geringeren Strafen verurteilt, als Personen, die hierzulande versucht haben, Anschläge zu planen. Insofern wird in den kommenden fünf bis zehn Jahren eine beträchtliche Anzahl von Jihaderfahrenen Personen um die 30 aus dem Gefängnis entlassen, bei denen in hohem Maße davon auszugehen ist, dass sie in der Szene aktiv werden, insofern Deradikalisierungsmaßnahmen im Justizvollzug und darüber hinaus nicht greifen. Das Fortbestehen der Konflikte wird zum einen dafür sorgen, dass es weiterhin ideologische Anlässe zur Mobilisierung sowie Möglichkeiten zur Kampfausbildung geben wird. Ebenso kann das Erstarken rechtsextremer und islamfeindlicher Strömungen zur Radikalisierung, zu weiteren Mobilisierungen und schlussendlich zu Konfrontationsgewalt beitragen. Hier gibt es zwar EU-weit deutliche Unterschiede – so gab es bis auf Solingen/Bonn 2012 in Deutschland bisher keine nennenswerten Vorfälle – das Potenzial ist jedoch aufgrund steigender Mitgliederzahlen in beiden Extremismusphänomenen und eines Anstiegs der Fallzahlen von politisch motivierter Kriminalität überall gegeben (Goodwin 2017, 38).

Das Internet wird schließlich nach wie vor Schauplatz eines Katz-und-Maus-Spiels werden. Sicherheitsbehörden werden versuchen, den Zugang zu bestimmten Webseiten zu sperren, Inhalte zu löschen und Foren/Chatrooms zu infiltrieren. Es entstehen jedoch immer neue, meist digital verschlüsselte Kommunikationsplattformen, deren Kontrolle zusehends erschwert ist. Ein im letzten Jahr zu beobachtender Trend war eine so genannte „Fernsteuerung" von At-

---

https://www.welt.de/debatte/kommentare/article160592039/Der-Kampf-gegen-den-Dschihadismus-wird-ewig-dauern.html [Zugriff: 17.01.2018]. „Operativ" bezieht sich hier auf Kommunikation (Rekrutierung, Ideologieverbreitung) und noch nicht auf physische Taten.

tentätern, sowohl in Europa als auch in der islamischen Welt. Dabei wurden Personen zur Begehung von Attentaten durch IS-Operateure angeleitet, ohne, dass sich diese jemals begegnet wären. Im Falle der indischen „Hyderabad-Zelle" führte dies dazu, dass trotz der Festnahme des Täters zunächst nicht festgestellt werden konnte, woher dieser seine Waffen erhalten hatte, da er lediglich via Internet zu dem Ort angeleitet wurde, an dem diese versteckt gewesen waren. Später stellte sich durch Ermittlungen der französischen Staatsanwaltschaft heraus, dass es sich bei den Hintermännern des IS um ausgereiste Franzosen gehandelt hatte, die wiederum ihre ehemaligen kriminellen Kontakte zur Bereitstellung der Waffen aktivieren konnten.[5] Ein zunehmendes Verschwimmen der Grenzen zwischen dem nicht militanten salafistischen Spektrum, radikalisierten Einzeltätern, terroristischen Gruppen und den Netzwerken der organisierten Kriminalität ist auch in Deutschland zu beobachten. Im Folgenden sollen vier Phasen des deutschen Jihadismus rekonstruiert werden. Ein zunächst niederschwelliges Agieren im Verborgenen wurde von einem selbstbewussten Auftreten in der Öffentlichkeit abgelöst, das sich schließlich in den Ausreisen nach Syrien und den Irak entlud. Staatliche Repression und interne Streitigkeiten führten schließlich dazu, dass die – im Vergleich zum ersten Stadium deutlich angewachsene – jihadistische Szene nunmehr versucht, wieder möglichst unter dem Radar zu agieren.

3. (Un-)sichtbares Wachstum: Deutscher Jihadismus im Spiegel der Zeit

3.1. Jihadismus jenseits öffentlichkeitswirksamen Auftretens

Bis zu den Anschlägen vom 11. September 2001 war Deutschland insbesondere ein logistischer Rückzugsraum für Jihadisten, stand jedoch nicht selbst im Fokus eines Anschlags. Ziel war es, möglichst wenig öffentliche Aufmerksamkeit zu erregen und den Zirkel der Eingeweihten möglichst klein zu halten. Zudem handelte es sich in den meisten Fällen um Personen, die aus dem Ausland eingereist waren und sich nicht in Deutschland radikalisiert hatten. Die so genannte „Hamburger Zelle" gilt stellvertretend für diese Epoche. Ab 2002 bis 2010 dominierten drei verschiedene Gruppen zu je unterschiedlichen Phasen den deutschen Jihadismus: Die organisierten, die unabhängigen und die internationalen Jihadisten (Steinberg 2014, 67).

---

[5] New York Times (04.02.2017): Not 'Lone Wolves' After All: How ISIS Guides World's Terror Plots From Afar. Verfügbar unter: https://www.nytimes.com/2017/02/04/world/asia/isis-messaging-app-terror-plot.html [Zugriff: 17.01.2018].

Die organisierten Jihadisten dominierten bis ca. 2005. Zu ihnen gehörte die so genannte „Tauhid-Zelle", die Anschläge auf deutsche jüdische Einrichtungen und Diskotheken geplant hatte und am 23. April 2002 verhaftet wurde. Angedockt war die Zelle an die Terrororganisation al-Zarqawis, aus der mehr als 10 Jahre später der IS entstehen sollte. Ebenso in diese Phase gehörte die am 3.12.2004 verhaftete Zelle, die einen Anschlag auf den damaligen irakischen Ministerpräsidenten Ijad Allawi verüben wollte und die in Verbindung zur irakisch-kurdischen Terrorgruppe Ansar al-Islam stand. Einer der Verurteilten wurde am 17.09.2015 in Berlin erschossen, nachdem er einen Polizisten mit einem Messer attackiert hatte.

In der kurzen Zeit von 2005 bis 2006 dominierten die unabhängigen Jihadisten. Sie agierten weitestgehend selbstständig, auch wenn es Hinweise auf Kontakte zu Terrororganisationen gab (ebd., 74). Das bekannteste Beispiel dürften die so genannten „Kofferbomber" sein, die versucht hatten in Deutschland verkehrende Regionalzüge in die Luft zu sprengen. Auch wenn die Attentäter eine Zeit lang in Deutschland gelebt und auch dort den Anschlag geplant hatten, handelte es sich noch nicht um so genannte „Home-Grown Jihadisten", da sie weder in Deutschland geboren, noch hier aufgewachsen und sozialisiert waren. Dies gilt erst ab 2006 für die internationalen Jihadisten. Es handelte es sich dabei meist um Deutsche oder in Deutschland geborene und hierzulande radikalisierte Personen, die dann die Ausreise nach Waziristan unternahmen, um sich dort einer Ausbildung in einem terroristischen Trainingslager zu unterziehen. Im Falle der Sauerland-Gruppe kehrten sie mit dem Auftrag zurück, in Deutschland einen Anschlag zu verüben. Andere blieben vor Ort und riefen in Propagandavideos dazu auf, es ihnen gleich zu tun und ebenfalls auszureisen; die Chouka-Brüder seien an dieser Stelle als Beispiel genannt. Ab ca. 2008 kann von einer Öffnung der Szene nach außen gesprochen werden. Neben der Nutzung moderner Medien führte ein weiterer Faktor dazu, dass die Jihadisten ihren Einfluss ausweiten konnten: Die Vermischung mit Akteuren des Mainstream-Salafismus, der durch sein öffentlichkeitswirksames Auftreten als Steigbügelhalter für die Jihadisten fungierte.

3.2. „Von der Dunkelheit ins Licht": Medienpräsenz und Da'wa als Rekrutierungstool

Die Ursprünge des deutschen Salafismus liegen bereits in den 1990er Jahren und konzentrierten sich auf eine Handvoll Prediger und ihre Moscheen (Hummel 2014, 69). Ab ca. 2001 begannen sie mit Hilfe einiger finanzieller und technischer Unterstützung ihre Botschaften sowohl über verschiedene Webseiten als auch durch das Veranstalten von so genannten Islamseminaren über ihren originären Anhängerkreis hinaus zu verbreiten. Ab 2005 traten jüngere Akteure in Erscheinung, die entweder in Deutschland geboren, oder in jungen Jahren eingewandert waren und somit die Aktivitäten auf ein deutschsprachiges Zielpublikum ausrichteten. Die bekanntesten dieser Akteure waren Pierre Vogel, Sven Lau sowie Ibrahim Abu Nagie, deren Aktivitäten um die Webseite und gleichnamige Organisation „Die Wahre Religion" (DWR) kreisten.

Wenngleich die Hauptakteure leicht zu identifizieren waren, durfte und darf die salafistische Szene in Deutschland zu keinem Zeitpunkt als homogene Bewegung oder gar hierarchische Organisation, die über eine formale Mitgliederstruktur verfügt, verstanden werden. Vielmehr handelt es sich um ein loses Netzwerk aus überzeugten Aktivisten und Sympathisanten, die durch höchst fluktuative Lehrer-Schüler-Beziehungen gekennzeichnet ist. Dementsprechend war es nur eine Frage der Zeit, bis die ersten Zerwürfnisse zwischen den Predigern offensichtlich wurden. Dabei spielte – wie so oft unter salafistischen Gruppen – die Frage nach der Legitimität von politischer Gewalt zur Erreichung ideologischer Zielsetzungen eine zentrale Rolle und führte zu einer Fragmentierung der Szene. In deren Zuge spalteten sich Vogel und Lau von den Akteuren von DWR ab, die in dieser Frage dezidiert jihadistisch, d.h. für Gewalttaten argumentierten (Wiedl 2014, 427-428).

Durchaus vergleichbar zu der Strategie der im vorherigen Kapitel genannten Ansar al-Sharia-Gruppen verfolgte DWR fortan eine Doppelstrategie, in dem sie ihre jihadistische Gesinnung nach außen durch medienwirksame Da'wa-Aktivitäten kaschierte. Der wohl wirkungsmächtigste Ausdruck dieses Vorgehens war die 2011 in mehreren deutschen Städten initiierte Koran-Verteilkampagne „LIES". Hierdurch konnte sich DWR im Mainstreambereich des Salafismus platzieren, was dazu führte, dass Vogel und Lau sich an DWR wieder annäherten, um nicht den Anschluss an die Szene zu verlieren. Zeitgleich erwuchs Ende 2011 aus dem Umfeld von DWR eine in ihrer Rhetorik weitaus kompromisslosere Organisation namens „Millatu Ibrahim".[6] Angeführt wurde sie durch Mohammad Mahmoud, der erst kurz zuvor eine vierjährige Gefängnisstrafe in Österreich für seine Unterstützung der al-Qaida-nahen Plattform „Globale Islamische Medienfront (GIMF)", verbüßt hatte. An seiner Seite stand Dennis Cuspert, ein ehemaliger „Gangster Rapper" sowie weitere Unterstützer, unter anderem aus Großbritannien, mit deren Hilfe sie die Webseite „salafimedia" betrieben, auf der offen jihadistisches Propagandamaterial veröffentlicht wurde. Ein 2012 gemeinsam durchgeführtes Islamseminar der Akteure von

---

[6] Der Name „Gemeinschaft Abrahams" ist angelehnt an das Hauptwerk des al-Qaida-nahen jordanischen Ideologen Muhammad al-Maqdisi. Das arabische Original ist im Internet auffindbar, zu al-Maqdisi vgl. Wagemakers 2012.

DWR und Millatu Ibrahim verdeutlichte die engmaschigen Beziehungen beider Gruppen.

Das Gewaltpotenzial dieser Szene manifestierte sich im Mai 2012 in Solingen und Bonn, als die rechtsextreme Partei „PRO-NRW" im Zuge ihres Wahlkampfes Muhammad-Karikaturen als Wahlplakate benutzte. In beiden Fällen kam es seitens der Salafisten zu massiven Ausschreitungen und Auseinandersetzungen mit der Polizei, die ein durch das Bundeministerium des Innern (BMI) verhängtes Vereinsverbot zur Folge hatte. Die im gleichen Zuge ausgestellten Haftbefehle gegen die prominentesten Akteure der Organisation konnten allerdings nicht mehr vollstreckt werden: Die meisten Akteure waren bereits nach Syrien bzw. in den Irak ausgereist und hatten sich dort dem IS angeschlossen (Said 2014, 134). Die Ausreisewelle markiert die nächste große Etappe in der Entwicklung des deutschen Jihadismus.

3.3. Hijra ins Khilafa

Insgesamt liegen Erkenntnisse zu mehr als 1.050 Personen vor (Stand März 2019), die in Richtung Syrien/Irak gereist sind, um dort auf Seiten des IS und anderer terroristischer Gruppierungen an Kampfhandlungen teilzunehmen oder diese in sonstiger Weise zu unterstützen. Dabei variieren die Gründe für die Ausreise. Insgesamt lassen sich grob vier Kategorien typisieren, „wobei Mischmotivationen die Regel sind: ideologisch Überzeugte, Abenteurer und Mitläufer, ‚Neu- und Wiedergeborene', die ihre meist kriminelle Vergangenheit damit abbüßen wollen und diejenigen, die glauben, dass sie ihre Gewalt- und Tötungsphantasien im Bürgerkrieg unbestraft ausleben können" (Abou Taam 2015).

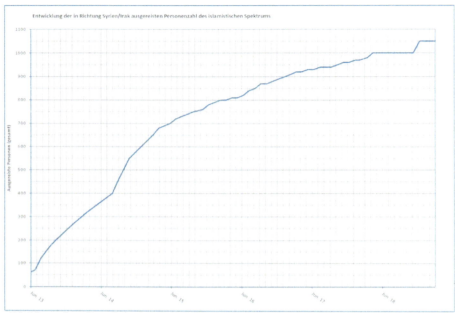

Abbildung 2: „Reisebewegungen von Jihadisten Syrien/Irak" (Bundesamt für Verfassungsschutz, Stand: 14.03.2019)

Sowohl die Anzahl als auch der Zeitraum, in dem die Ausreisen stattfanden, stellen eine neue Dimension der Bedrohung für die Innere Sicherheit dar, wenn man sich vor Augen führt, dass die Mehrzahl der Personen in Trainingslagern den Umgang mit Waffen und Sprengstoff erlernen. Zum Vergleich: Seit dem Beginn der 1990er bis 2010 waren insgesamt 220 Personen zu verschiedenen Jihad-Schauplätzen weltweit ausgereist.[7] Rückblickend muss attestiert werden, dass die Sicherheitsbehörden in Deutschland, genauso wie in anderen europäischen Staaten, von der Ausreisedynamik überrascht wurden. Sowohl aus logistischer, als auch aus juristischer Perspektive hatten die Ausreisen nach Syrien eine neue Qualität. So erfolgten die meisten Reiserouten über die Türkei, so dass ein gerichtsverwertbarer Nachweis für die Planung einer schweren, staatsgefährdenden Straftat (§89a StGB) oder dem Anschluss bzw. der Unterstützung einer terroristischen Vereinigung (§129a/b StGB) vorliegen musste, um die

---

[7] Welt (18.11.2010): Rache als Motiv für Terror gegen Deutschland. Verfügbar unter: https://www.welt.de/politik/deutschland/article11037109/Rache-als-Motiv-fuer-Terror-gegen-Deutschland.html [Zugriff: 17.01.2018].

meist als Urlaubsreise getarnten Vorhaben, nach Syrien oder in den Irak zu reisen, zu verhindern. Doch selbst wenn diese vorlagen, waren z.B. passentziehende Maßnahmen weitestgehend unwirksam, da für die Einreise in die Türkei der Personalausweis ausreicht. Dies änderte sich erst ab der Änderung des Personalausweisgesetzes am 30. Juni 2015, durch das ein Ersatz-Personalausweis ausgestellt werden kann, welcher die betroffene Person nicht zur Ausreise aus Deutschland berechtigt. Damit versuchte der deutsche Staat der UN-Sicherheitsratsresolution 2178 vom 24. September 2014 nachzukommen, nach der alle Mitgliedsstaaten gehalten sind, ausreiseverhindernde Maßnahmen zu treffen, um Bewegungen von Terroristen und terroristischen Gruppen zu kontrollieren und ggf. zu verhindern (UN 2014, 1).

In nahezu allen Ausreisefällen hatten die Personen enge Kontakte zur salafistischen Szene in Deutschland. Gemessen an der Gesamtzahl von ca. 11.500 dem Verfassungsschutz bekannten Salafisten (Stand April 2019) entspricht die Zahl der Ausreisen einem Anteil von knapp unter 10%. Noch deutlicher werden die Verquickungen im Hinblick auf die Tatsache, dass 24% der ausgereisten Personen sich an zuvor an den LIES-Ständen beteiligt hatten (Bundeskriminalamt/Bundesamt für Verfassungsschutz 2016, 20). Auf diesen offenkundigen Zusammenhang ging Innenminister de Maizière auch in seiner Pressekonferenz am 15.11.2016 ein, als DWR und die dazu gehörige LIES-Stiftung aufgrund des Verstoßes gegen die verfassungsmäßige Ordnung sowie gegen den Gedanken der Völkerverständigung verboten wurde. Dabei wurde von Vertretern zivilgesellschaftlicher Träger der Präventionsarbeit kritisiert, dass das Verbot früher hätte ausgesprochen werden müssen.[8] Dabei gilt es jedoch zu berücksichtigen, dass Vereinsverbote in Deutschland hohen rechtlichen Hürden unterliegen und eine aktiv kämpferische, aggressive Haltung gegenüber der freiheitlich-demokratischen Grundordnung des Vereins nachgewiesen werden muss. Etwaige Straftaten einzelner Mitglieder reichen hierfür nicht aus, wenn sie nicht dem Verein und dessen Vorstand angelastet werden können. Schließlich müssen auch die teilweise auf nachrichtendienstlichem Wege gesammelten Erkenntnisse gerichtsverwertbar vorzulegen sein. Einem zu eilig herbeigeführten Verbot droht dessen Aufhebung vor Gericht, was wiederum in der extremistischen Szene als Erfolg verbucht werden kann. Demgegenüber eindeutiger schien die Sachlage in Bezug auf das Netzwerk des Predigers Abu Walaa, dessen Verbindungen zu dem Attentäter Anis Amri den Übergang in die vierte Phase des deutschen Jihadismus markieren.

---

[8] Zeit Online (17.11.2016): „Der Staat hat zu lange gezögert", Interview mit Moussa al-Hassan Diaw. Verfügbar unter: http://www.zeit.de/politik/2016-11/salafismus-experte-die-wahre-religion-moussa-al-hassan-diaw [Zugriff: 17.01.2018].

3.4. Back to square one?

Bei Abu Walaa handelte es sich um einen Akteur, der zwar dem Umfeld von DWR entstammte, sich jedoch über das Internet und eine Moschee in Hildesheim ein eigenes Sympathisantennetzwerk aufgebaut hatte. Im Vergleich zu dem offenen und provokanten Auftreten der Akteure von Millatu Ibrahim zeigte er sich im Internet nur ohne Gesicht. Auch war dort seine jihadistische Gesinnung nicht ohne weiteres nachweisbar.[9] Erst durch die in sozialen Netzwerken ausgetragene Fehde zwischen ihm und Pierre Vogel, der ihm vorwarf ein IS-Rekruteur zu sein, geriet er in den Fokus der Medienberichterstattung. Obwohl die Generalbundesanwaltschaft bereits seit Herbst 2015 gegen ihn ermittelt hatte, erließ sie erst am 08.11.2016 einen Haftbefehl. Von großer Relevanz waren in diesem Zusammenhang die Aussagen von Anil O., einem so genannten „Rückkehrer", der Abu Walaa beschuldigte, die „Nummer 1" für alle zu sein, die zum IS wollten.[10] Dies verdeutlicht erneut den mühevollen Prozess für die Sicherheitsbehörden, ausreichend gerichtsverwertbare Beweise zu sammeln, um strafrechtliche Sanktionen durchführen zu können.

An dem Beispiel Abu Walaa wird zudem deutlich, dass sein Wirken nicht auf die Schleusung bzw. Vermittlung von Ausreisewilligen beschränkt war, sondern sein Netzwerk sinnbildlich für den aktuellen jihadistischen Trend in Europa steht: Da aufgrund des Niedergangs des selbsternannten „Kalifats" des IS Ausreisen nach Syrien keine attraktive Betätigung mehr darstellen, sollen Anschläge möglichst in den Heimatländern durchgeführt werden, wobei weder für die Tatvorbereitung noch für die Tatdurchführung großartiger Aufwand betrieben werden soll. So stand Safia S., die am 26.02.2016 einen Mordschlag auf einen Polizisten am Hannoveraner Hauptbahnhof verübt hatte, in Kontakt zu Abu Walaa.[11] Das gleiche gilt für die Teenagerzelle, welche am 16.04.2016 den Anschlag auf den Sikh-Tempel in Essen verübte.[12] Schließlich gab es auch Ver-

---

[9] Seit seiner Festnahme werden die Online-Unterrichte auf al-manhaj.de durch den salafistischen Prediger Abdellatif Rouali durchgeführt, der dem am 14.03.2013 verbotenen Verein „DawaFFM" angehörte.
[10] NDR (08.11.2016): "Nummer 1 des IS in Deutschland" festgenommen. Verfügbar unter: http://www.ndr.de/nachrichten/niedersachsen/hannover_weser-leinegebiet/Schlag-gegen-deutsches-IS-Netzwerk,abuwalaa104.html [Zugriff: 17.01.2018].
[11] Deutsche Welle (26.09.2017): Salafist Abu Walaa: Der Mann ohne Gesicht. Verfügbar unter: http://www.dw.com/de/salafist-abu-walaa-der-mann-ohne-gesicht/a-36306715 [Zugriff: 17.01.2018].
[12] Kölner Stadt-Anzeiger (11.01.2017): Mordversuch ja, Terrorakt nein. Prozess nach Anschlag auf Sikh-Tempel in Essen. Verfügbar unter: http://www.ksta.de/nrw/mordversuch-ja--terrorakt-nein-prozess-nach-anschlag-auf-sikh-tempel-in-essen-

bindungen seines Netzwerkes zu Anis Amri, dem Attentäter vom Breitscheidplatz. So nahm Amri an ideologischen Schulungen teil, die durch Boban S. durchgeführt wurden, einem Mitstreiter Abu Walaas aus Dortmund. Zunächst soll das Netzwerk geplant haben, Amri nach Syrien zu schleusen, es hielt jedoch im Nachgang einen Anschlag in Deutschland mit einem Lastwagen für sinnvoller (Heil 2016, 5-6). Das Täterprofil und der *modus operandi* spiegeln den aktuellen Stand der Entwicklungen im Bereich der jihadistischen Bedrohungslage in Deutschland wider.

4. Status Quo Vadis: Aktuelle Lage und Zukunftsprognosen

Bei den Profilen der Attentäter, die in den letzten Jahren Anschläge in Europa verübt haben, fällt auf, dass die meisten zuvor allgemeinkriminelle Straftaten begangen hatten bzw. sich in kriminellen Milieus bewegt haben. Auch waren ca. zwei Drittel der deutschen Ausreiser zuvor polizeilich bekannt, bei über der Hälfte war ein Strafverfahren anhängig (BKA/BfV 2016, 18-20). Die Radikalisierung hin zur Bereitschaft, eine Gewalttat auszuführen, betrug in einigen Fällen nur wenige Monate. Vor diesem Hintergrund stellt sich die Frage, welchen Anteil die religiösen Motive für diesen Prozess hatten und welche Bedeutung Gewalterfahrungen und die kriminelle Vergangenheit der einzelnen Täter haben.

Im Rückblick auf die Genese des Jihadismus in Deutschland fällt auf, dass sich die aktuelle Generation von Jihadisten sowohl in Bezug auf ihr soziales Milieu, als auch hinsichtlich ihrer Religiosität von der vorangegangenen „al-Qaida-Generation" unterscheidet. Waren letztere oftmals gebildete Personen aus der Mittelklasse, die sich intensiv mit der jihadistischen Ideologie auseinandergesetzt hatten, so tendiert das theologische Wissen vieler IS-Anhänger nahezu gegen Null. Aufgrund dessen beschreibt der Politologe und Islamexperte Olivier Roy das gegenwärtige Phänomen als „Islamisierung von Radikalität" anstatt als „Radikalisierung des Islams"; eine Einschätzung, die auch Europol teilt (Europol 2016, 6). Der Jihadismus böte die aktuelle Gegenkultur zum dominanten Gesellschaftsmodell und habe den Linksextremismus als globale, revolutionäre Ideologie in dieser Hinsicht abgelöst.

Der mangelnde Bildungsgrad und die Delinquenz seiner potenziellen Anhänger ist für den IS jedoch kein Problem, im Gegenteil rekrutiert und mobilisiert er vor allem in den prekären Vierteln europäischer und arabischer Großstädte. Es kann daher von der Verschmelzung der Netzwerke und den sozialen Milieus von Kriminellen und Jihadisten gesprochen werden (Neumann 2016, 3). Für die

---

25514462 [Zugriff: 17.01.2018]. Für eine wissenschaftliche Fallstudie zu der Gruppe vgl. Kiefer 2017.

Zielgruppe junger Straftäter kann die Ideologie aus zwei sehr unterschiedlichen Gründen attraktiv sein. Für die einen bietet sie einen Rechtfertigungsrahmen für die Ausübung dessen, was sie sowieso schon ihr halbes Leben lang getan haben, da Straftaten gegen „Ungläubige" als islamisch legitim verklärt werden. Andere wiederum wollen ihr vergangenes Leben hinter sich lassen und fühlen sich von dem Versprechen der Erlösung vergangener Sünden angezogen, welches mit dem Einsatz für die Sache Gottes einhergeht. Dass sie dabei nur eine andere Form von Straftaten begehen, ist vielen nicht bewusst oder spielt für sie keine Rolle.

Die Rekrutierung krimineller Personen birgt folgende Vorteile für den IS. Diese Personen haben leichteren Zugang zu Waffen, sind es gewohnt „unter dem Radar" zu leben und dabei ihre Logistik sowie Finanzströme sorgfältig zu planen. Einige haben zudem keine Hemmnisse bei der Anwendung massiver Gewalt. Davon profitierte der IS sowohl in seinem Haupteinflussgebiet, als auch bei der Entsendung von Kämpfern nach Europa. Es ist wahrscheinlich, dass die Finanzierung von terroristischen Aktivitäten über Straftaten steigen wird. Dazu gilt es anzumerken, dass 90% der „Plots" in Europa selbst finanziert und vergleichsweise „kostengünstig" waren. So betrug der finanzielle Aufwand für die Anschläge im November 2015 in Paris lediglich 30.000€.[13]

Es muss jedoch auch jenseits der Terrorgefahr in die andere Richtung gedacht werden. Da viele der Ausreiser nie tiefgehend ideologisiert waren, ist es wahrscheinlich, dass sie nach ihrer Rückkehr wieder in kriminelle Netzwerke abtauchen und dort von ihrer Erfahrung als Mitglied einer Terrororganisation (Logistik, Kontakte, Reputation, Gewalterfahrung, Umgang mit und Zugang zu schweren Waffen) Gebrauch machen können. Die folgende Grafik verdeutlicht diesen Prozess:

---

[13] International Business Times (12.03.2015): ISIS Funding Sources 2015: How Islamic State Paid For Paris Terror Attack Guns, Ammunition, Suicide Vests. Verfügbar unter: http://www.ibtimes.com/isis-funding-sources-2015-how-islamic-state-paid-paris-terror-attack-guns-ammunition-2209831 [Zugriff: 17.01.2018].

Quo vadis Jihadis?

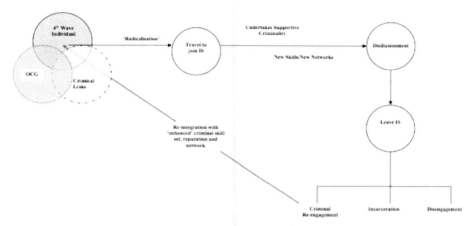

Abbildung 3: "A Cycle of Radicalisation to Re-Criminalisation" (Gallagher 2016, 63)

Es kann daher festgehalten werden, dass Religion im Radikalisierungsprozess der meisten Attentäter nur eine sehr untergeordnete Rolle gespielt hat. Stattdessen bietet die Ideologie für viele die Möglichkeit, Macht und Gewaltfantasien auszuleben. Die Einbindung ehemaliger Straftäter in terroristische Strukturen hat wiederum Konsequenzen für die Bedrohungslage sowohl durch Terrorismus, als auch durch organisierte Kriminalität. Der große Anteil von Personen aus dem allgemeinkriminellen, nicht religiösen Milieu bedeutet für den Verfassungsschutz, nicht nur Moscheen oder vermeintlich streng religiöse Personen im Blick zu haben. Hierbei ist er auf die Kooperation von Polizei und Justiz angewiesen.

Jedoch sind auch deren Möglichkeiten in einem Rechtsstaat – aus gutem Grund – begrenzt. Dies zeigt vor allem das Mittel der Vereinsverbote.[14] Die Voraussetzungen für Vereinsverbote und erst recht für Parteien sind vor allem deswegen so hoch, um zivilgesellschaftliche Akteure vor staatlicher Willkür zu schützen. Eine Lockerung ist hier nicht zu erwarten. Anders sieht es im Aufenthaltsrecht aus. Hier hatte der Fall Anis Amri unmittelbare juristische Folgen. So urteilte das Bundesverwaltungsgericht am 21.03.2017, dass die Abschiebung von Gefährdern nach dem § 58a AufenthG rechtmäßig sei. Am 27. Juli 2017 urteilte auch das Bundesverfassungsgericht, dass die Abschiebepraxis mit dem Grundgesetz vereinbar sei. Insofern wird staatlicherseits versucht, sich den wandelnden Dynamiken durch die jihadistische Bedrohungslage anzupassen

---

[14] Sowohl im Fall des "Deutschsprachigen Islamkreis" (DIK) in Hildesheim als auch bei der „Fussilet-Moschee" in Berlin wurden die Vereine erst Monate nach der Verhaftung und Durchsuchung verboten.

und gleichzeitig weiterhin an der Rechtsstaatlichkeit der Maßnahmen festzuhalten.

5. Schlussfolgerungen für den Staat

Hundertprozentige Sicherheit kann es nicht geben. Die Tatsache, dass viele Attentäter den Behörden im Vorfeld bekannt waren, ist indes kein pauschales Indiz für ihr Versagen, sondern zeigt, dass sie tendenziell das richtige Personenpotenzial im Blick haben. Jede Person rund um die Uhr zu überwachen, ist jedoch weder möglich, noch sinnhaft. Insbesondere bei Attentaten, die kurzfristig geplant und mit einfachsten Mitteln umgesetzt werden, ist ein vorzeitiges Erkennen und Verhindern der Tat nahezu unmöglich. Bei dem Angriff auf Zivilisten durch einen mit einem Messer bewaffneten Angreifer in Hamburg, schien die Tat scheinbar Minuten vor ihrer Ausführung geplant worden zu sein. Der festgenommene Täter gab an, als Soldat des IS agiert zu haben. Im Gegensatz zu den Anschlägen in Würzburg, Ansbach und Berlin gab es jedoch keine Übernahme der Verantwortung seitens der Terrormiliz und ihrer Medienstelle A'maq. Das Gericht wertete die Tat nicht als Terrorismus – auch wenn sich der Täter von der IS-Propaganda habe instrumentieren lassen. Die Tat zeigt zudem, dass sich die Sicherheitsbehörden auf immer neue Herausforderungen durch den Jihadismus einstellen müssen.

Wie in den vorherigen Kapiteln deutlich wurde, erweckt diese Entwicklung manchmal den Eindruck, als wären die Extremisten dem Staat stets einen Schritt voraus. In der Tat verfügen sie über den „Wettbewerbsvorteil", sich nicht an rechtsstaatliche Prinzipien halten zu müssen. Der Staat hingegen muss in dem ihm vorgegebenen rechtlichen Rahmen agieren. Notwendige Gesetzesänderungen, die sich aus einer stetig verändernden Sicherheitslage ergeben, dürfen dabei zu keinem Zeitpunkt die vollständige Aushöhlung freiheitlicher Grundrechte zur Folge haben. Dieses Austarieren zwischen Sicherheit und Freiheit sollte jedoch nicht als taktischer Nachteil gegenüber den Jihadisten empfunden werden. Die Bedrohung durch den Jihadismus dürfte zu keinem Zeitpunkt derart groß sein, als dass ihr nicht mit den stets neu zu justierenden Mitteln des Rechtsstaates beggenet werden kann. Seine Abschaffung – ein Kernziel von Extremisten jeglicher Couleur – kann nur durch ihn selbst erfolgen. Diesen Erfolg sollte der Staat seinen Gegnern nicht gönnen.

Literatur

Abou Taam, Marwan (2015): Syrien-Ausreisende und -Rückkehrer. Ein Überblick. In: Bundeszentrale für politische Bildung. Online verfügbar unter: https://www.bpb.de/politik/extremismus/islamismus/207441/syrien-ausreisende-und-rueckkehrer, Zugriff: 17.01.2018.

Bundesamt für Verfassungsschutz (2018): Reisebewegungen von Jihadisten Syrien / Irak. Verfügbar unter: https://www.verfassungsschutz.de/de/arbeitsfelder/af-islamismus-und-islamistischer-terrorismus/zahlen-und-fakten-islamismus/zuf-is-reisebewegungen-in-richtung-syrien-irak, Zugriff: 17.01.2018.

Bundeskriminalamt / Bundesamt für Verfassungsschutz (2016): Analyse der Radikalisierungshintergründe und -verläufe der Personen, die aus islamistischer Motivation aus Deutschland in Richtung Syrien oder Irak ausgereist sind. Verfügbar unter: https://www.bka.de/SharedDocs/Downloads/DE/Publikationen/Publikationsreihen/Forschungsergebnisse/2016AnalyseRadikalisierungsgruendeSyrienIrakAusreisende.pdf;jsessionid=A0324B576DF7CE4ACF86692EC8C3BF6A.live0611?__blob=publicationFile&v=6, Zugriff: 17.01.2018.

Europol (2016): Changes in the Modus Operandi of Islamic State Terror Attacks. Verfügbar unter: https://www.europol.europa.eu/sites/default/files/documents/changes_in_modus_operandi_of_is_in_terrorist_attacks.pdf, Zugriff: 17.01.2018.

Frontini, Andrea / Ritzmann, Alexander (2017): Introduction. In: European Policy Centre und European Foundation for Democracy (Hrsg.): The Challenge of Jihadist Radicalisation in Europe and Beyond, 10-22. Verfügbar unter: http://www.epc.eu/documents/uploads/pub_7510_thechallengeofjihadistradicalisation.pdf, Zugriff: 17.01.2018.

Gallagher, Martin (2016): 'Criminalised' Islamic State Veterans – A Future Major Threat in Organised Crime Development? In: Perspectives On Terrorism 10 (5), 51-67. Verfügbar unter: http://www.terrorismanalysts.com/pt/index.php/pot/article/download/541/1073, Zugriff: 17.01.2018.

Goodwin, Mathew (2017): The Rise of Extreme Right and Jihadist Radicalisation: How Do They Feed Each Other? In: European Policy Centre und European Foundation for Democracy (Hrsg.): The Challenge of Jihadist Radicalisation in Europe and Beyond, 36-42. Verfügbar unter: http://www.epc.eu/documents/uploads/pub_7510_thechallengeofjihadistradicalisation.pdf, Zugriff: 17.01.2018.

Hegghammer, Thomas (2016): The Future of Jihadism in Europe: A Pessimistic View. In: Perspectives on Terrorism 10 (10), 156-170.

Heil, Georg (2017): The Berlin Attack And The "Abu Walaa" Islamic State Recruitment Network. In: CTC Sentinel 10 (2), 1-11. Verfügbar unter: https://ctc.usma.edu/v2/wp-content/uploads/ 2017/ 02/CTC-Sentinel_Vol10Iss228.pdf, Zugriff: 17.01.2018.

Holbrook, Donald (2012): Al-Qaeda's Response to the Arab Spring. In: Perspectives on Terrorism 6 (6), 4-21. Verfügbar unter: http://www.terrorismanalysts.com/pt/index.php/pot/article/download/228/458, Zugriff: 17.01.2018.

Hummel, Klaus (2014): Salafismus in Deutschland. Eine Gefahrenperspektive. In: Logvinov, Michail / Hummel, Klaus (Hrsg.): Gefährliche Nähe. Salafismus und Dschihadismus in Deutschland. Hannover: Ibidem, 61-90.

International Displacement Monitoring Centre (2017): Libya. Verfügbar unter: http://www.internal-displacement.org/countries/libya/, Zugriff: 17.04. 2018.

Jackson, Pamela Irving / Doerschler, Peter (2012): Benchmarking Muslim Well-Being in Europe: Reducing Disparities and Polarization, Bristol: Policy Press.

Kiefer, Michael (2017): "Lasset uns in sha'a Allah ein Plan machen": Fallgestützte Analyse der Radikalisierung einer WhatsApp-Gruppe. Heidelberg: Springer.

Kuoti, Yasir Yosef (2016): Islamic State in Yemen. In: Terrorism Monitor 14(24), 3-5. Verfügbar unter: https://jamestown.org/wp-content/ uploads/2016/12/TM_Dec_15_2016.pdf?x87069, Zugriff: 17.01.2018.

Lia, Brynjar (2016): Jihadism in the Arab World after 2011: Explaining its Expansion. In: Middle East Policy 13 (4), 74–91.

Neumann, Peter (2016): 'Criminal Pasts, Terrorist Futures: European Jihadists and the New Crime-Terror Nexus. In: ICSR Report. Verfügbar unter: http://icsr.info/wp-content/uploads/2016/10/Criminal-Pasts-Terrorist-Futures.pdf, Zugriff: 17.01.2018.

Organisation for Economic Cooperation and Development (2015): Indicators of Immigrant Integration. Verfügbar unter: http://www.oecd-ilibrary.org/ content/book/9789264234024-en, Zugriff: 17.01.2018.

Steinberg, Guido (2014): Al-Qaidas deutsche Kämpfer. Die Globalisierung des islamistischen Terrorismus. Hamburg: Körber Stiftung.

Steinberg, Guido (2017): Islamistischer Terrorismus in der arabischen Welt: Ausbreitung und Eindämmung. In: Perthes, Volker (Hrsg.): Krisenlandschaften. Konfliktkonstellationen und Problemkomplexe internationaler Politik. Ausblick 2017. Berlin: Stiftung Wissenschaft und Politik, 43-46.

The Arabic Network for Human Rights Information (2016): There is Room for Everyone. Egypt's Prisons Before & After January 25 Revolution. Verfügbar unter: http://anhri.net/wp-content/uploads/2016/09/english-final-version-8-1.pdf, Zugriff: 17.01.2018.

United Nations (2014): Resolution 2178. Verfügbar unter: http://www.un.org/en/sc/ctc/docs/2015/SCR%202178_2014_EN.pdf, Zugriff: 17.01.2018.

Wagemakers, Joas (2012): A Quietist Jihadi: The Ideology and Influence of Abu Muhammad al-Maqdisi, Cambridge: Cambridge University Press.

Wiedl, Nina (2014): Geschichte des Salafismus in Deutschland. In: Said, Behnam T. / Fouad, Hazim (Hrsg.): Salafismus. Auf der Suche nach dem wahren Islam. Freiburg: Herder, 411–441.

Zelin, Aaron (2014): Missionare des Jihads in Libyen und Tunesien. In: Said, Behnam T. / Fouad, Hazim (Hrsg.): Salafismus. Auf der Suche nach dem wahren Islam, Freiburg: Herder, 320-349.

II. Moderation und Gestaltung von Sicherheitskommunikation

Soziale Medien in der Polizeiarbeit

Petra Saskia BAYERL

1. Einleitung

Soziale Medien in der Polizeiarbeit sind keine neue Erscheinung. Die jährliche Befragung der *International Association of Chiefs of Police* (IACP) zur Nutzung sozialer Medien durch US-Polizeibehörden existiert seit 2010.[1] Die ersten Auftritte von deutschen Polizeien fallen in eine ähnliche Zeit. Dennoch stehen das Ausmaß und die Form von Polizeiarbeit in sozialen Medien häufiger in der Kritik. Oft stehen bei solchen Diskussionen die Art der Kommunikation oder wahrgenommene Verletzungen der Privatsphäre von Bürgern[2] im Mittelpunkt – und allgemeiner unterschiedliche Erwartungen über das, was die (deutsche) Polizei in und mit sozialen Medien leisten kann und sollte.

Dieser Beitrag gibt einen Überblick über Beispiele im Spektrum gegenwärtiger Nutzung von sozialen Medien in der Polizeiarbeit in Deutschland sowie international und diskutiert Rahmenbedingungen, die die Verwendung sozialer Medien in der Polizeiarbeit in mehr oder weniger deutlicher Weise beeinflussen. Soziale Medien sind kein Neuland mehr, auch wenn deren polizeiliche Nutzung sich in manchen Bereichen noch durchaus so anfühlt (vgl. Bayerl/Rüdiger 2017). Auch zweifelt keiner mehr daran, dass die Polizei in sozialen Medien präsent sein muss. Die Fragen drehen sich eher um das Wieviel an Präsenz und die geeignete Form. Dies hat viel zu tun mit den rechtlichen und gesellschaftlichen Rahmenbedingungen sowie mit möglichen organisationalen Beschränkungen.

Mein Anliegen ist es, einen ausgewogenen, wenn auch kritischen Blick auf die gegenwärtige Landschaft und Diskussion zur Polizeiarbeit in den sozialen Medien zu werfen. Mein Augenmerk liegt hierbei vor allem auf der *sichtbaren* Polizeipräsenz, d.h. jenen Auftritten von Polizeien, die öffentlich sichtbar sind; zum Beispiel auf Facebook-Seiten, Twitter oder YouTube-Kanälen. Die *unsichtbare* Nutzung sozialer Medien, etwa im Rahmen von SOCMINT, OSINT, predictive policing, automatic risk assessments, etc., obwohl breit bekannt, unterliegt anderen Rahmenbedingungen und bedarf damit einer separaten Diskussion. Sie wird hier deshalb auch nur am Rande erwähnt.

---

[1] Die jährlichen Befragungen sind zu finden unter http://www.iacpsocialmedia.org/ [Zugriff: 28.01.2018].

[2] z.B. taz - die Tageszeitung (10.10.2017): Fahndung via Facebook - Was für ein Dilemma. Verfügbar unter: www.taz.de/!5454070/ [Zugriff: 28.01.2018].

2. Beispiele deutscher und internationaler Polizeipräsenz

Einer der bekanntesten Polizisten aus den letzten Jahren dürfte vermutlich Jeff Davis der Dover Police (Delaware, USA) sein. Sein Video „lip-synching Taylor Swift's Song ‚Shake it off'", das ihn singend in seinem Polizeiwagen zeigt,[3] wurde seit dem Upload im Januar 2015 rund 42,5 Millionen Mal gespielt – und hat seitdem weltweit Nachfolger gefunden.[4] Singende und tanzende PolizistInnen auf YouTube sind keine Seltenheit mehr – das Spektrum reicht von Verkehrspolizisten in Indien und Südafrika[5] über die Teilnahme der neuseeländischen Polizei an einem Hip-Hop-Wettbewerb[6] bis hin zum Hype rund um die „Running Man Challenge", die Polizeien weltweit Tanzvideos produzieren ließ (vgl. Abbildung 1 links). Auch Weihnachtsgrüße werden inzwischen im Videoformat überbracht, z.B. in Finnland, Chile oder den Niederlanden[7], während die Münchner Polizei auch schon mal Episoden des Fernsehkrimis „Tatort" live auf Twitter kommentiert (vgl. Abbildung 1 rechts). Dies sind Beispiele ‚purer' Unterhaltung, deren Sinn und Zweck immer wieder in der Diskussion stehen.

---

[3] Dover Police (16.01.2015): Dover Police DashCam Confessional (Shake it off), Youtube-Video. Verfügbar unter: youtube.com/watch?v=8XFBUM8dMqw [Zugriff: 20.01.2018].

[4] Als Beispiele: Schweden: 112 Frans (04.02.2015): Swedish Cop Dashcam (Frozen – Let it go), Youtube-Video. Verfügbar unter: www.youtube.com/watch?v=ipVfJqly2FE; Island: Guðjónsson, Birgir Öm (16.05.2015): Police Officer singing the Eurovision Song Unbroken – Biggi lögga unbroken. Youtube-Video. Verfügbar unter: www.youtube.com/watch?v=IS76pOLLef4;
Israel: עקיבא שמוליק (19.09.2014): Israel Police Force at its best (funny), Youtube-Video. Verfügbar unter: www.youtube.com/watch?v=FqOPNwDl9E0 [Zugriff: 20.01.2018]

[5] AFP News Agency (27.12.2017): India's 'moonwalking' traffic cop turns head, Youtube-Video. Verfügbar unter: www.youtube.com/watch?v=RxdJaJKgIO0; VaalweekbladVideos (13.03.2017): Traffic Officer dance causes frenzy, Youtube-Video. Verfügbar unter: www.youtube.com/watch?v=y7P2sVzxvt4 [Zugriff: 20.01. 2018].

[6] NZPoliceRecruitment (02.07.2016): #HipHopCops. Youtube-Video. Verfügbar unter: https://www.youtube.com/watch?v=N8E-QH-Ssr4 [Zugriff: 20.01.2018].

[7] Poliisitube (20.12.2017): Poliisin joulutervehdys 2017, Youtube-Video. Verfügbar unter: youtu.be/E9eTjvulelg;
Carabineros de Chile (31.12.2017): Que sea un año lleno de prosperidad, paz, amor y sobre todo, seguridad, Facebook-Post. Verfügbar unter: facebook.com/Carabineros deChile/videos/vb.317240651788296/835643743281315;
Politie Noordoost Twente (19.12.2017): Politie Noordoost Twente – Wenst u fijne feest dagen en een gezond 2018!, Youtube-Video. Verfügbar unter: www.youtube.com/ watch?v=d2OzWplnXoM [Zugriff: 22.12.2017].

Soziale Medien in der Polizeiarbeit

Abbildung 1: Beispiele für Posts in sozialen Medien zur „puren Unterhaltung" (links: Screenshot YouTube-Video Police North Wales; rechts: Twitter-Account Polizei München[8])

An inhaltlichen Angeboten gibt es ebenfalls eine breite Pallette. Zu Hochzeiten des Spiels *Pokémon Go*, das 2016 weltweit Millionen von Nutzern auf die Straßen brachte, um nach virtuellen Monstern zu jagen, öffnete die niederländische Polizei eine eigene WhatsApp-Gruppe mit der Absicht, Bürger verdächtige Situationen erfassen zu lassen.[9] Eine ähnliche Funktion haben andere WhatsApp-Gruppen wie etwa *Waaks* – eine Gruppe, mithilfe derer Hundebesitzer während ihrer täglichen Spaziergänge Beobachtungen an die niederländische Polizei senden können.[10] Ein frühes, und inzwischen leider nicht mehr bestehendes Beispiel, war die Präsenz des niederländischen Polizisten Boudewijn Mayeur auf *Habbo-Hotel*.[11] Habbo ist eine Online-Spielewelt für Kinder und Jugendliche. Mayeur unterhielt dort ein Polizeibüro mit der Absicht, Signale über Cyber-Grooming, häusliche Gewalt oder andere problematische Verhaltensweisen zu sammeln. Seine Gegenwart bot Kindern und Jugendlichen eine Anlaufstelle, ihre Sorgen zu äußern oder um konkrete Hilfe zu bitten.

Weiterhin nutzen Polizeien weltweit soziale Medien wie Facebook, Twitter, Instagram oder YouTube für die Rekrutierung neuer Mitarbeiter, Aufklärungs-

---

[8] North Wales Police (10.05.2016): #runningmanchallenge North Wales Police, Youtube-Video. Verfügbar unter: youtube.com/watch?v=qELq8w6deuU; Polizei München (30.04.2017): Chapeau #tatort München!, Twitter-Post. Verfügbar unter: twitter.com/PolizeiMuenchen/status/858769145235746816 [Zugriff: 20.01.2018].

[9] Portal politie.nl (11.08.2016): Politie Vlaardingen zet Pokémons in tegen inbrekers. Verfügbar unter: www.politie.nl/nieuws/2016/augustus/11/07-politie-vlaardingen-zet-pokemons-in-tegen-inbrekers.html [Zugriff: 20.01.2018].

[10] Portal politie.nl (15.06.2016): Heeft u een hond? Doe dan mee an Waaks. Verfügbar unter: www.politie.nl/nieuws/2016/juni/15/03-waaks.html; Webseite Whatsapp Buurtpreventie. Verfügbar unter: wabp.nl [Zugriff: 20.01.2018].

[11] Für einen Einblick in seine Arbeitsweise (niederländisch) siehe Politie Limburg (06.09.2011): Digitale wijkagent Boudewijn Mayeur, Youtube-Video. Verfügbar unter: www.youtube.com/watch?v=Yu7vLzjABzs [Zugriff: 20.01.2018].

kampagnen, Zeugenaufrufe oder Warnhinweise. Abbildung 2 zeigt eine Auswahl an internationalen Beispielen.

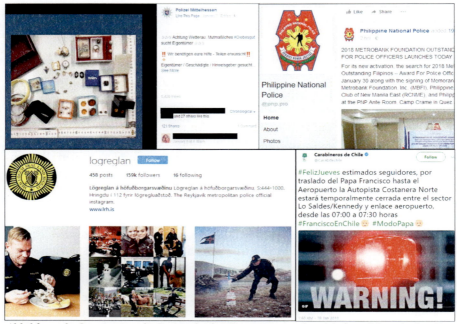

Abbildung 2: Internationale Beispiele für Posts in sozialen Medien (oben links: Zeugenaufruf Polizei Mittelhessen; oben rechts: Facebook-Auftritt Philippine National Police; unten links: Instagram-Account Polizei Reykjavik, Island; unten rechts: Twitter-Account Polizei Chile[12])

---

[12] Polizei Mittelhessen (07.01.2018): Achtung Wetterau: Mutmaßliches #Diebesgut sucht Eigentümer, Facebook-Post. Verfügbar unter: facebook.com/mittelhessenpolizei/videos/vb.980625018673302/1633806996688431;
Philippine National Police (29.01.2018): 2018 Metrobank Foundation outstanding Filipinos – award for police officers launches today, Facebook-Post. Verfügbar unter: https://www.facebook.com/pnp.pio/posts/1898770080164239;
Carabineros de Chile (18.01.2018): #FelizJueves estimados seguidores, Twitter-Post. Verfügbar unter: twitter.com/Carabdechile/status/953925007889043456 [Zugriff: 20.01.2018].

3. Das Spektrum polizeilicher Verwendungsweisen von sozialen Medien

Wie die Beispiele im vorherigen Abschnitt zeigen, ist das Spektrum möglicher Verwendungsweisen von sozialen Medien äußerst breit. Ein Versuch der Systematisierung lässt fünf Einsatzgebiete erkennen (s.a. Bayerl/Rüdiger 2017):
1. Informationsvermittlung
2. Informationsgewinnung
3. Mitarbeiterrekrutierung und -training
4. Beziehungsmanagement
5. Polizei-interne Kommunikation

3.1. Informationsvermittlung

Bei der Informationsvermittlung geht es um das Senden von Informationen durch Polizeien an die Bürger sowie an Organisationen, etc. über soziale Medienkanäle. Auf diese Weise kann die Öffentlichkeit über Straftaten oder Krisensituationen benachrichtigt und informiert werden. Daneben senden Polizeien auch Tipps zur Vorbeugung von Straftaten (z.B. Kampagnen gegen Phishing).

3.2. Informationsgewinnung

Soziale Medien dienen hier der Sammlung von Informationen über Personen, Ereignisse, Netzwerke, etc. Dies kann aktiv und ‚offen' geschehen, etwa bei Zeugenaufrufen oder Anfragen zur Mithilfe bei Ermittlungen im Sinne von ‚crowd-sourcing' (z.B. Publikationen von Bildern durch Europol auf Twitter im Rahmen von Ermittlungen zu Kindesmissbrauch[13] und Abbildung 2). Daneben steht das Monitoring von Accounts und sozialen Medien-Streams etwa für Ermittlungen (z.B. Analysen von sozialen Netzwerken und Aktivitäten verdächtiger Personen), oder auch für die Prävention und die Einschätzung von Situationen (situational awareness, z.B. Sentiment-Analyse bei Großveranstaltungen).

3.3. Mitarbeiterrekrutierung und -training

Soziale Medien werden seit einigen Jahren auch erfolgreich für die Rekrutierung neuer Mitarbeiter eingesetzt. Die Möglichkeiten sind zahlreich, angefangen bei Hinweisen, dass neue Mitarbeiter gesucht werden, über Informationen

---

[13] z.B. Europol (22.12.2017): #NEW 10 objects have just been uploaded to #Trace AnObject, Twitter-Post. Verfügbar unter: twitter.com/Europol/status/944136338391134208 [Zugriff: 20.01.2018].

zum Bewerbungs- und Ausbildungsverlauf bis hin zu Einblicken in den beruflichen Alltag. Facebook, YouTube und Twitter sind dabei die populärsten Kanäle (vgl. Abbildung 3).

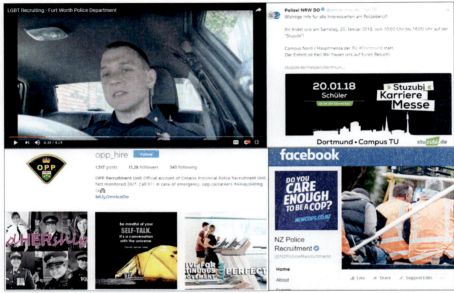

Abbildung 3: Rekrutierung über soziale Medien (oben links: YouTube Police Fort Worth; oben rechts: Twitter-Account Polizei NRW; unten links: Instagram-Account Polizei Ontario; unten rechts: Facebook-Auftritt der neuseeländischen Polizei[14])

3.4. Beziehungsmanagement

In diesen Bereich fallen die zahllosen Videos, Tweets und Bilder zum „puren Entertainment". Im Sinne des Beziehungsmanagements erfüllen diese eine wichtige Funktion, denn sie erlauben Polizeien, aktiv mitzubestimmen, welches Bild sich die Öffentlichkeit von ihr macht. Bis vor kurzem noch waren Polizeien vor allem in negativer Hinsicht in sozialen Medien vertreten; eine Suchan-

---

[14] Fort Worth Police Department (15.07.2014): LGBT Recruiting – Fort Worth Police Department, Youtube-Video. Verfügbar unter: youtube.com/watch?v=YTtrpqhhFvQ; Polizei NRW DO (19.01.2018): Wichtige Info für alle Interessierten am Polizeiberuf!, Twitter-Post. Verfügbar unter: twiter.com/polizei_nrw_do/status/954383005392490496; Instagram-Account opp_hire. Verfügbar unter: instagram.com/opp_hire/; Facebook-Account NZ Police Recruitment. Verfügbar unter: facebook.com/NZPoliceRecruitment [Zugriff: 20.01.2018].

Soziale Medien in der Polizeiarbeit

frage zu Videos über wahrgenommene Polizeigewalt oder Machtmissbrauch ergibt auf YouTube Millionen von Treffern. Polizeiliche Angebote bieten demgegenüber einen alternativen Blick, entweder im Sinne reiner PR oder durch faktische Informationen über den Polizeialltag (vgl. Abbildung 4). Polizeipräsenz in sozialen Medien ist somit PR, aber auch ein wichtiger Beitrag zur Vertrauens- und Beziehungsbildung und somit eng verbunden mit dem Konzept des *community policing* (Broekman et al. 2016).

Abbildung 4: Beispiele für PR-Angebote (oben links: flickr-Account Nationale Polizei Brasilien; oben rechts: PR-Video Polizei Dubai; unten links: Policing during Ramadan Serie, Greater Manchester Police, UK; unten rechts: PR-Trailer Hawthorne Police, USA[15])

3.5. Polizei-interne Kommunikation

Mit der polizei-internen Nutzung sozialer Medien ist die Kommunikation zwischen PolizistInnen, etwa für Abstimmungszwecke, gemeint. Dieser Aspekt

---

[15] Flickr-Account Polícia Federal. Verfügbar unter: flickr.com/photos/policiafederal; Youtube-Account Dubai Police. Verfügbar unter: www.youtube.com/user/dubaipolicehq; GM Police (08.07.2015): Detention Officer Irfan Jaffri – Policing during Ramadan. Youtube-Video. Verfügbar unter: youtube.com/watch?v=wZoynp5ap9Y; Hawthorne Police (13.01.2017): Hawthorne California Police Department Promo Video, Youtube-Video. Verfügbar unter: youtube.com/watch?v=O7LYIt1n3Og [Zugriff: 26.01.2018].

liegt außerhalb der Betrachtung dieses Aufsatzes und wird im Folgenden nicht weiter diskutiert.

3.6. Einteilung in instrumentelle und relationale Verwendungsweisen

Die Informationsvermittlung und -gewinnung sowie die Rekrutierung können als *instrumentelle* Verwendungsweisen gesehen werden, d.h. als Nutzungsansätze, die die polizeilichen Aufgaben direkt und unmittelbar unterstützen. Das Beziehungsmanagement kann als *relationale* Nutzung verstanden werden, da hier die Beziehungen zwischen Polizei und Bürgern im Vordergrund stehen. Beide Ansätze – instrumentell und relational – können sowohl aktiv wie auch passiv verfolgt werden (vgl. Abbildung 5).

Für eine ausgewogene Polizeiarbeit in sozialen Medien sind alle vier Quadranten sinnvoll und notwendig, auch wenn – etwa situationsabhängig – der Hauptfokus auf dem einen oder anderen Quadranten liegen mag.

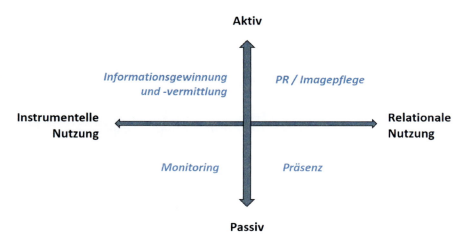

Abbildung 5: Schema polizeilicher Verwendungsweisen sozialer Medien

4. Ausmaß und Formen deutscher Polizeipräsenz

4.1. Anzahl und Dienste

Nach einer Zählung aus dem Jahr 2017 gibt es in Deutschland um die 216 polizeiliche Angebote in sozialen Medien (Rüdiger 2017); dies bedeutet eine beachtliche Steigerung verglichen mit den 19 Angeboten im Jahr 2012 (Denef et al. 2012). Seit 2017 sind damit alle deutschen Polizeipräsidien vertreten. Obwohl flächendeckend, ist die deutsche Präsenz verglichen mit anderen Ländern jedoch immer noch gering. So gab es 2017 in den Niederlanden 2.368 polizeiliche Angebote (de Haan 2017), während in Großbritannien im Jahr 2016 allein auf Twitter 2.935 Accounts betrieben wurden (Foster 2016). Die Streuung über die Dienste hinweg ist ebenfalls eher gering: von den 206 sozialen Medien-Diensten, die derzeit auf Wikipedia gelistet sind[16], konzentrieren sich deutsche Polizeien vor allem auf drei Plattformen: Facebook, YouTube und Twitter. Dies sind sicherlich die bekanntesten Plattformen, spiegeln aber nicht unbedingt die Nutzungsvorlieben der deutschen Bevölkerung wider. Die neuesten Zahlen von *WeAreSocial* aus dem Jahr 2017 zeigen, dass deutsche Nutzer neben YouTube (69% der Befragten) und Facebook (61%) vor allem WhatsApp (55%) und Facebook Messenger (30%) verwenden. Lediglich 19% verwenden Twitter.[17]

Daneben bieten Online-Spiele ein nicht zu unterschätzendes Forum für soziale und wirtschaftliche Interaktionen mit dem entsprechenden Potential für Straftaten (Diebstahl virtueller Güter, Bullying, Cyber-Grooming, extremistische Rekrutierung etc.; vgl. Rüdiger/Pfeiffer 2015). Deutschland ist der größte Markt in Europa für Gamer mit 34 Millionen aktiven Spielern, davon 17,2 Millionen auf Smartphones (Wilken 2016). Eine aktive und offene Präsenz von deutschen Polizeien in Video- und Online-Spielen, vergleichbar mit der Polizeipräsenz auf *Habbo-Hotel* bis vor kurzem in den Niederlanden, ist mir derzeit nicht bekannt.

4.2. Interaktivität und Informalität

Einer der großen Vorteile – aber auch Ansprüche – sozialer Medien ist die Möglichkeit der Interaktion zwischen Nutzern. Diese Interaktivität äußert sich im Posten eigener Inhalte (Tweets, Blogs, Vlogs, Musik, Bilder), der Kommentierung von Inhalten anderer sowie der direkten Kommunikation (z.B. Text-, Bild- oder Video-basierte Chats in Spielen, über WhatsApp, SnapChat, etc.).
Deutsche Polizeien scheinen zunehmend interaktiver zu werden, dies äußert sich vor allem in Form von Reaktionen auf Nutzerkommentare oder -anfragen. Jedoch lassen nicht alle deutschen Polizeien Interaktivität in gleichem Maße zu. So wurden in einer Analyse von 64 polizeilichen Facebook-Seiten im Jahr 2016 lediglich zwei Seiten gefunden, die Besucherkommentare zuließen (Johann/Oswald 2017), wobei vor allem Polizeipräsenzen in „bevölkerungsreichen

---
[16] Wikipedia (2018): List of social networking websites. Verfügbar unter: en.wikipedia.org/wiki/List_of_social_networking_websites [Zugriff: 26.01.2018].
[17] WeAreSocial (24.01.2017): Digital in 2017. Global Overview. Verfügbar unter: wearesocial.com/special-reports/digital-in-2017-global-overview [Zugriff: 01.06.2017].

Städte(n) im Vergleich zu jungen und regionalen Polizeipräsenzen eine gesteigerte Dialogorientierung aufweisen" (ebd., 33). Johann und Oswald fanden zudem einen signifikanten Zusammenhang zwischen der Dialogorientierung polizeilicher Facebook-Seiten und der Quantität der Nutzerinteraktion. Dies weist darauf hin, dass Angebote für Interaktionen, falls vorhanden, von Bürgern durchaus aufgegriffen werden. Auf Twitter sind solche Interaktionen häufig zu beobachten. Beispiele dafür sind in Abbildung 6 zu finden.

Die Beispiele in Abbildung 6 zeigen auch einen anderen Trend in der polizeilichen Kommunikation, nämlich den einer zunehmenden Informalität in der Interaktion und Kommunikation. Soziale Medien werden generell mit einem informellen Kommunikationsstil in Verbindung gebracht. Dies lässt sich auch in polizeilichen Angeboten feststellen. Zahlreiche Posts beinhalten Emoticons, humorvolle Bilder und Kommentare und sind in informeller Weise formuliert. Dies bedeutet eine Abkehr von dem anfänglich vorherrschenden formellen Stil sowie der ursprünglich vorwiegend uni-direktionalen Kommunikation (Polizei zu Bürger) in der polizeilichen sozialen Mediennutzung.

Die Wahl zwischen einem eher formellen, wenig interaktiven Stil versus einem informellen, interaktiven Stil ist im Wesentlichen eine Frage der Positionierung, denn beide Stile haben ihre Vor- und Nachteile. Ein sehr formaler Stil kann auf der einen Seite als „bürgerfern" empfunden werden, signalisiert auf der anderen Seite aber auch die Rolle der Polizei als Staatsmacht und kann damit das Vertrauen in deren Autorität und Kompetenz festigen. Ein informeller Stil macht Polizeien vermutlich ‚nahbarer' und gibt ihnen ein menschliches Gesicht, kann aber auch zu einem Verlust von Glaubwürdigkeit und Vertrauen führen (Denef et al. 2013).

Die Wahl zwischen dem einen oder anderen Ansatz kann situationsabhängig sein (z.B. bei Reaktionen auf humorvolle Bürgerkommentare, die vermutlich selbst etwas informeller ausfallen dürfen, versus Zeugenaufrufe oder Warnhinweise während Krisensituationen). Stilunterschiede können auch helfen, unterschiedliche Account-Formen voneinander abzugrenzen, so etwa organisationale von individuellen Accounts.

Soziale Medien in der Polizeiarbeit

Abbildung 6: Informalität und Interaktivität in sozialen Medien (links: Twitter Polizei Hannover; Mitte: Twitter Polizei Berlin; rechts: Twitter Polizei München[18])

4.3. Account-Formen

Allgemein lassen sich drei Formen polizeilicher Accounts unterscheiden:
1. *Organisationale Accounts:* Posten im Namen einer ganzen Organisation (z.B. Mittelhessen: @Polizei_MH, Chile: @policieafederal, flickr-Account Police Nationale, Frankreich[19])
2. *Individuelle Accounts*: durch Individuen meist unter eigenem Namen betrieben (z.B. *@wijkagentBuis*: Account Henk Buis, Polizei Amelo, Niederlande; @cwags28: Account des Polizeipräsidenten Christoph Wagner, Denville Police, USA)
3. *Themenspezifische Accounts:* Posten zu spezifischen Themen (z.B. Polizeihelikopter in den Niederlanden: @DePolitieheli; *@TerrorismPolice* in Großbritannien)

Deutsche Polizeien nutzen vorrangig organisationale Accounts und in geringerem Umfang themenspezifische Angebote (Bayerl/Rüdiger 2017). Erst seit 2017

---

[18] Polizei Hannover (18.01.2018): Ach so @hannover – Bis wann geht denn der sportlich-windige Wettbewerb?, Twitter-Post. Verfügbar unter: twitter.com/Polizei_H/status/954028083996176385;
Polizei Berlin (16.01.2018): Die #fashionweekberlin wirft auf unserem #A64 ihre Schatten voraus, Twitter-Post. Verfügbar unter: twitter.com/polizeiberlin/status/953190124149493760;
Polizei München (14.12.2017): Zwar ohne Lichtschwerter im Einsatz, dafür aber für die helle Seite der Macht unterwegs, Twitter-Post. Verfügbar unter: twitter.com/PolizeiMuenchen/status/941287465234595841 [Zugriff: 26.01.2018].
[19] Flickr-Account Police Nationale. Verfügbar unter: flickr.com/photos/81930680@N05/ [Zugriff: 20.01.2018].

gibt es erste Auftritte von einzelnen Personen. Einen anderen Ansatz haben schon sehr früh Polizeien in Großbritannien und den Niederlanden verfolgt. In beiden Ländern waren von Anfang an individuelle Accounts zu finden, etwa Auftritte von Mitgliedern der *neighborhood police* oder *wijkpolitie*, d.h. PolizistInnen, die Verantwortung für spezifische Gebiete übernehmen. Diese sind namentlich und oft auch mit eigenem Bild vertreten (vgl. Abbildung 7).

Abbildung 7: Beispiele individueller Accounts (links: Niederlande; rechts: USA[20])

Als Zwischenbilanz lässt sich ziehen, dass die Präsenz deutscher Polizeien deutlich zugenommen hat, aber allgemein noch immer relativ gering ausfällt – zumindest im internationalen Vergleich. Dies zeigt sich vor allem an der Anzahl der Angebote (Anzahl der Accounts, gewählte Plattformen/Services), in geringerem Ausmaß auch an der Art der Verwendungsweisen und dem Grad an Interaktivität.

5. Gefahren fehlender Polizeipräsenz

Das Fehlen einer sichtbaren Polizeipräsenz kann dazu führen, dass andere diese Lücke füllen – nicht nur, dass Accounts auftauchen, die unter dem Namen von Polizeibehörden laufen, aber nicht von diesen betrieben werden (vgl. der Fall eines Kriminellen in Miami Beach 2017[21]), sondern auch dass Bürger selbst versuchen, Straftaten aufzuklären oder Verdächtige zu finden. Diese Tendenz

---

[20] Twitter-Account Henk Buis. Verfügbar unter: twitter.com/WijkagentBuis; Twitter-Account Shelley Zimmerman. Verfügbar unter: twitter.com/ChiefZimmerman [Zugriff: 27.01.2018].

[21] Miami New Times (05.10.2017): Miami Beach Police arrest man for making parody police twitter account. Verfügbar unter: http://www.miaminewtimes.com/news/man-arrested-for-parody-police-twitter-account-in-miami-beach-9725564 [Zugriff: 28.03.2018].

zur digitalen Selbstjustiz wird als Vigilantismus und „do-it-yourself policing" beschrieben (Huey et al. 2012) und ist keinesfalls unproblematisch. Ein bekanntes Beispiel ist der Chatbot Sweetie, der durch *Terre des Hommes* eingesetzt wird, um die sexuelle Ausbeutung von Kindern zu verhindern. Die erste Aktion 2013 führte nach eigenen Angaben innerhalb von zwei Monaten zu 1,000 identifizierbaren Kontakten und fünf Verurteilungen in Australien, Belgien, Dänemark und England[22]; die Aktion wird nach Angaben von *Terre des Hommes* in anderer Form als Sweetie 2.0 weitergeführt.[23] Eine Analyse rechtlicher Aspekte wirft unter anderem Fragen der Anstiftung zu einer Straftat (entrapment) auf (Schermer et al. 2016). Die Suche nach möglichen Tätern in sozialen Medien und die öffentliche Beschuldigung von Unschuldigen nach den Boston Marathon Bombenanschlägen (Starbird et al. 2015) oder dem Selbstmord Amanda Todds (Robertz/Rüdiger 2012) sind andere bekannte Fälle, die die Problematik von „do-it-yourself policing" beleuchten.

Wie Rüdiger (2017) betont, kann die sichtbare Polizeipräsenz in sozialen Medien wichtige Funktionen erfüllen; zum einen für die Sanktionierung von Normüberschreitungen, zum anderen für die Prävention von und dem Schutz vor Straftaten. In Übertragung der Broken-Windows-Hypothese auf den Online-Raum argumentiert er, dass die mangelnde Präsenz der Polizei einen „rechtsfreien Raum" kreiert, der das Begehen von Straftaten ermöglichen bzw. in dem die präventive Wirkung der Polizei sich nicht entfalten kann. Dies führe zu einer höheren Bereitschaft zur Begehung und womöglich auch zu einer höheren Inzidenz von Straftaten. Eine größere Präsenz der Polizei im digitalen Raum, und vor allem auch in den sozialen Medien, sei deshalb dringend geboten.

Soziale Medien sind Orte, an denen Bürger regelmäßig mit problematischem Verhalten konfrontiert werden. Gemäß einer Studie für den deutschsprachigen Raum sahen sich zwei Drittel aller befragten Nutzer und sogar 91% der 14- bis 27-Jährigen bereits mit Hatespeech konfrontiert (Landesanstalt für Medien Nordrhein-Westfalen 2016). Ein anderes Problemfeld sind sexuelle Belästigungen und spezieller das Grooming von Kindern und Jugendlichen – häufig in Online-Spielen – und gerade in solchen, die gezielt für Kinder angeboten werden (Rüdiger 2015; 2017). So berichteten etwa 6% der befragten Mädchen und 2% der befragten Jungen von digitalen Viktimisierungen durch sexuelle Belästigungen u.a. in Online-Spielen (Neutze/Osterheide 2015). Diese Zahlen ma-

---

[22] Terre des Hommes (o.J.): Sweetie. Het gezicht van Webcam Kindersekstoerisme. Verfügbar unter: www.terredeshommes.nl/sweetie1 [Zugriff: 27.01.2018].
[23] Terre des Hommes (o.J.): Sweetie 2.0: Stop Webcam Child Sex. Verfügbar unter: www.terredeshommes.nl/en/programmes/sweetie-20-stop-webcam-child-sex [Zugriff: 27.01.2018].

chen deutlich, warum eine breitere Polizeipräsenz in sozialen Medien gefordert wird.

Wie oben bereits erwähnt, gab es in den Niederlanden Ansätze der Polizei, in solchen Online-Welten sichtbar zu sein und aktiv mitzuwirken. Diese Ansätze sind vielversprechend, da sie es Kindern und Jugendlichen ermöglichen, beim Auftreten von Problemen auf einfache Weise mit der Polizei in Kontakt zu treten, und mit PolizistInnen zu kommunizieren, die die Logik dieser Welten verstehen. Dies ist arbeitsintensiv und verlangt einen langfristigen, oft jahrelangen Einsatz einzelner Mitarbeiter in eng umschriebenen Online-Umgebungen, kann aber äußerst effektiv sein, wenn es um den Kontakt mit Gruppen (z.B. Kindern und Jugendlichen) geht, die für die Polizei oft schwer zu erreichen sind.

6. Rahmenbedingungen für die polizeiliche Nutzung als mögliche Gründe für die Zurückhaltung

Die Zurückhaltung deutscher Polizeien in den sozialen Medien wird häufiger negativ kommentiert, besonders im internationalen Vergleich mit Ländern wie den Niederlanden, Großbritannien oder den USA. Diese Zurückhaltung kann aber durchaus nachvollziehbare Gründe haben; sie reichen von organisationalen Aspekten (etwa Ressourcen, Ausbildung, Organisationskultur oder Training; vgl. Kunze 2017, Löbbecke 2017, Möllers 2017) über gesellschaftliche Erwartungen und technologische Veränderungen bis hin zu rechtlichen Rahmenbedingungen. Zusammen schaffen diese ein Spannungsfeld, das beeinflusst, was möglich, erwünscht und erlaubt ist, das jedoch nicht immer einfach zu navigieren scheint. Dieses Spannungsfeld ist komplex, weshalb ich im Folgenden nur drei Aspekte beispielhaft beleuchten werde.

6.1. Gesellschaftliche Erwartungen

Eine internationale Befragung von Accenture aus dem Jahr 2014 deutet auf internationale Unterschiede in den Erwartungen von Bürgern hinsichtlich der polizeilichen Nutzung sozialer Medien hin (Accenture 2014). Allgemein scheinen Bürger polizeilichen Medienangeboten gegenüber positiv eingestellt zu sein: 82% der Befragten nahmen an, dass Online-Tools helfen können, Polizeidienstleistungen zu verbessern und immerhin 79% wünschen sich digitale Interaktionsmöglichkeiten mit der Polizei neben den herkömmlichen Kontaktmöglichkeiten oder bevorzugen erstere sogar. Allerdings scheinen deutsche Bürger weniger enthusiastisch als etwa Bürger in den Niederlanden, Spanien, Frankreich oder Singapur zu sein. 68% der deutschen Befragten gaben an, dass Online-

Angebote Polizeidienstleistungen verbessern, verglichen mit 80% in Frankreich, 83% in den Niederlanden und 92% in Spanien. Die Erwartungen deutscher Teilnehmer hinsichtlich einer digitalen Präsenz der Polizei waren ebenfalls niedriger: 67% gegenüber 80% in den Niederlanden, 81% in Spanien und 85% in Singapur.

Eine neuere Studie über Nichtanzeigegründe digitaler Straftaten zeigt zudem, dass in Deutschland bei 20% aller Nichtanzeigen Zweifel an der Befähigung der Polizei zugrunde liegen, den Fall aufzuklären; d.h. die Polizei wird als „nicht qualifiziert im Zusammenhang mit strafrechtlich relevanten IT-Problemen angesehen" (Triest 2017, 136).

Es ist anzunehmen, dass die öffentliche Akzeptanz und die Erwartungen hinsichtlich der sozialen Mediennutzung durch die Polizeien zunimmt; nicht nur, weil sich Dienstleistungsansprüche verändern (Eriksson 2010), sondern auch in dem Maße, in dem sich die Präsenz in sozialen Medien zu einem normalen Bestandteil polizeilicher Kommunikation entwickelt. Derzeit jedoch scheint die relative Zurückhaltung deutscher Polizeibehörden noch Hand in Hand zu gehen mit den (vergleichsweise) geringeren Erwartungen in der deutschen Öffentlichkeit.

6.2. Technologische Veränderungen

Soziale Medien und deren Popularität verändern sich schnell. So hat die Popularität von Facebook unter Jugendlichen kontinuierlich abgenommen, während der größte Facebook-Zuwachs in den letzten Jahren von älteren Nutzern kommt (Greenwood et al. 2016). Ähnliche Verschiebungen haben sich über die Jahre auch für andere Dienste gezeigt (z.B. das früher äußerst populäre soziale Netzwerk MySpace oder die virtuelle Welt „Second Life").

Solche regelmäßigen Veränderungen bedeuten, dass polizeiliche Angebote auf Nutzer-Bewegungen reagieren müssen, wenn sie relevant bleiben wollen, da eine mangelnde Reaktion auf Wanderungen von Nutzern zu neuen Plattformen dazu führen kann, dass Angebote langfristig irrelevant werden oder nur noch reduzierte Nutzergruppen erreichen. Wie bereits oben angedeutet (vgl. Abschnitt 4.1), sind Messenger und Online-Spiele bedeutende Plattformen für große Teile der deutschen Bevölkerung, auf denen Polizeien derzeit nur bedingt oder fast gar nicht vertreten sind (noch gar nicht zu reden von Dating-Diensten wie Tinder oder Video-Diensten für Gaming wie Twitch).

Relevant zu bleiben, d.h. den regelmäßigen ‚Wanderbewegungen' von Bürgern in sozialen Medien zu folgen, erfordert organisationale Flexibilität und Ressourcen. Das Aufbauen einer vertrauten Präsenz nimmt Zeit und Personal in Anspruch, neue Techniken und Kompetenzen müssen erlernt und in organisationale Prozesse eingefügt werden und in der Übergangsphase müssen alte und neue Präsenzen parallel betrieben werden. Außerdem ist es anfangs oft schwer zu sehen, welche Dienste sich durchsetzen oder nach kurzer Zeit wieder aus dem Rampenlicht verschwinden (Wer erinnert sich heute noch an die App Yo!?). Eng verbunden mit dieser Flexibilität ist auch die Frage nach der Anzahl der Angebote und Dienste, in denen Polizeien vertreten sein sollten und können. Die große Anzahl an sozialen Medien-Diensten[24] macht ein flächendeckendes Angebot unmöglich. Eine eher „konservative" Haltung, was die Flexibilität und die Breite polizeilicher Angebote in sozialen Medien angeht, mag darum nicht unbedingt verwundern.

6.3. Rechtliche Rahmenbedingungen

Rechtliche Bedenken stehen häufig im Vordergrund, wenn es um die Formen polizeilicher Nutzung der sozialen Medien geht. Eine umfangreiche Analyse dieses Themenfeldes wurde vor Kurzem von Krischok (2017) vorgelegt, in der die juristischen Möglichkeiten und Einschränkungen detailliert beleuchtet werden. So stellt sie unter anderem fest, dass bereits die Eröffnung und Aufrechterhaltung eines Diskussionsforums oder von Kommentarfunktionen auf Facebook eine Rechtsverletzung darstellen können. Außerdem kann „bei Kommentaren von Dritten die Polizeibehörden eine zivilrechtliche Haftung treffen" (Krischok 2015, 247), während die Löschung von Kommentaren Dritter das Recht auf Meinungsfreiheit aus Art. 5 Abs. 1 S. 1 GG verletzen kann.

Auch eigene Kommentare durch Polizeien können Probleme aufwerfen, wenn sie das Neutralitätsgebot verletzen. Wie Krischok schreibt, ist es *„kein legitimes Ziel der Nutzung der sozialen Medien durch die Polizei, die Deutungshoheit zurück zu erlangen. [...] Die Deutung zivilgesellschaftlicher Organisationsformen durch die Polizei ist weder im Versammlungsrecht noch in der Verfassung vorgesehen. Die öffentliche Meinungsbildung, die in Demonstrationen einen besonderen Ausdruck bekommt, hat ohne eine Beteiligung der Polizeibehörden zu erfolgen."* (245)

In Deutschland gilt weiterhin das Legalitätsprinzip, d.h. die Verpflichtung, jede Anzeige zu verfolgen (im Gegensatz zu anderen Ländern, etwa den Niederlanden, wo gemäß dem Opportunitätsprinzip eine Art Wahlmöglichkeit besteht). Wenn jede (potentielle) Straftat verfolgt werden muss, heißt das im Prinzip, dass Polizeien auch auf jeden Hinweis in sozialen Medien reagieren müssen; d.h. jeder Kommentar könnte theoretisch zur Verfolgung verpflichten. Angesichts der Masse an möglichen Kommentaren, Postings and Reaktionen kann

---

[24] Wikipedia (2018): List of social networking websites. Verfügbar unter: en.wikipedia.org/wiki/List_of_social_networking_websites [Zugriff: 26.01.2018].

man sich vorstellen, dass dies schnell zu einer unmöglichen Aufgabe wird (Rüdiger/Bayerl 2017).

Dies sind nur zwei Beispiele für die komplexe und häufig unklare rechtliche Lage in Bezug auf Inhalte und Interaktionen in sozialen Medien, die die Verunsicherung auf polizeilicher Seite durchaus verständlich erscheinen lässt. Die Zurückhaltung von Polizeien in sozialen Medien erscheint in dieser Hinsicht fast als weise Entscheidung. Auch Plädoyers, die eine Erneuerung und Klärung der derzeitigen Rechtslage fordern, sind im Angesicht dieser Situation nachvollziehbar (Krischok 2017; Rüdiger/Bayerl 2017).

7. Schlussbemerkung

Soziale Medien sind in den letzten Jahren ein fester Bestandteil polizeilicher Arbeit in Deutschland geworden. Dennoch ist das Ausmaß polizeilicher Präsenz in Deutschland weniger umfangreich als in manch anderen Ländern, die als Vorreiter bei der Nutzung sozialer Medien gelten können (z.B. Großbritannien, USA oder die Niederlande), und auch weniger umfangreich als wünschenswert (etwa hinsichtlich der oben diskutierten Bedeutung von Online-Spielen; s.a. Rüdiger/Bayerl 2017). Wie oben skizzenhaft angedeutet, hat dies durchaus gute Gründe – von organisationalen Rahmenbedingungen über soziale Erwartungen bis hin zu rechtlichen Beschränkungen. So sind deutsche Polizeien an andere Rahmenbedingungen gebunden als Polizeien in manch anderen Ländern, was den direkten Vergleich über Ländergrenzen hinweg problematisch macht. Dies reduziert jedoch nicht die Notwendigkeit eines Dialogs über die weitere Entwicklung und Form polizeilicher Angebote in sozialen Medien.

Was genau die Effekte einer breiteren polizeilichen Präsenz in sozialen Medien sein würden, lässt sich schwer vorhersagen und es gibt derzeit wenig konkrete Untersuchungen hierzu. Bisherige Erfahrungen zeigen jedoch, dass Bürger polizeiliche Angebote gerne akzeptieren – und inzwischen auch erwarten. Positive Erfahrungen gibt es auch in Krisensituationen, in denen schnelle und gezielte Informationen auf Polizei-Accounts Gerüchten und Falschmeldungen entgegenwirken können (z.B. während des Anschlags 2016 in Berlin[25]). Das Fehlen polizeilicher Präsenz birgt im Gegensatz dazu die Gefahr der Entstehung eines „rechtsfreien Raumes" (Rüdiger 2017) und verstärkt potentiell Tendenzen für Selbstjustiz und Vigilantismus. Die bisherige Fokussierung auf einige wenige Plattformen (d.h. die geringe Präsenz außerhalb der „großen Drei" Twitter, YouTube und Facebook) und die damit verbundene, beschränkte Bandbreite

---

[25] Welt (20.12.2016): Berliner Polizei setzt in der Krise auf Twitter. Verfügbar unter: www.welt.de/vermischtes/article160470693/Berliner-Polizei-setzt-in-der-Krise-auf-Twitter.html [Zugriff: 28.01.2018].

derzeitiger Angebote führt weiterhin dazu, dass die Polizei für vielfältige Bevölkerungsgruppen und in vielen Situationen in den sozialen Medien nicht erreichbar ist.

Als Hauptproblem scheint mir, dass soziale Medien bisher vor allem als Medium gesehen werden, in dem Polizeien kommunizieren und Informationen sammeln oder vermitteln, oder als Instrument der Beziehungsbildung. Sie bleiben also ein „Kanal" – anstelle einer Lebenswelt, in der sich Millionen von Bürgern täglich bewegen, in der sie Beziehungen pflegen, sich amüsieren, arbeiten, sich politisch engagieren, ihre Streits austragen, und dabei auch mit problematischen Verhaltensweisen in Berührung kommen oder diese selbst initiieren.

Die Frage ist, wie die Polizei Teil dieser digitalen Lebenswelt werden kann – in ähnlicher Weise wie sie bereits Teil unserer ‚Offline'-Welt ist (wobei diese Unterscheidung mittlerweile als Klischee gelten muss, da *online* und *offline* längst keine getrennten Bereiche mehr sind). „Soziale Medien in der Polizeiarbeit" ist deshalb vielleicht ein schlecht gewählter Titel und sollte wahrscheinlich durch „Polizeiarbeit in sozialen Medien" ersetzt werden. Ein normaler Bestandteil der Lebenswelt in den sozialen Medien zu werden, ist meiner Ansicht nach die Herausforderung, der sich deutsche Polizeien nun stellen müssen.

Literatur

Bayerl, Petra Saskia / Rüdiger, Thomas-Gabriel (2017): Soziale Medien in der polizeilichen Arbeit. In: Stierle, Jürgen / Wehe, Dieter / Siller, Helmut (Hrsg.): Handbuch Polizeimanagement, Wiesbaden: Springer, 919-943.
Broekman, Carlijn / Vries de, Arnout / Huis in 't Veld, Mirjam / Mente, Roy / Kerstolt, Jose (2016): Social media: Facilitator and stimulator of community policing. In: Bayerl, Petra Saskia / Karlovic, Ruza / Akhgar, Babak / Markarian, Garik (Hrsg.): Community Policing – A European Perspective, Cham: Springer, 167-192.
De Haan, Rick (2017): Dutch Police on Social Media, DIY Policing Workshop, Berlin. Verfügbar unter: media4sec.eu/downloads/d4-1.pdf, Zugriff: 27.01.2018.
Denef, Sebastian / Bayerl, Petra Saskia / Kaptein, Nico (2013): Social media and the police – Practices of British police forces during the August 2011 Riots. In: Proceedings of the SIGCHI Conference on Human Factors in Computing Systems (CHI '13), Paris, 3471-3480.

Denef, Sebastian / Kaptein, Nico / Bayerl, Petra Saskia / Ramirez, Leonardo (2012): Best Practice in Police Social Media Adaptation. Composite Project.

Eriksson, Mats (2010): Conceptions of emergency calls: Emergency communication in an age of mobile communication and prevalence of anxiety. In: Journal of Contingencies and Crisis Management, 18(3), 165-174.

Foster, Julian (2016): Social media in policing: How far have we come? Policing insight. Verfügbar unter: https://policinginsight.com/analysis/social-media-policing-far-come/, Zugriff: 22.01.2018.

Greenwood, Shannon / Perrin, Andrew / Duggan, Maeve (2016): Social Media Update 2016, PEW Research Center.

Huey, Laura / Nhan, Johnny / Broll, Ryan (2012): 'Uppity civilians' and 'cyber-vigilantes': The role of the general public in policing cyber-crime. In: Criminology and Criminal Justice, 13(1), 81-97.

Krischok, Heike (2017): Das Internet in der polizeilichen Gefahrenabwehr. In: Rüdiger, Thomas-Gabriel / Bayerl, Petra Saskia (Hrsg.): Digitale Polizeiarbeit, Wiesbaden: Springer, 237-256.

Kunze, Dirk (2017): Basiskompetenzen im Bereich Cybercrime und digitale Spuren. In: Rüdiger, Thomas-Gabriel / Bayerl, Petra Saskia (Hrsg.): Digitale Polizeiarbeit, Wiesbaden: Springer, 161-182.

Landesanstalt für Medien Nordrhein-Westfalen (2016): Ethik im Netz – Hate Speech. Verfügbar unter: http://www.lfm-nrw.de/service/pressemitteilungen/pressemitteilungen-2016/2016/juni/der-hass-im-netz-ist-zum-gesamtgesellschaftlichen-problem-geworden.html, Zugriff: 20.01.2018.

Löbbecke, Peter (2017): Polizei und Social Media: Was beschäftigt angehende Polizist/inn/en? In: Rüdiger, Thomas-Gabriel / Bayerl, Petra Saskia (Hrsg.): Digitale Polizeiarbeit, Wiesbaden: Springer, 183-202.

Möllers, Martin (2017): Die Interaktion zwischen Mensch und Computer – Chancen und Nutzen für Bürgerinnen und Bürger, für Polizeibehörden und das Polizeiverwaltungsverfahren. In: Rüdiger, Thomas-Gabriel / Bayerl, Petra Saskia (Hrsg.): Digitale Polizeiarbeit, Wiesbaden: Springer, 39-64.

Neutze, Janina / Osterheide, Michael (2015): MIKADO Studie. Verfügbar unter: http://www.mikado-studie.de/index.php/103.htm, Zugriff: 20.01.2018.

Robertz, Frank / Rüdiger, Thomas-Gabriel (2012): Die Hacktivisten von Anonymous – Der schmale Grat zwischen guter Absicht und Selbstjustiz. In: Kriminalistik, 66(2), 79-84.

Rüdiger, Thomas-Gabriel (2015): Der böse Onkel im virtuellen Schlaraffenland – Wie Sexualtäter Onlinegames nutzen. In: Rüdiger, Thomas-Gabriel / Pfeiffer, Alexander (Hrsg.): Game! Crime?, Frankfurt: Verlag für Polizeiwissenschaft, 142-164.

Rüdiger, Thomas-Gabriel (2017): Das Broken Web: Herausforderung für die Polizeipräsenz im digitalen Raum. In: Rüdiger, Thomas-Gabriel / Bayerl, Petra Saskia (Hrsg.): Digitale Polizeiarbeit, Wiesbaden: Springer, 257-301.

Rüdiger, Thomas-Gabriel / Bayerl, Petra Saskia (2017): Soziale Medien – Anbruch eines neuen Zeitalters polizeilicher Arbeit? In: Kriminalistik, 1-2, 4-12.

Rüdiger, Thomas-Gabriel / Pfeiffer, Alexander (Hrsg.) (2015): ‚Game! Crime?', Frankfurt: Verlag für Polizeiwissenschaft.

Schermer, Bart / Georgeva, Ilina / van der Hof, Simone / Koops, Bert-Jan (2016): Legal Aspects of Sweetie 2.0. Bericht Tilburg University, Faculty of Law. Verfügbar unter: https://www.terredeshommes.nl/sites/tdh/files/uploads/2016_10_03_sweetie_legal_aspects_report.pdf, Zugriff: 30.01.2018.

Starbird, Kate / Maddock, Jim / Orand, Mania /Achterman, Peg / Mason, Robert (2014): Rumors, False Flags, and Digital Vigilantes: Misinformation on Twitter after the 2013 Boston Marathon Bombing, iConference 2014, Conference Paper, Berlin.

Triest, Daniel (2017): Die Polizei als Filter der Anzeige digitaler Straftaten – Am Beispiel Niedersachsen. In: Rüdiger, Thomas-Gabriel / Bayerl, Petra Saskia (Hrsg.): Digitale Polizeiarbeit, Wiesbaden: Springer, 129-146.

Wilken, Oliver (2016): The gaming industry in Germany, GTAI, Berlin. Verfügbar unter: www.gtai.de/GTAI/Content/EN/Invest/_Shared Docs/Downloads/GTAI/Fact-sheets/Business-services-ict/fact-sheet-gaming-industry-en.pdf, Zugriff: 20.01.2018.

Psychologie der Sicherheitskommunikation. Ansatzpunkte für kommunikatives Handeln zur Herstellung von Sicherheit

Birgitta STICHER

Unter Sicherheitskommunikation wird das kommunikative Handeln verstanden, das zur Herstellung von Sicherheit beiträgt – und zwar bezogen auf den gesamten Prozess der Erzeugung von Sicherheit vor, während und nach einer Krise (Rush 2015, 18). Somit umfasst Sicherheitskommunikation sowohl die Risiko- als auch die Krisenkommunikation. Dieser ganzheitliche Ansatz der Sicherheitskommunikation ist unter dem Namen CERC–Modell bekannt und steht für „Crisis and Emergency Risk Communication" (Reynolds/Seeger 2005). Diesem Modell liegt die Erkenntnis zu Grunde, dass Risiko- und Krisenkommunikation vielfach miteinander verbunden sind: Wie der Kommunikator mit Menschen in der Krise kommuniziert und wie diese auf die kommunikative Handlung reagieren, hat mit der Art und Weise der Kommunikation vor der Krise zu tun. Die grundsätzlichen Gestaltungsprinzipien der Kommunikation gelten – trotz der Besonderheiten der Krisenkommunikation – für den gesamten Prozess: „Krisenkommunikation ist Risikokommunikation unter erschwerten Bedingungen" (Wiedemann/Carius 2000, 65).

Im Folgenden soll in bewusst einfacher Art und Weise für die Akteure der Sicherheitskommunikation dargelegt werden, welche Erkenntnisse der Psychologie wichtig sind, um die Kommunikation wirkungsvoll zu gestalten. Das Reden über Sicherheitskommunikation soll selbst den Kriterien entsprechen, die für die Sicherheitskommunikation mit der Bevölkerung wichtig sind: Es sollen verständliche und richtige Informationen gegeben werden, die auf die Bedarfslage der Adressaten Bezug nehmen. Folglich ist die vereinfachte, durch Veranschaulichungsmaterial unterstützte Darstellung wissenschaftlicher psychologischer Erkenntnisse wichtig und legitim, damit die Akteure daraus konkrete Anhaltspunkte für die Gestaltung der Sicherheitskommunikation ableiten können.

Die Psychologie beschäftigt sich mit dem menschlichen Denken, Wollen, Fühlen und Verhalten und konzentriert sich dabei auf den einzelnen Menschen. Dieser ist aber nur zu verstehen, wenn seine Einbettung in das soziale Umfeld berücksichtigt wird. Bezogen auf das Thema der Kommunikation steht folglich die Verarbeitung von Informationen durch das Individuum im Fokus der Aufmerksamkeit. Das Individuum tritt sowohl als Sender als auch als Empfänger von Informationen in Erscheinung.

Die Art, wie wir miteinander kommunizieren, hat sich durch das Internet und die Verfügbarkeit von mobilen Endgeräten rasant verändert. Trotz dieses Wandels ist aber die grundsätzliche Funktionsweise des menschlichen Denkens, Erlebens und Verhaltens relativ konstant geblieben. Und um dieses „menschliche Funktionieren", das von den Akteuren zur Gestaltung der Sicherheitskommunikation berücksichtigt werden sollte, geht es in den folgenden Ausführungen.

Die erste einfache und grundlegende Aussage über die menschliche Funktionsweise lautet: Menschen haben ein elementares Bedürfnis nach Information. Information ermöglicht es ihnen, sich zu orientieren und ihr Handeln entsprechend auszurichten. Wir alle können deutlich mehr aushalten, wenn wir wissen, woran wir sind, als wenn wir durch Uninformiertheit wie Blinde umherirren (Sticher 2013; 2015). Ein einfaches Beispiel: Das Warnsystem „Kat-Warn"[1] sendet die SMS auf mein Handy: *„Stadt Berlin meldet: Warnung Extremwetterlage. Gültig vom 6.12.2016 7.30 – 10.00., Straßen und Schienenwege können unpassierbar sein."* Ausgehend von dieser Information kann ich mich entscheiden, ob ich zu Hause bleibe oder mich ggfs. durch die Wahl der Kleidung und des Fortbewegungsmittels auf die Situation vorbereite.

Ausgangspunkt der Beschäftigung mit der Psychologie der Sicherheitskommunikation ist das Grundmodell der Kommunikation: Es gibt einen Sender, von dem die Nachricht verfasst (codiert) und über ein Medium vermittelt wird und es gibt einen Empfänger, der diese Nachricht aufnimmt und entschlüsseln (decodieren) muss. Diese basale Aussage ist dem einfachen Kommunikationsmodell von Shannon und Weaver aus den 40er Jahren entnommen, das mit dem Ziel der Optimierung der Kommunikation im nachrichtentechnischen Sinn als Austausch von Informationen zwischen zwei Systemen, dem Sender und dem Empfänger, entwickelt wurde.

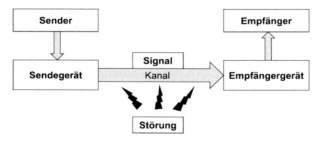

Abbildung 1: Das Kommunikationsmodell von Shannon und Weaver

---

[1] Webseite des Warnsystems KATWARN: https://www.katwarn.de/ [Zugriff: 06.10.2017].

Schulz von Thun (1981) hat dieses Modell auf die zwischenmenschliche Situation übertragen und erweitert. Sein bekanntes und für das Verstehen von Kommunikationsprozessen hilfreiches Modell der „vier Seiten einer Nachricht" besagt in Kurzform Folgendes:

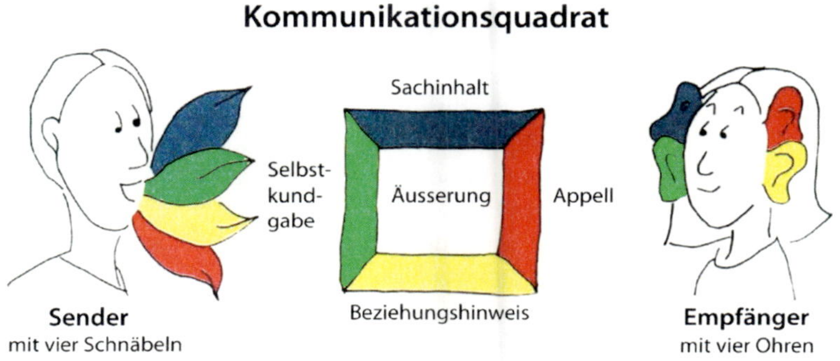

Kommunikationsquadrat

Sender mit vier Schnäbeln — Sachinhalt / Selbstkundgabe / Äusserung / Appell / Beziehungshinweis — Empfänger mit vier Ohren

Abbildung 2: Das Kommunikationsquadrat von Schulz von Thun (Verfügbar unter: https://schulz-von-thun.de/die-modelle/das-kommunikationsquadrat; Zugriff: 06.10.2017)

Die Nachricht, die vom Sender[2] ausgeht, hat vier Seiten. Der Sender sagt etwas (Sachinhalt); er gibt etwas von sich selbst kund (Selbstkundgabe); er sagt etwas über seine Beziehung zum Adressaten (Beziehungshinweis) und darüber, was er von dem Adressaten will (Appell). Der Empfänger nun entschlüsselt diese Nachricht. Hierbei hängt es (auch) von ihm ab, was er hört und mit welchem „Ohr" bzw. welchen Ohren er hört. Das heißt, dass das, was der Sender vermitteln will und das, was der Empfänger daraus macht, deutlich voneinander abweichen können. Indem der Empfänger seine Reaktion kundtut, wird er zum Sender.

Wichtig ist auch, dass diese Kommunikation eingebettet ist in einen spezifischen raumzeitlichen Kontext. Dieses Modell muss folglich mit einem „Rahmen" umgeben werden, der sich allerdings aus Sicht des Senders anders darstellen kann als aus der Sicht des Empfängers. Schulz von Thun et al. (2001, 59ff) hat dies in seinem Situationsmodell verdeutlicht, das die Vorgeschichte der Beteiligten, die aktuelle thematische Konstellation, die Rollen der Beteiligten sowie die angestrebten Ziele umfasst.

---

[2] Es wird darauf verzichtet, von „sendender Person und empfangender Person" zu sprechen. Mit dem Wort Sender und Empfänger sind Personen jeglicher Geschlechtszugehörigkeit gemeint.

Durch kommunikatives Handeln nimmt der Sender Einfluss auf die Wahrnehmung, die Gefühle und das Verhalten der Adressaten. Er versucht eine Wirkung zu erzeugen, die aber mit dem, was von ihm beabsichtigt war, nur mehr oder weniger übereinstimmt. Damit aber die gewünschte Wirkung zur Herstellung von Sicherheit erzielt werden kann, muss geklärt werden, welche Gestaltungsmöglichkeiten der Sender als Kommunikator hat. Unter Bezugnahme auf das Modell von Schulz von Thun wird deutlich, dass diese Einflussmöglichkeiten begrenzt sind. Aufklärung über Sicherheitskommunikation muss mit dieser Enttäuschung beginnen. Letztendlich bestimmt nicht der Sender, was mit seiner Nachricht geschieht, sondern der Empfänger. „Ich habe es doch gesagt" bedeutet lange noch nicht, dass es gehört und so wie gewünscht verstanden wurde. Jeder Mensch konstruiert seine Wirklichkeit, nimmt aus den verfügbaren Informationen nur selektiv bestimmte wahr und „baut" aus diesen Informationen sein persönliches Verständnis der Realität. Diese basale Erkenntnis der „Konstruktion von Wirklichkeit" widerspricht dem für Menschen charakteristischen Wunschdenken. Aus diesem Grund ist es notwendig, sich immer wieder bewusst zu machen, dass die subjektive Sicht von der Wirklichkeit keine Abbildung von Wirklichkeit darstellt, sondern das Ergebnis einer Konstruktion ist. Der Konstruktivismus sollte immer wieder Anstoß für eine kritische Selbstreflexion sein. Die subjektive Sicht von Wirklichkeit ist nur eine von vielen Wirklichkeitssichten und durchaus nicht immer die beste Wahl aus den bestehenden Möglichkeiten (vgl. Watzlawick, 1983).

Welche Möglichkeiten gibt es aber für den Kommunikator, trotz dieser Verunsicherung auf den Empfänger Einfluss zu nehmen, um die Wahrscheinlichkeit zu erhöhen, eine bestimmte Wirkung durch sein kommunikatives Handeln zu erzielen?

Die wichtigste Voraussetzung, um die Wahrscheinlichkeit des Gelingens zu erhöhen, ist die Anforderung an den Kommunikator, die Perspektive des Empfängers bzw. der Empfänger zu übernehmen. Hierzu ist es hilfreich zu verstehen, wie Menschen Risiken wahrnehmen. Die Faktoren, die die Risikowahrnehmung beeinflussen, sind umfangreich untersucht worden (z.B. Covello et al. 1988; Ruff 1993; Rohrmann 1997). Aus der Vielzahl der relevanten Aspekte sollen Folgende hervorgehoben werden, die eine besonders hohe Bedeutung haben. Personen, die mit einem Risiko oder einer Gefahr konfrontiert sind, fragen sich:

- Wie schätze ich das (möglicherweise auftretende oder eingetretene) Ereignis für mich und die mir wichtigen Personen ein?
- Wie schrecklich und irreversibel sind die mit dem Ereignis (möglicherweise oder de facto) verbundenen Folgen?

- Welche Möglichkeiten habe ich, diese Situation zu bewältigen? Verfügen ich und die mir nahestehenden Personen über die hinreichenden Ressourcen, aktiv auf das Geschehen einzuwirken?

Die Gefühle und das Verhalten der Menschen hängen, wie von Stresstheoretikern (z.B. Lazarus/Folkman 1984; Hobfoll 1988) eingehend untersucht wurde, von dem Ergebnis dieser Einschätzungen ab. Dies drückt Richard Lazarus prägnant aus, wenn er sagt: *„Stress is a postappraisal state"* (Lazarus 1990, 4). *Es ist nicht die Situation selbst, die die Reaktion auslöst. Jede Situation lässt sich verschieden deuten.*

Der beobachtbare bzw. wahrscheinlich eintretende Zustand und dessen mögliche Folgen können zudem auf verschiedene Ursachen zurückgeführt werden. Kommt die Person z.B. zu dem Ergebnis, dass die Situation mit den damit einhergehenden negativen Folgen *absichtlich* herbeigeführt worden ist und folglich auch hätte vermieden werden können, löst dies deutlich intensivere und negativere Gefühle aus, als wenn ein von Menschen nicht beeinflussbarer Auslöser diese herbeigeführt hat, wie dies z.B. bei einem Erdbeben der Fall ist. Die Bewertung der Kommunikation durch den Empfänger hängt folglich auch davon ab, wen oder was er für das Geschehen verantwortlich macht. Die Frage lautet: „Wer hat die Verantwortung für das Geschehen?" Ist diese Frage geklärt, folgt die Anschlussfrage: „Übernimmt der Kommunikator diese Verantwortung und ist bereit, die Konsequenzen zu tragen?".

Die Erkenntnis, dass die Ursachenzuschreibung (Attribution) der Empfänger für die Gestaltung des kommunikativen Handelns zu berücksichtigen ist, um die gewünschte Wirkung zu erzielen, wird in der Situation Crisis Communicative Theory (SCCT) von Coombs (2007) eingehend behandelt.

Das Gelingen des kommunikativen Aktes wird auch dadurch erschwert, dass dieser selten an einen einzelnen Adressaten gerichtet ist, sondern häufig an eine große Anzahl von Personen, die in unterschiedlichem Maße über materielle Ressourcen (Geld und Güter) und immaterielle Ressourcen (Netzwerk an Beziehungen, intellektuelle und soziale Kompetenzen sowie gesundheitliche Verfassung) verfügen. Gibt es Orientierungspunkte für die Gestaltung der Sicherheitskommunikation trotz dieser Verschiedenheit?

Die Antwort lautet: „Ja, es gibt diese Orientierungspunkte". Ein Exkurs soll diese Aussage verdeutlichen. Der Psychiater Manfred Bleuler (1903-1994) wurde von seinen Schülern gefragt, was es ist, das Menschen, die an Schizophrenie leiden, brauchen. Seine Antwort war überraschend einfach: Schizophrene Menschen brauchen das, was allen Menschen gut tut, z.B. eine klare Struktur, Orientierung, nicht zu viele auf sie einströmende Reize. Sie können - vor allem in einer akuten Krise - nur sehr viel schlechter damit umgehen, wenn diese Bedingungen nicht gegeben sind.

Die nun erfolgende Beschäftigung mit dem menschlichen Gehirn soll dazu beitragen, die Grundbeschaffenheit der Verarbeitung von Informationen zu klären, die für alle Menschen identisch ist. Hierzu wird auf das stark vereinfachte Modell des Gehirns von MacLean (1970) Bezug genommen. Er teilt das menschlichen Gehirn schematisch in drei große Bereiche ein, die sich im Prozess der Evolution immer mehr ausdifferenziert haben und sich in Anatomie und Funktion unterscheiden: das Reptiliengehirn, das Säugetiergehirn und das Denkhirn.

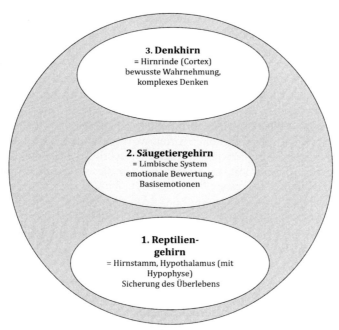

Abbildung 3: Das dreigeteilte Gehirn (eigene Darstellung)

Ad 1: Das sogenannte *Reptiliengehirn* ist der unterste, einfachste und älteste Teil des Gehirns. Es umfasst im Wesentlichen den Hirnstamm mit der *formatio reticularis*, die vor allem für unseren Wachheitszustand verantwortlich ist. Des Weiteren gehört anatomisch zum Reptiliengehirn, der Hypothalamus und die von ihm kontrollierte Hypophyse, die oberste Hormondrüse, die ihrerseits zahlreiche Hormonsysteme beeinflusst. Das Reptiliengehirn ist der Sitz der Kommandozentralen, die das Überleben sichern. Lebensnotwendige Funktionen wie Herzschlag, Kreislauf, vegetative Prozesse, die Darmtätigkeit etc. werden von hier meist ohne unsere bewusste Entscheidung gesteuert und in relativ stereotype Verhaltensweisen umgesetzt wie Wachsein oder Schlafen; Fliehen, Angreifen oder sich Totstellen (3 F = Flight, Fight, Freeze).

Ad 2: Das zweite nächst höher liegende Gehirn wird *Säugtiergehirn* genannt. Hier befinden sich die Schaltzentralen zwischen den Sinnesorganen sowie dem Denkhirn und dem Reptiliengehirn. Die anatomische Verortung des Säugetiergehirns ist das limbische System. Es ist Ursprung unserer dem Bewusstsein zugänglichen Grundgefühle und Stimmungen, insbesondere Furcht bzw. Angst, Wut, Freude und Trauer. Die enge Verbindung des limbischen Systems mit dem Reptiliengehirn sorgt dafür, dass z.B. bei erlebter Wut blitzschnell über die Ausschüttung von Stresshormonen das vegetative System (Reptiliengehirn) auf Angriff geschaltet wird. Das limbische System sorgt ebenfalls dafür, dass sich unser emotionales Erleben ohne bewusste Steuerung in Mimik, Gestik und Körperhaltung ausdrückt. Besonders hervorzuheben sind die zum limbischen System zählenden Seepferdchen (Hypocampus) und Mandelkerne (Amygdala). Deren Zusammenspiel ist für die Verknüpfung von Wahrgenommenem mit Gefühlen zuständig: Erste wichtige Lernprozesse werden gespeichert, Erfahrungen mit positiven oder negativen Gefühlen verknüpft.

Ad 3: Das Denkhirn bzw. das Großhirn bildet die dritte Ebene. Das Großhirn besteht aus zwei Hirnhälften, die sich im Laufe der Evolution spezialisiert haben; aber nur im Zusammenspiel der linken und rechten Hemisphäre entwickelt das Gehirn seine vollständigen Fähigkeiten. Hierbei kommt den Frontallappen des Großhirns (Stirnhirn) eine hohe Bedeutung zu. Die Großhirnrinde (Cortex) ist die äußere, an Nervenzellen (Neuronen) reiche Schicht des Großhirns. Hier entwickeln sich die höchsten Hirnfunktionen: das bewusste Verarbeiten von Sinnesreizen, die bewusste Steuerung der Bewegungsabläufe und Durchführung komplexer kognitiver Prozesse (abstraktes Denken, Problemlösung und Handlungsplanung). Beim Lernen werden aufbauend auf bereits bestehenden synaptischen Verbindungen der Nervenzellen neue Verbindungen geschaffen. Bezogen auf die Emotionen ist hervorzuheben, dass die diffusen Gefühle (Basis-Emotionen) nun differenziert wahrgenommen, bewusst erlebt und begrifflich benannt werden können. Komplexe Gefühle, die eine Kombination verschiedener Basisgefühle darstellen, wie dies z.B. bei den Emotionen Neid, Eifersucht, Liebe und Kränkung der Fall ist, haben hier ihren Ursprung. Denkleistungen ermöglichen es, stereotype Verhaltensmuster durch auf die Situation abgestimmte Reaktionen zu ersetzen. Der Gefühlsausdruck kann dadurch gemäßigt oder wirkungsorientiert verstärkt werden.

Für die Sicherheitskommunikation ist nun besonders wichtig zu wissen, dass beim Menschen die Informationsverarbeitung zwar parallel, aber in zwei Geschwindigkeiten verläuft. Am Beispiel der Emotion Furcht erläutert der Neurowissenschaftler LeDoux (1992; 2001) die schnelle und die langsame Informationsverarbeitung. Die Reize der Umwelt werden über die Sinnesorgane aufgenommen und zum Thalamus, dem Vorzimmer des Bewusstseins geleitet. Von dort aus geht die schnelle Informationsverarbeitung zum limbischen System (Säugetiergehirn) und die langsame Informationsverarbeitung zur Großhirnrinde (Denkhirn) und von dort aus zum limbischen System. Diese beiden Wege der Informationsverarbeitung sind auch auf die Entstehung anderer Emotionen übertragbar.

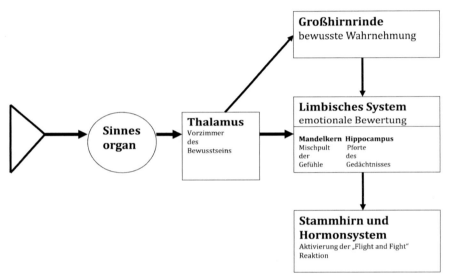

Abbildung 4: Der schnelle und der langsame Weg der Informationsverarbeitung (eigene Darstellung in Anlehnung an Abb. 2.2. von Hülshoff 2006, 38)

Die äußeren Reize bei der Sicherheitskommunikation sind der Kommunikator und dessen kommunikative Handlung in ihrer situativen Einbindung. Diese Reize werden vom Empfänger über die Sinnesorgane (Augen/ Ohren) aufgenommen und zum Thalamus geleitet. Vom Thalamus aus erfolgt in Millisekunden eine Weiterleitung an den Mandelkern bzw. die Mandelkerne, die Teile des limbischen Systems sind. (Es gibt einen Mandelkern in der linken und einen in der rechten Hemisphäre des Gehirns). Der Mandelkern (Amygdala) ist der *psychologische Wachposten*, der jede Wahrnehmung kritisch prüft. Die entscheidende Frage, die vom Wachposten gestellt wird, lautet: *„Ist das, was passiert, für mich gefährlich, bedrohlich?"* Wenn das der Fall ist, wird Alarm ausgelöst – und dieser Alarm erreicht das ganze Gehirn, setzt aber vor allem das Reptiliengehirn in Aktion. Um zu verstehen, wann Alarm ausgelöst wird, muss man wissen, dass im Mandelkern die emotionalen Erinnerungen gespeichert sind. Hierzu arbeitet der Mandelkern eng mit dem Hippocampus zusammen. Der Hippocampus merkt sich (zusammen mit Teilen der Gehirnrinde) die „nüchternen Fakten", aber der Mandelkern erinnert sich an die emotionale Bedeutung dieser Fakten. Gibt es in der neuen Situation Elemente, die an eine erlebte Gefahr erinnern, dann wird der Alarm ausgelöst. Wenn es sich um eine Erinnerung handelt, die als hoch bedrohlich gespeichert ist, wird sogar der Ausnahmezustand eingeleitet. Viele der gespeicherten Erinnerungen im Mandelkern gehen auf frühe bedeutungsvolle Kindheitserinnerungen zurück und sind deshalb sehr ungenau. Es handelt sich um diffuse Bedrohungsgefühle, die aber in der Regel einen engen Bezug zu wichtigen Beziehungspersonen aufweisen. LeDoux hat die neuronale Verbindung entdeckt, die direkt vom Thalamus zum Mandelkern führt und die eine Reaktion einleitet, noch ehe das Signal im denkenden Gehirn ankommt und differenziert verarbeitet wird. Erst im Denkhirn wird dann ein Plan für eine abgestimmte Handlung erarbeitet, die vielleicht auch darauf ausgerichtet ist, die schnelle erste Reaktion zu stoppen bzw. zu korrigieren. Allerdings sei an dieser Stelle erwähnt, dass die stärkste Verbindung vom Thalamus zu den Arealen des Cortex besteht. Der *Normalfall* sieht so aus, dass in den verschiedenen Zentren des Cortex die Informationen aufgenommen und gedeutet werden. In den Präfrontallappen (des Großhirns) werden diese Reaktionen geplant und unter Einbeziehung des Mandelkerns (und anderen Teilen des emotionalen Gehirns) ausgeführt. Goleman (1998, 48) formuliert das Zusammenspiel von Mandelkern und Großhirn folgendermaßen: *„Der Mandelkern schlägt vor, der Präfrontallappen entscheidet"*. Für unser Gefühlsleben sind wir auf das Zusammenarbeiten von Mandelkern und Präfrontallappen dringend angewiesen. Jede erlebte Gefährdung elementarer Bedürfnisse löst starke Unlustgefühle aus. Je stärker diese Unlustgefühle, desto stärker sind die Alarmreaktionen des Reptiliengehirns, desto ausgeprägter ist das Kampf- und Fluchtverhalten und desto schwieriger ist es für unser Denkhirn, die Führung zu übernehmen – es kann sogar zu einer totalen Denkblockade kommen.

Die Gestaltung der Sicherheitskommunikation muss diese parallele Informationsverarbeitung berücksichtigen. Statt Furcht oder Angst durch die Kommunikation auszulösen oder zu verstärken, muss durch das Auftreten des Kommunikators, dessen Erscheinungsbild sowie dessen Art des Sprechens, ein Eindruck entstehen, der unmittelbar Vertrauen auslöst und Beruhigung schafft.

Wie wichtig die schnelle Informationsverarbeitung für die Gestaltung der Sicherheitskommunikation ist, machen auch zwei bekannte Psychologen deutlich, auf die nun eingegangen werden soll. Es handelt sich um Robert Cialdini und Gerd Gigerenzer.

Das bereits 1997 erschienene Buch „Die Kunst des Überzeugens" ist inzwischen ein Klassiker der Psychologie. Cialdini stellt zu Beginn des Buches fest, dass Menschen, wenn sie motiviert und fähig sind, Informationen sorgfältig zu analysieren, dies mit hoher Wahrscheinlichkeit auch tun („controlled responding"). Er beschäftigt sich aber eingehend mit den Situationen, in denen dies nicht der Fall ist. Dann verlässt der Mensch sich auf das „automatic responding" oder „Klick-Surr-Mechanismen":

> *"Wir sind einfach nicht in der Lage, alle Menschen, Ereignisse und Situationen, mit denen wir es auch nur einen einzigen Tag zu tun haben, in allen Einzelheiten zu analysieren. Uns fehlt es dazu an Zeit, Energie und Kapazität. Stattdessen müssen wir uns häufig auf unsere Stereotype, unsere Faustregeln verlassen, um die Dinge anhand einiger weniger Schlüsselmerkmale einzuordnen und dann ohne nachzudenken zu reagieren, wenn bestimmte Auslösemerkmale vorhanden sind."* (Cialdini 2004, 27)

In seinem Buch stellt Cialdini sechs grundlegende psychologische Prinzipien dar, die die Basis für das „automatic responding" bilden und veranschaulicht diese anhand der Ergebnisse klassischer sozialpsychologischer Experimente und vieler Beispiele aus verschiedenen Lebensbereichen. Der Sicherheitskommunikator sollte diese Regeln kennen, wenn er durch seine kommunikativen Akte die Adressaten „beeinflussen" will. Es handelt sich dabei um die Prinzipien oder Regeln der Reziprozität, Konsistenz, sozialen Bewährtheit, Sympathie, Autorität und Knappheit, die kurz benannt werden sollen:

Regel der Reziprozität:
Menschen sind darum bemüht, anderen zurückzugeben, was sie von ihnen bekommen haben.

Regel der Konsistenz:
Menschen tun alles, um den Eindruck – bei sich und bei anderen – zu erzeugen, dass sie in Übereinstimmung mit ihren früheren Äußerungen und Verhaltensweisen sind, auf die sie sich (freiwillig) festgelegt haben.

Regel der sozialen Bewährtheit:
Wenn Menschen sich nicht sicher sind, welches Verhalten in einer Situation angemessen und richtig ist, orientieren sie sich an dem, was sich sozial bewährt hat.

Regel der Sympathie:
Menschen vertrauen einer Person, die sie sympathisch finden. Eine Person wird sympathisch, wenn sie für den Adressaten attraktiv ist, ihm Komplimente macht oder ihm ähnlich ist.

Regel der Unterordnung unter eine Autorität:
Menschen folgen einer Person, wenn sie den Eindruck haben, dass diese über Autorität verfügt. Autorität wird häufig von bestimmten Symbolen (Kleidung, Verhalten, Tragen von Gegenständen) abgeleitet.

Regel der Knappheit:
Menschen halten etwas, was schwer erreichbar oder selten ist, für wertvoller als einfach zugängliche Güter.

Gerd Gigerenzers Buch „Bauchentscheidungen" wurde als Wissenschaftsbuch des Jahres 2007 ausgezeichnet. Gigerenzer beschäftigt sich mit den Heuristiken der Urteilsbildung. Der Begriff Heuristik leitet sich aus dem griechischen Wort *„heuriskein"* ab, das übersetzt werden kann mit „finden, entdecken". Heuristiken sind einfache Strategien, um mit wenig Aufwand und bei wenigen zur Verfügung stehenden Informationen schnell Urteile zu fällen. Gigerenzer nennt diese Heuristiken „Faustregeln". In seinem Buch führt er aus, dass wir über genetisch, kulturell und individuell hervorgebrachte und übermittelte Faustregeln verfügen. Das Thema von Gigerenzer ist folglich mit dem von Cialdini identisch: es geht um die schnelle Informationsverarbeitung und deren immense Bedeutung für das Alltagshandeln. Diese Faustregeln sind mit Werkzeugen vergleichbar. Sie helfen uns vor allem, wenn wir wenig Zeit haben, schnell zu guten Entscheidungen zu kommen. Gigerenzer zitiert Alfred North Whitehead, der die Sinnhaftigkeit dieser Faustregeln so ausdrückt: *„Die Zivilisation erzielt ihren Fortschritt, indem sie die Zahl der wichtigen Vorgänge vermehrt, die wir ohne Nachdenken ausführen können"* (Gigerenzer 2007, 28). Beispiele für solche Faustregeln sind etwa: *„Mache das, was das letzte Mal erfolgreich war"* oder *„Halte dich an das, was du kennst"*. Diese intuitiv-automatischen Prozesse werden immer aktiviert. Das bedeutet aber nicht, dass es immer richtig ist, sich auf diese zu beziehen. Es gibt gute und schlechte Bauchentscheidungen. Am besten ist es, wenn viel Wissen und Erfahrung vorhanden ist. Dann kann die Intuition in einer hohen Geschwindigkeit eine Vielzahl von Informationen integrieren, auf deren Grundlage eine Entscheidung herbeigeführt werden kann, die eine hinreichende Handlungsgrundlage darstellt.

Für die Sicherheitskommunikation ist bezogen auf die Faustregeln noch die psychologische Forschung wichtig, die sich mit dem Verhalten von Menschen in Krisen und Katastrophen beschäftigt. Sie kommt zu dem Ergebnis, dass vor allem folgende Faustregel aktiviert wird: *„Verlasse dich auf die Menschen in deinem Umfeld, mit denen du emotional – verwandtschaftlich oder freundschaftlich – eng verbunden bist"* (social attachment). Sie stellt die wohl wichtigste Grundlage für die Entscheidungen dar, die in Ausnahmesituationen getroffen werden (Geißler/Sticher 2014). Oder wie Mawson ausführt (2005, 102): *"Maintaining proximity to familiars is the dominant motive in disasters, an intense expression of the fundamentally gregarious nature of human beings."* Diese Erkenntnis stimmt mit den bisherigen Ausführungen überein: In Katastrophen werden starke Gefühle ausgelöst, die wiederum die für die menschliche Existenz grundlegenden im Säugetiergehirn gespeicherten Bindungserfahrungen aktivieren. Diese bilden dann die zentrale Handlungsgrundlage.

Halten wir fest: Cialdini und Gigerenzer machen den Lesern mit der schnellen Informationsverarbeitung vertraut und deren hoher Bedeutung für den Menschen, um überhaupt in der Lage zu sein, den Alltag oder hoch komplexe Situationen zu bewältigen. Der Sicherheitskommunikator sollte allerdings sowohl die schnelle als auch die langsame Informationsverarbeitung berücksichtigen, um die beabsichtigte Wirkung zu erzielen. Ein weiterer Beleg für die Erkenntnis, dass es zwei Verarbeitungswege gibt und folglich beide zu beachten sind, stellt das bekannte „elaboration-likelihood Modell der Überzeugung" von Petty und Cacioppo (1986) dar. Es wird in diesem Modell zwischen einem peripheren und einem zentralen Weg der Persuasion unterschieden. Welcher Weg bzw. welche Route der Informationsverarbeitung eingeschlagen wird, hängt von der Fähigkeit und der Motivation der Adressaten zum aufmerksamen Zuhören ab: Ist die Fähigkeit und Motivation zum aufmerksamen Zuhören vorhanden, wird der zentrale Weg der Persuasion gewählt. Ist hingegen Beides nicht oder nur unzureichend vorhanden, ist der periphere Weg der Persuasion entscheidend.

Psychologie der Sicherheitskommunikation

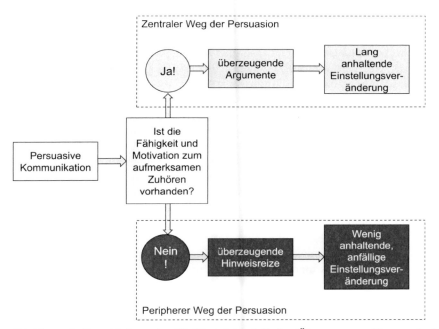

Abbildung 5: Das Elaboration-likelihood Modell der Überzeugung (Persuasion) von Petty / Cacioppo 1986 – (eigene Darstellung)

Terje Aven und Ortwin Renn kommen in Auseinandersetzung mit diesem Modell zu der Erkenntnis:
„*An effective risk communication program must therefore contain a sufficient number of peripheral cues to initiate interest in the message, but also enough 'rational' argumentation to satisfy the audience with central interests in the subject.*" (Aven/Renn 2010, 167)
Ganz konkret lassen sich für den Sicherheitskommunikator vor allem in der akuten Krise folgende Anweisungen aus dem Gesagten ableiten (vgl. Ditges et al. 2008, 88):
- Die Sätze sollten für die Zuhörer gut verständlich sein. Hierfür ist eine einfache Satzstruktur, d.h. Hauptsätze und viele Verben, notwendig.
- Die Aussagen sollten klar und zugleich in angemessenem, eher langsamem Tempo artikuliert werden.
- Die Ausführungen sollten eindeutig und von Sachlichkeit trotz Anteilnahme geprägt sein.

Der Kommunikator muss auf die elementaren Fragen der Adressaten eine Antwort geben oder zumindest sagen, warum er noch nichts weiß:

- Was kann passieren? bzw. Was ist passiert?
- Welche Folgen sind eingetreten bzw. werden vermutlich eintreten?
- Was bedeutet das für mich und die mir nahestehenden Personen?
- Was wird von wem wann getan?
- Was kann ich bzw. was können wir tun?

Durch die Art der Kommunikation wird ein erster Eindruck erzeugt. Erst in einem weiteren Schritt wird dieser erste Eindruck einer bewussten Kontrolle unterworfen. Das langsamere Denken erhält nun eine Chance, den Vorschlag der Mandelkerne zu überprüfen. Aber je stärker die durch die schnelle Informationsverarbeitung ausgelösten Emotionen, desto schwieriger ist es, den rationalen Überlegungen eine Chance zu geben, das Handeln zu bestimmen.

Die Überprüfung der Inhalte der Sicherheitskommunikation durch die Adressaten erfolgt nach vielen Kriterien. Auch wenn kulturelle bzw. kontextspezifische Gegebenheiten einen Einfluss haben, sind die übergreifenden Kriterien über alle Kulturen hinweg vergleichbar. Ganz entscheidend sind dabei ethische Kriterien und die sich daraus ableitenden Fragen, ob der Kommunikator basale Regeln bzw. Gebote des menschlichen Zusammenlebens einhält. Die Überprüfung der Richtigkeit der Aussage und der Integrität des Kommunikators wird hier auf einer rationalen Ebene überprüft (vgl. Obermeier 1999; Baumgärtner 2005). Gefragt wird z.B. nach

- *dem Gebot der Richtigkeit, Vollständigkeit und Ehrlichkeit*: Widersprechen sich die Aussagen nicht? Stimmen diese mit Informationen aus anderen Quellen überein? Wird das aktuell verfügbare Wissen mitgeteilt?
- *dem Gebot der Fairness*: Die Inhalte der Kommunikation werden überprüft und mit Gerechtigkeitsvorstellungen abgeglichen: Wer wird wie behandelt? Wer bekommt wie viel wovon und warum?

Ein Kommunikator, der einen guten „ersten Eindruck" erzeugt hat, kann als Scharlatan entlarvt werden und sein Vertrauen verspielen. Auch wenn er zunächst glaubwürdig wirkte, kann die fehlende Glaubhaftigkeit seiner Aussagen die Wirkung des ersten schnellen Eindrucks zerschlagen.

Literatur

Aven, Terje / Renn, Ortwin (2010): Risk Management and Governance. Concepts, Guidelines and Applications, Berlin: Springer.

Baumgärtner, Norbert (2005): Risiko- und Krisenkommunikation. Rahmenbedingungen, Herausforderungen und Erfolgsfaktoren, dargestellt am Beispiel der chemischen Industrie. München: Verlag Dr. Hut.

Bentele, Günther (1994): Öffentliches Vertrauen. In: Armbrecht, Wolfgang; Zabel, Ulf (Hrsg.): Normative Aspekte der PR. Opladen: Westdeutscher Verlag, 131-158.

Cialdini, Robert B. (2017): Die Kunst des Überzeugens. Bern: Hogrefe Verlag. (Erstausgabe 1997).

Coombs, Timothy (2007): Protecting organization reputations during a crisis: The development and application of situational crisis communication theory. Corporate Reputation Review 10, 1-14.

Coombs, Timothy (2012): Ongoing Crisis Communication. Planning, managing and responding. 2. Edition, Los Angeles: Sage.

Covello, Vincent T. / Sandman, Peter M. / Slovic, Paul (1988): Risk communication, risk statistics and risk comparisons: A manual for plant managers. Washington DC: Chemical Manufactures Association.

Ditges, Florian/ Höbel, Peter / Hofmann, Thorsten (2008): Krisenkommunikation. Konstanz: UVK.

Geißler, Sarah / Sticher, Birgitta (2014): Hilfeverhalten in Katastrophen und die Folgen für das Katastrophenmanagement am Beispiel des Hochwassers in Magdeburg. In: Polizei und Wissenschaft, Frankfurt a. M.: Verlag für Polizeiwissenschaft.

Gigerenzer, Gerd (2007): Bauchentscheidungen. Die Intelligenz des Unbewussten und die Macht der Intuition. München: Bertelsmann.

Goleman, Daniel (1998): Emotionale Intelligenz. München: dtv (7. Auflage).

Hobfoll, Stevan E. (1988): The ecology of stress. Washington D.C.: Hemisphere.

Hülshoff, Thomas (2006): Emotionen: Eine Einführung für beratende, therapeutische, pädagogische und soziale Berufe. München, Basel: E. Reinhardt.

Lazarus, Richard S. (1990): Theory-based stress measurement. Psychological Inquiry, 1, 3–13.

Lazarus, Richard. S./ Folkman, Susan (1984): Stress, appraisal, and coping. New York: Springer.

LeDoux, Joseph (1992): Emotion and the limbic system concept. Concepts in neuroscience, 2, 1992.

LeDoux, Joseph (2001): Das Netz der Gefühle. Wie Emotionen entstehen. München: dtv.

MacLean, Paul. D. (1970): The triune brain, emotion and scientific bias. In: Francis Otto Schmitt (Hrsg.): The Neurosciences: Second study program, Band 2, New York: Rockefeller University Press, 336-349.

Mawson, Anthony R. (2005): Understanding mass panic and other collective responses to threat and disaster. Psychiatry 68 (2), 95-113.

Obermeier, Otto-Peter (1999): Die Kunst der Risikokommunikation. Über Risiko, Kommunikation und Themenmanagement, München: Gerling-Akademie Verlag.

Petty, Richard / Cacioppo, John (1986): The Elaboration Likelihood Model of Persuasion. In: Berkowitz, Leonard (Hrsg.): Advances in experimental social psychology 19, New York: Academic Press, 123-205.

Reynolds, Barbara / Seeger, Matthew (2005): Crisis and emergency risk communication as an integrative model. Journal of Health Communication: International Perspectives 10(1), 43-55.

Rogers, M. Brooke/ Pearce, Julia M. (2016): The psychology of crisis communication. In: Schwarz, Andreas et al. (Hrsg.): The Handbook of International Crisis Communication Research. Blackwell: John Wiley & Sons.

Rohrmann, Bernd (1997): Risikoforschung. Verhalten in Risiko-Situationen und Risikoprävention. Hagen: Fernuniversität.

Ruff, Frank M. (1993): Risikokommunikation als Aufgabe für die Umweltmedizin. In: Aurand, Karl / Hazard, Barbara P. / Tretter, Felix (Hrsg.): Umweltbelastungen und Ängste. Erkennen, bewerten, vermeiden. Opladen: Westdeutscher Verlag, 327-364.

Rush, Gebhard (2015): Sicherheitskommunikation – Grundlagen und Praxisfelder, in: Groneberg, Christoph / Rusch, Gebhard (Hrsg.): Sicherheitskommunikation. Perspektiven aus Theorie und Praxis. Zivile Sicherheit. Schriften zum Fachdialog Sicherheitsforschung. Bd. 12, Münster: Lit-Verlag, 11-103.

Schulz von Thun, Friedemann (1981): Miteinander reden 1 – Störungen und Klärungen. Allgemeine Psychologie der Kommunikation. Reinbek: Rowohlt.

Schulz von Thun, Friedemann / Ruppel, Johannes / Stratmann, Roswitha (2001): Miteinander reden. Kommunikationspsychologie für Führungskräfte. Reinbek bei Hamburg: Rowohlt TBV.

Shannon, Claude. E. / Weaver, Warren (1949): The mathematical theory of communication. University of Illinois Press, Urbana Champaign.

Sticher, Birgitta (2013): Das mit dem Unversicherbaren konfrontierte Individuum. Eine psychologische Betrachtung. In: Hempel, Leon / Bartels, Marie / Markwart, Thomas (Hrsg.): Aufbruch ins Unversicherbare. Zum Katastrophendiskurs der Gegenwart. Bielefeld: transcript Verlag, Reihe Sozialtheorie.

Sticher, Birgitta (2015): Wie viel Unsicherheit ertragen wir? In: Steiger, Saskia / Schiller, Jochen / Gerold, Lars (Hrsg.): Sicherheitsforschung im Dialog. Beiträge aus dem Forschungsforum Öffentliche Sicherheit. Frankfurt am Main: Peter Lang GmbH, 94-114.

Watzlawick, Paul (1983): Anleitung zum Unglücklichsein. (Erstausgabe) München: Piper.

Wiedemann, Peter M. / Rainer, Carius / Henschel, Carsten / Kastenholz, Hans / Nothdurft, Werner / Ruff, Frank / Uth, Hans J. (2000): Risikokommunikation für Unternehmen, Düsseldorf: VDI.

III. Neue Technologien als Präventions- und Sicherheitsgarant?

Predictive Policing. Theorie, Anwendung und Erkenntnisse am Beispiel des Wohnungseinbruchdiebstahls

Dominik GERSTNER

1. Einleitung

Seit das TIME Magazine den Einsatz von Predictive Policing bei der Polizei in Santa Cruz (US-CA) als eine der wichtigsten 50 Erfindungen des Jahres 2011 eingestuft hatte (Grossman et al. 2011), gewinnt der Terminus in der polizeilichen Praxis als auch in der Wissenschaft zunehmend an Bedeutung.[1] Kurz gesagt geht es bei Predictive Policing darum, Prognosen über zukünftiges Kriminalitätsgeschehen zu erstellen und darauf basierend polizeiliche Maßnahmen zu ergreifen, um das Eintreten von Straftaten zu verhindern – oder noch knapper und der Übersetzung entsprechend: vorausschauende oder vorhersagende Polizeiarbeit. Derartige Strategien sind im Prinzip nicht gänzlich neu, da es schon immer zur Arbeit der Polizei gehörte, Wahrscheinlichkeiten über das zukünftige Handeln von Tätern[2] oder über das Auftreten von zukünftigen Straftaten abzuwägen und in Ermittlungen und Prävention einzubinden. Neu ist jedoch, dass sich mit stetig effizienter werdender Computertechnologie in den letzten Jahren immer mehr Möglichkeiten ergaben, sehr große Datenmengen schnell und strukturiert aufzubereiten, räumlich zu visualisieren sowie Muster und Zusammenhänge zu erkennen. Hieraus resultiert, dass bei Predictive Policing stets Computerprogramme zum Einsatz kommen und die Strategien immer häufiger – jedoch nicht zwingend – in die Bereiche „Big Data" oder „künstliche Intelligenz" einzuordnen sind. Die theoretischen Hintergründe, die statistischen Methoden und daraus resultierende Prognose-Modelle, die bei Predictive Policing zum Einsatz kommen, können sehr unterschiedlich sein. Eine genaue Beschreibung dieser und eine Übersicht über die Thematik findet sich bei z.B. Perry et al. (2013), Uchida (2014) oder Degeling/Berendt (2017).

Für den deutschsprachigen Raum lieferte Gluba (2014; 2016) erste Übersichtsartikel, was unlängst von Egbert (2017) ergänzt wurde. Pollich/Bode (2017) setzen sich explizit damit auseinander, inwieweit Predictive Policing von einem (sozial-) wissenschaftlichen Vorgehen geleitet sein muss, und Belina

---

[1] In der angegebenen Quelle wird der Begriff „Pre-Emptive Policing" verwendet. Der Begriff Predictive Policing hatte sich zu dieser Zeit aber bereits durchgesetzt.
[2] Aus Gründen der besseren Lesbarkeit wird im Folgenden das generische Maskulinum verwendet. Die Darstellung bezieht sich jedoch auf männliche und weibliche Personen gleichermaßen.

(2016) betrachtet das Thema von einer kritischen Perspektive. Neben Übersichten und theoretischen Artikeln gab es in letzter Zeit auch deutschsprachige Publikationen mit stärkerem Praxisbezug. Bode et al. (2017) beschäftigten sich mit der Validität von Qualitätsmetriken, die für Predictive Policing-Strategien eine zentrale Rolle spielt, und illustrieren dies mit aufschlussreichen Zahlenbeispielen. Balogh (2016) berichtet aus der Perspektive der Polizei über den Einsatz der Predictive Policing-Software PRECOBS, die seit längerem in einigen Kantonen der Schweiz eingesetzt wird. Schweer (2015) gibt aus Sicht des Herstellers eben jener Software einen Einblick in deren grundlegende Funktionsweise. Was jedoch fehlt – auch aus internationaler Perspektive – sind ausführliche Berichte aus der Praxis und in diesem Zusammenhang vor allem unabhängige wissenschaftliche Evaluationen. Die Begleitforschung zum baden-württembergischen Pilotprojekt Predictive Policing (im Folgenden P4), die vom Max-Planck-Institut für ausländisches und internationales Strafrecht durchgeführt wurde (Gerstner 2017) und die Thema dieses Beitrags ist, ist ein erster Schritt diese Lücke zu schließen.[3]

2. Predictive Policing

In Medienberichten und Publikationen über Predictive Policing wird immer wieder auf einen älteren Werbespot der Firma IBM Bezug genommen.[4] Neben der stark übertriebenen Darstellung der Genauigkeit einer Kriminalitätsprognose ist der Werbespot jedoch eine inhaltlich sinnvolle Zusammenfassung dessen, was unter Predictive Policing zu verstehen ist. Es wird dargestellt, dass Kriminalität – in dem Fall ein geplanter Raubüberfall auf ein Gemischtwarengeschäft kurz vor Ladenschluss – räumliche und zeitliche Muster aufweist. Diese Muster werden durch die Analyse von Polizeidaten erkannt, und daraus lassen sich Prognosemodelle erstellen, die auf zukünftiges Geschehen schließen lassen. Diese Arbeit wird von einem Computer übernommen, der die entsprechenden Prognosen liefert. Diese Prognosen können von Polizeibeamten genutzt werden, um Kräfte gezielt einzusetzen und im Idealfall Straftaten zu verhindern, bevor diese geschehen. Es geht nicht primär darum, Täter auf frischer Tat zu erwischen, sondern diese durch präventives Handeln von Taten abzuhalten – im Werbespot dadurch dargestellt, dass der Polizist gemütlich mit einem Kaffee am

---

[3] Dank gebührt dem Landeskriminalamt Baden-Württemberg für die enge Zusammenarbeit, für die Bereitstellung der nötigen Daten und die Unterstützung bei der Durchführung der Experteninterviews sowie der Online-Befragung sowie dem IfmPt.
[4] City Cop (03.12.2015): Police use analytics to reduce crime (IBM Commercial), Youtube-Video. Verfügbar unter: https://www.youtube.com/watch?v=5n2UjBO22EI [Zugriff: 11.11.2017].

Ort des potenziellen Überfalls wartet und der zukünftige Delinquent resigniert von dannen zieht.[5] Die Aussage, dass sich mit diesem IBM-Produkt Kriminalität um bis zu 30 % senken lässt, sollte selbstverständlich kritisch hinterfragt werden. Letztlich wird aber in dem Werbespot in komprimierter Form abgebildet, was Perry et al. (2013) als „Prediction-Led Policing Business Process" (Abb. 1) beschreiben, oder wie Uchida (2014, 3871) Predictive Policing definiert: „Predictive policing is a multi-disciplinary, law enforced-based strategy that brings together advanced technologies, criminological theory, predictive analysis, and tactical operations that ultimately lead to results and outcomes – crime reduction, management efficiency, and safer communities".

Abbildung 1: "Prediction-Led Policing Business Process" (Perry et al. 2013)

Der vorliegende Beitrag fasst zentrale Ergebnisse der Evaluation von P4 zusammen und ordnet diese dem oben beschriebenen „Prediction-Led Policing Business Process" zu. Somit soll ein Eindruck vermittelt werden, wie eine praktische Anwendung von Predictive Policing aussehen kann, welche Herausforderungen neben der bloßen Erstellung von Prognosen bestehen und inwieweit Erfolge messbar sind. Der Beitrag geht dabei nur auf einen Teil der Evaluationsergebnisse ein. Die Vielzahl der Einzelergebnisse wird in dem Bericht „Predictive Policing als Instrument zur Prävention von Wohnungseinbruchdiebstahl. Evaluationsergebnisse zum Baden-Württembergischen Pilotprojekt P4" (Gerstner 2017) beschrieben und mit Tabellen und Grafiken illustriert.

---

[5] Auch wenn fraglich ist, wie in verschiedenen Ländern mit der überspitzt dargestellten Situation im Werbespot tatsächlich umgegangen wurde.

3. Predictive Policing in Baden-Württemberg

In Deutschland kommt Predictive Policing bisher fast ausschließlich im Zusammenhang mit Wohnungseinbruchdiebstählen zur Anwendung. Deren Häufigkeit hatte sich zwischen 1993 und 2006 mehr als halbiert, jedoch zeichnete sich ab ca. 2007/2008 eine Trendwende ab. Bis 2015 stieg die Zahl auf einen vorläufigen Höchstwert von 167.136 Wohnungseinbruchdiebstählen im gesamten Bundesgebiet an. Analog hierzu war auch für das gesamte Bundesland Baden-Württemberg nahezu der gleiche Trend zu beobachten – jedoch lag die Fallbelastung im Vergleich zu anderen Bundesländern auf einem deutlich niedrigeren Niveau (für eine ausführliche Darstellung siehe Gerstner 2017, 11-15). Dennoch wurde auch in Baden-Württemberg nach neuen Mitteln gesucht, um diesen Trend zu stoppen oder umzukehren.[6] Zusätzlich zu bestehenden Maßnahmen wurde deshalb in Baden-Württemberg am 30.10.2015 das Pilotprojekt Predictive Policing (P4) gestartet. Hierbei kam die vom Institut für musterbasierte Prognosetechnik[7] entwickelte Software PRECOBS zum Einsatz, die auch in Bayern und Teilen der Schweiz verwendet wird. P4 war auf eine Laufzeit von zwölf Monaten angelegt und startete mit einer Pressekonferenz am 30.10.2015.[8] Das Pilotgebiet erstreckte sich auf das Polizeipräsidium Karlsruhe, mit einem großen Anteil an ländlichem Raum (Stadtkreise Karlsruhe und Pforzheim, Landkreise Karlsruhe, Enzkreis und Calw), und das fast ausschließlich städtisch geprägte Polizeipräsidium Stuttgart (Stadtkreis Stuttgart). Der Evaluationszeitraum erstreckte sich auf die ersten sechs Monate des Projekts, also auf die Phase vom 30.10.2015 bis zum 30.04.2016.

3.1. Prognose von Kriminalität

Zentrales Element von Predictive Policing-Strategien ist die Vorhersage über zukünftiges Kriminalitätsgeschehen. Übereinkunft herrscht darüber, dass beim Predictive Policing nur Wahrscheinlichkeiten und keine sicheren Ereignisse vorhergesagt werden (vgl. Perry et al. 2013, 8). So sagt auch PRECOBS keine

---

[6] In vielen Bundesländern sind für das Berichtsjahr 2016 (in Baden-Württemberg seit 2015) wieder rückläufige Zahlen zu vermelden. Um von einer Trendwende zu sprechen, ist dieser Zeitraum zu kurz.

[7] Webseite des Instituts für musterbasierte Prognosetechnik: www.ifmpt.de [Zugriff: 15.01.2018].

[8] Portal Baden-Württemberg.de (30.10.2015): Polizei startet Einsatz der Prognose-Software „precobs", Pressemitteilung. Verfügbar unter: https://www.baden-wuerttemberg.de/de/service/presse/pressemitteilung/pid/polizei-startet-einsatz-der-prognose-software-precobs/ [Zugriff: 15.01.2018].

einzelnen Wohnungseinbrüche voraus, sondern die Prognosen geben wieder, dass unter bestimmten Umständen, nach einem initialen Einbruch, eine erhöhte Wahrscheinlichkeit für Folgedelikte in einem bestimmten Gebiet besteht. Wann Vorhersagen über künftige Kriminalität als sinnvoll erachtet werden können, ist streitbar. Generell gilt dabei zu beachten, dass die angenommene Treffergenauigkeit der Prognosen sich immer auf einen bestimmten Zeitraum und auf räumliche Einheiten bezieht. Für die Vorhersage, dass z.B. innerhalb des nächsten Monats irgendwo in Deutschland in eine Wohnung eingebrochen wird, braucht es keinen komplexen Algorithmus, und die Treffergenauigkeit liegt vermutlich bei 100 % – diese Prognose ist jedoch für kriminalpräventive Zwecke wertlos.

Zur Illustration bietet sich ein Vergleich zweier Studien an. Beim Shreveport Predictive Policing Experiment (Hunt et al. 2014) wurden im Vorfeld des eigentlichen Betriebs Prognosen über diverse Eigentumsdelikte für ca. 120 x 120 Meter große Planquadrate erstellt, wobei in „medium"- oder „high risk"-Zellen eine Trefferquote von 20 % und für „high risk"-Zellen und deren nähere Umgebung („near misses") eine Trefferquote von 68 % Prozent berichtet wurde.[9] Was zuerst nach viel klingt, relativiert sich, wenn man bedenkt, dass der Prognosezeitraum jeweils einen Monat betrug und es fraglich bleibt, wann genau mit Delikten zu rechnen ist. Im Vergleich dazu berichtet die Studie von Mohler et al. (2015) über Trefferquoten von nur 4,7 % bis zu 9,8 % – für Zellen von ähnlicher Größe (150 x 150 Meter), jedoch für den deutlich kürzeren Zeitraum von 24 Stunden, in dem eine gezielte Kräftesteuerung stattfinden kann.[10] Gleichzeitig wurde in der Studie gezeigt, dass die Prognosen des Computers um das 1,4- bis 2,2-fache zutreffender waren als die eines Analysten. Was hier verdeutlicht werden soll, ist, dass die Treffgenauigkeit von Prognosen unterschiedlich bewertet werden muss – hierauf weisen auch Bode et al. (2017) hin – und die Möglichkeiten angemessener Reaktionen aufgrund der Art der Prognose ganz unterschiedlich sein können. Deshalb kann die Kriminalitätsprognose mit PRECOBS auch nur als ein Ausschnitt aus einem sehr weiten Feld angesehen werden.

---

[9] Die im Originaltext angeführten 400 Fuß entsprechen ca. 120 Metern. Für die Einbeziehung der „near misses" wurde ein Radius von 400 Fuß um die Zelle gewählt (Hunt et al. 2014, 10). Die prognostizierten Delikte waren: "residential burglaries, business burglaries, residential thefts, business thefts, thefts from vehicles, and vehicle thefts" (Hunt et al. 2014, 3).

[10] Die prognostizierten Delikte waren: "burglary, car theft, burglary-theft from vehicle, criminal damage, violence against the person (including sexual offences), and robbery as target crime types in Kent. […] Burglary, car theft, and burglary-theft from vehicle were the target crime types" (Mohler et al. 2015, 1404).

3.2. „Near Repeat Prediction" mit PRECOBS

Die Prognosefähigkeit von PRECOBS basiert im Wesentlichen auf der Beobachtung, dass nach Straftaten – insbesondere bei Wohnungseinbrüchen – häufig Folgedelikte in kurzer zeitlicher und räumlicher Distanz auftreten. Diese Beobachtung wird in der kriminologischen Forschung als *„Near Repeat"-Phänomen* bezeichnet. Hierzu gibt es zahlreiche empirische Studien, die die Existenz dieses Phänomens in unterschiedlichen Ländern und für unterschiedliche Delikte nachgewiesen haben (z.B. Johnson/Bowers 2014; Townsley et al. 2003; Short et al. 2009). Darin werden für den Wohnungseinbruch zeitliche Distanzen mit Obergrenzen von sieben Tagen bis zu einem Monat berichtet. Die obere räumliche Grenze bewegt sich meistens zwischen 100 und 400 Metern (Johnson & Bowers 2014). In Deutschland und der Schweiz wurde das Phänomen im Rahmen der Einsätze von PRECOBS nachgewiesen. Eine Studie von Gluba et al. (2015) weist das Phänomen für den Landkreis Harburg in Niedersachsen nach.

Obwohl nicht zwangsläufig jeder Wohnungseinbruch Folgedelikte nach sich zieht, macht sich die Prognosesoftware PRECOBS das „Near Repeat"-Phänomen zunutze, um Vorhersagen über erhöhte Wahrscheinlichkeiten von Wohnungseinbrüchen in bestimmten räumlichen Gebieten und zeitlichen Abschnitten zu machen (siehe Abbildung 2, Teilgrafik A). Mittels Daten aus der Vergangenheit wird identifiziert, welche Kriterien eines initialen Einbruchs auf Folgedelikte hinweisen und wann Vorhersagen möglich sind. PRECOBS verlässt sich dabei im Wesentlichen auf die Tathergänge, Tatbegehungsweise und Tatorte. Es werden sogenannte Trigger (Auslöser), die für erwartbare Near Repeats sprechen sowie Anti-Trigger, die gegen Near Repeats sprechen, identifiziert. Diese sind in „Trigger-Katalogen" im Computerprogramm hinterlegt und decken die Bereiche Tatörtlichkeit (Haustyp, Lage etc.), Beute und Modus Operandi ab. Zusätzlich wird anhand einer retrospektiven Simulation überprüft, inwieweit und wo zutreffende Prognosen möglich sind. Erfolgversprechende Gebiete, sogenannte *„Near Repeat"-Areas,* werden für den Echtzeitbetrieb freigeschaltet (siehe Abbildung 2, Teilgrafik B). Der Erfolg wird über die Treffergenauigkeit von Prognosen mit Daten aus der Vergangenheit gemessen.

Die *Near-Repeat-Prediction* mit PRECOBS kommt mit sparsamen Daten aus. Ausreichend sind die Tatmerkmale, die im Zuge der Aufnahme eines Einbruchs in das Vorgangsbearbeitungssystem der Polizei einfließen.[11] Je vollstän-

---

[11] Über die Benutzeroberfläche können die Operatoren zusätzliche Analysetools einsetzen, diese stehen jedoch nicht in direktem Zusammenhang mit automatischen Prognosen.

diger diese sind, desto günstiger wirkt sich dies auf die Qualität der Prognosen aus. Im laufenden Betrieb gleicht das System die Tatmerkmale von aktuellen Wohnungseinbrüchen mit den „Trigger-Katalogen" und der geografischen Lage ab. Fällt ein Einbruch in eine Near-Repeat-Area und stimmen die Trigger-Kriterien, kommt es zu einer *automatischen Prognose*, für die nach Prüfung durch die Operatoren – die Polizisten, die die Software bedienen – eine *Alarmmeldung* ausgegeben werden kann. In der Regel gilt die Alarmmeldung für sieben Tage in einem *operativen Kreis* mit einem Radius von 500 Metern um das Initialdelikt (siehe Abbildung 2, Teilgrafik C). Für diesen Bereich und diese Zeit wird eine erhöhte Wahrscheinlichkeit für Folgedelikte angenommen. In der Randzone gibt es keine automatischen Prognosen, dort können nach Begutachtung der aktuellen Fälle über manuelle Operatorprognosen analoge Alarmmeldungen erstellt werden. Da die geografischen Kriterien und auch die Trigger und Anti-Trigger zeitlich nicht invariant sind, erfolgt eine Neukonfiguration für den jeweiligen PRECOBS-Standort mit der Umstellung von Sommer- zur Winterkonfiguration oder umgekehrt. Genauere Darstellungen zur Funktionsweise von PRECOBS finden sich im Evaluationsbericht und bei Schweer (2015). Zur Stabilität von „Near Repeat"-affinen Gebieten siehe auch Hoppe/Gerell (2018).

Bezogen auf den „Prediction-led Policing Business Process" (siehe hierzu Abbildung 1) sind die obigen Ausführungen in den Bereichen „Data Collection/Fusion", „Analysis" und „Prediction" zu verorten. Was folgt ist der Bereich „Police Operations", womit im Wesentlichen die Übersetzung der Prognosen in das polizeiliche Handeln gemeint ist.

Abbildung 2: (A) Beispiel Near-Repeat-Delikte; 9 Delikte aus 5 Jahren. Das blaue (Initialtat) und die roten Delikte fanden innerhalb von drei Tagen statt (in Anlehnung an reales Beispiel fiktiv eingezeichnet). (B) „Near Repeat"-Area (fiktives Beispiel) und zugehörige Randzone (gestrichelte Linie), (C) Initialdelikt (fiktiv) und operativer Kreis (blau). Kartenkacheln von Stamen Design, unter CC BY 3.0

4. Reaktionen auf prognosebasierte Alarmmeldungen

In dem sechsmonatigen Evaluationszeitraum gab es im Pilotgebiet 183 von den Operatoren akzeptierte Prognosen und zugehörige Alarmmeldungen. Die meisten dieser Prognosen betrafen städtische Gebiete. Im ländlichen Raum gab es nur wenige Delikte, die in die relevanten „Near Repeat"-Areas oder zugehörige Randzonen fielen. Im Landkreis Calw waren dies z.B. lediglich drei Delikte (4,3 %). In Stuttgart hingegen lagen 260 (61,3 %) von insgesamt 424 Delikten in den Near-Repeat-Areas oder Randzonen; eine detaillierte Übersicht findet sich im Evaluationsbericht (Gerstner 2017, 22-25). Aus diesem Grund konnte der ländliche Raum nur wenig von PRECOBS profitieren, und die angewendete Methode der „Near-Repeat-Prediction" ist für rurale Gebiete kritisch zu betrachten. Dies bestätigte sich auch in Experteninterviews mit den Operatoren. Die Überwachung des ländlichen Raums mit PRECOBS wurde von diesen, aufgrund der geringen Anzahl an Einbrüchen in den relevanten Zonen, als eher wenig erfolgversprechend angesehen.

Bei der Umsetzung von Predictive Policing ist von besonderer Relevanz, welche polizeilichen Maßnahmen durchgeführt werden. In dem von Perry et al. (2013, siehe Abbildung 1) beschriebenen Prozess folgen diese auf die Datenanalysen bzw. die Prognosen und stellen somit das Element dar, mit dem Predictive Policing letztlich seine Wirkung entfaltet. Im Kontext der Alarmmeldungen von P4 wurde vorgegeben, den operativen Kreis (s.o.) verstärkt zu bestreifen und darin Maßnahmen zur Prävention und Bekämpfung von Wohnungseinbruchdiebstahl durchzuführen. Hierbei handelte es sich im Prinzip um Maßnahmen, die auch unabhängig von Predictive Policing eingesetzt werden, jedoch mit dem Fokus auf den durch PRECOBS vorgegebenen Raum und die entsprechende Zeit.

Zuerst gilt dabei zu beachten, dass Alarmmeldungen im Idealfall möglichst schnell an die zuständigen Reviere gesteuert werden müssen, da mit Folgedelikten innerhalb einer Zeitspanne von sieben Tagen gerechnet wird. In der Regel konnte dies im Pilotzeitraum gut gewährleistet werden. Die Prognoseerstellung nach Systemimport sowie die darauffolgende Steuerung erfolgte, bis auf wenige Ausnahmen, meist zügig (Median = 2 Stunden). Probleme waren eher dadurch zu erwarten, dass die Zeit zwischen Initialdelikt (s.o.) und der Steuerung des Alarms dadurch verlängert wird, dass Taten durch die Geschädigten nach Abwesenheit erst spät entdeckt und angezeigt werden. Durchschnittlich betrug die Zeit zwischen Initialdelikt[12] und der Herausgabe des Alarms ca. 30 Stunden. Durch die Schiefe der Verteilung wird dieser Wert stark durch Ausreißer beein-

---

[12] Bei nicht genauer Tatzeit wurde die Mitte des Tatzeitraums als Referenz verwendet.

flusst und der robustere Medianwert liegt deutlich unterhalb bei 20 Stunden. Insgesamt wurden 61 % der Alarme spätestens 24 Stunden nach dem Initialdelikt gesteuert. Dies kann durchaus als sinnvoller Rahmen betrachtet werden, da die Alarmlaufzeit weit darüber hinaus geht und die durchschnittliche Dauer bis zum ersten Folgedelikt – wenn ein solches auftrat – ca. 60 Stunden (Median = 50 Stunden) betrug. Detailliertere Werte hierzu können dem Ergebnisbericht entnommen werden (Gerstner 2017).

Im Anschluss an die Herausgabe der Alarmmeldungen müssen diese in polizeiliches Handeln zur Verhinderung von weiteren Wohnungseinbrüchen übersetzt werden. Die Maßnahmen wurden über ein Formular erfasst, und im Mittel wurden ca. 48 Einsatzstunden für jeden Alarm eingesetzt, wobei pro Einzelmaßnahme durchschnittlich 2,8 meist uniformierte und seltener zivile Beamte zum Einsatz kamen. Neben Fahrzeugstreifen kamen auch Fußstreifen zum Einsatz, und es wurden zeitlich und räumlich fokussierte Personen- und Fahrzeugkontrollen durchgeführt. Die für die jeweiligen Alarme dokumentierten Maßnahmen werden im Ergebnisbericht ausführlicher numerisch dargestellt (Gerstner 2017, 32-35), lassen aber keinen Vergleich zur Situation ohne aktiven PRECOBS-Alarm zu. Hierzu wurde im Rahmen der Evaluation auf anonymisierte GPS-Daten von Einsatzfahrzeugen/-mitteln zurückgegriffen. Für die Analyse der Veränderung der Polizeidichte während eines Alarms wurde für die operativen Kreise aller gesteuerten Alarme mit einem Gitternetz zur Messung der Dichte eine Schnittmenge gebildet. Dabei können einzelne Tage oder auch eine durchschnittliche Basisdichte mit den Alarmtagen verglichen werden. Die Werte sind hierbei gewichtete Häufigkeiten von Sendesignalen, genauere Hinweise zur Berechnung finden sich im Ergebnisbericht (Gerstner 2017, 28-32). In Abbildung 3 ist exemplarisch dargestellt, wie sich die Dichte während eines Alarms verändert. Sie zeigt einen operativen Kreis, der 12 Kacheln schneidet. Die Teilgrafik -1 bildet die Dichte für den Tag vor dem auslösenden Delikt ab. Zum Zeitpunkt A1 fand ein Wohnungseinbruchdiebstahl statt, und an diesem Tag wurde der Alarm ausgelöst. Gesteuert wurde der Alarm aber erst am Tag A2 mit der Alarmlaufzeit A1 bis A7. A2 bis A7 zeigen also den aktiv bedienten Alarm, wobei ersichtlich wird, dass die Dichte im Vergleich zu den anderen Tagen zuvor deutlich zunahm und nach dem Alarm wieder abnahm.

Für eine kompaktere Darstellung und für Zusammenhangsanalysen wurde für jede Alarmphase die prozentuale Abweichung von der Basisrate (Zeiten ohne aktive Alarme) für die Summe der Polizeidichte innerhalb der vom operativen Kreis geschnittenen Kacheln berechnet. Da die Mittelwerte stark von Ausreißern beeinflusst sein können (z.B. Demonstrationslagen), wurden alternativ zum arithmetischen Mittel der Dichte ohne Alarm robustere Maße zur Berechnung verwendet. Betrachtete man eine Berechnung aufgrund des 5-%-

getrimmten Mittels, so zeigt sich, dass bei ca. 6 % der Alarme keine Veränderung oder ein leichter Rückgang der Dichte sichtbar ist. In den übrigen 94 % der Fälle nahm die Dichte während der Alarmphasen zu. Die mittlere Zunahme lag bei ca. 73 %; dieser Wert ist durch die Schiefe der Verteilung leicht verzerrt, und der Median lag mit ca. 49 % deutlich unter dem Mittelwert. In Stuttgart nahm die Dichte tendenziell etwas deutlicher zu (Abbildung 4, detaillierter siehe Gerstner 2017, 28-32).

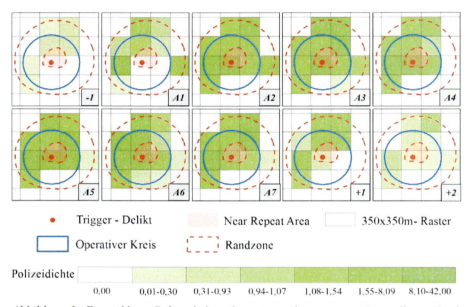

Abbildung 3: Entwicklung Polizeidichte über einen Alarm, eigene Darstellung (Quellen: PRECOBS-Datenbank P4, VIADUX-Standortdaten)

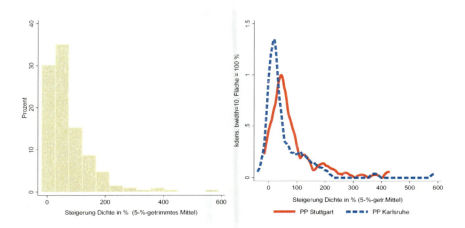

Abbildung 4: Verteilung der Dichtesteigerung in %, bei akzeptierten Alarmen, eigene Berechnung (Quellen: VIADUX-Standortdaten, PRECOBS-Datenbank P4)

5. Wirkung von Predictive Policing mit PRECOBS

Im Anschluss an Reaktionen der Polizei auf die Prognosen stellt sich die Frage nach der Wirkung von Predictive Policing auf das Kriminalitätsgeschehen (Criminal response). Von großem Interesse ist hierbei, ob Fallzahlen durch die neue Strategie gesenkt werden können. Da die Fallzahlen im Bereich Wohnungseinbruchdiebstahl mitunter stark variieren und natürlichen Schwankungen unterliegen, ist diese Frage sehr schwer zu beantworten. Im Bereich des Polizeipräsidiums Stuttgart war die Entwicklung der Fallzahlen im Evaluationszeitraum (Winterhalbjahr 2015/2016) stark rückläufig. Ob dies in direktem Zusammenhang mit PRECOBS steht, ist unklar, da diese Entwicklung auch bereits im Winterhalbjahr 2014/2015 zu beobachten war und der erneute Rückgang nicht kausal dem Einsatz von PRECOBS zugeschrieben werden kann.

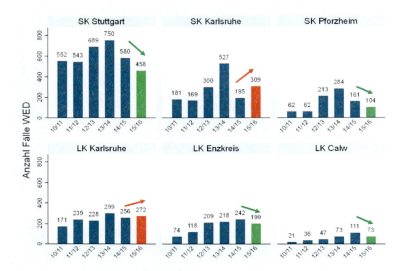

Abbildung 5: Entwicklung der Fallzahlen innerhalb des Pilotgebiets nach Stadt- (SK) und Landkreisen (LK) im Pilotgebiet, 31.10.Jahr–30.04.Folgejahr, eigene Berechnung (Quelle: ComVor-Datenbank LKA BW)

Im gesamten Polizeipräsidium Karlsruhe blieben die Fallzahlen im Evaluationszeitraum (Winterhalbjahr 2015/2016) im Vergleich zum Vorjahreszeitraum nahezu konstant. Dies lag unter anderem an einer sehr starken Wohnungseinbruchsaktivität im November und Dezember 2015 im Stadt- und Landkreis Karlsruhe. Ob die Fallzahlen ohne PRECOBS höher gelegen hätten, bleibt im Dunkeln. In den übrigen Gebieten des Polizeipräsidiums Karlsruhe gingen die Fallzahlen im Vergleich zum Vorjahr zurück. Diese betrifft vor allem auch den Stadtkreis Pforzheim, wobei dort die Zahlen ebenfalls bereits im vorangegangenen Winterhalbjahr rückläufig waren. Ohne experimentelles Forschungsdesign lassen sich über die Fallzahlen keine eindeutigen Schlüsse zur Wirksamkeit ziehen, und ein Vergleich mit anderen Gebieten kann aufgrund der Zufallsschwankungen ebenfalls kaum dazu beitragen (detaillierte Analyse der Fallzahlen im räumlichen und zeitlichen Vergleich siehe Gerstner 2017, 35-41). Aus diesem Grund wurden für die Evaluation auch „Near Repeat"-Muster und Folgedelikte genauer untersucht.

Wie oben erwähnt, zielt PRECOBS vor allem darauf ab, diejenigen Taten zu verhindern, die „Near Repeats" bzw. Kleinserien darstellen. Das legt die Hypothese nahe, dass dieses Phänomen im Evaluationszeitraum weniger ausgeprägt war als in den Vorjahren. Um dies zu überprüfen, wurden mit den Basisdaten aus der ComVor-Datenbank der Polizei Baden-Württembergs Analysen mit der Software „Near Repeat Calculator" (Ratcliffe 2008) von PRECOBS unabhängige Analysen im Pilotgebiet und anderen Gebieten Baden-Württembergs durchgeführt. Die Analysen beziehen sich jeweils auf die Monate November, Dezember, Januar, Februar und März (Wintersaison) der Jahre 2012/13 bis 2015/16. Als Near Repeat wird dabei ein Delikt mit einer räumlichen Distanz von 500 Metern und einem zeitlichen Abstand von 168 Stunden (7 Tage) zu mindestens einem umgebenden Delikt definiert (genauere Hinweise zur Berechnung siehe Gerstner 2017, 41-45). Die Analysen wurden jeweils für beide Polizeipräsidien, Teilgebiete des Polizeipräsidiums Karlsruhe und für andere Gebiete in Baden-Württemberg durchgeführt, wobei über letztere hier nicht berichtet wird.

Tabelle 1 zeigt, für welche Zeitabschnitte und welche Gebiete ein signifikantes Near-Repeat-Muster zu beobachten war. Zur Berechnung stellt das Programm die empirische Verteilung jeweils 999 per Zufall generierten Verteilungen gegenüber. So kann geprüft werden, ob das vorgegebene Muster überzufällig in den Daten vorhanden ist. Höchst signifikante ($p<0.001$) Ergebnisse sind mit zwei Sternen markiert. Signifikante Ergebnisse ($p<0.05$) sind mit einem Stern markiert. Die Analyse beschränkt sich auf das Muster größer 0 bis 500 Meter mit 168 Stunden vom/bis zum vorangegangenen/nächsten Delikt.

Tabelle 1: Ergebnisse Near-Repeat-Calculator für ausgewählte Bereiche – Gesamtgebiet und Near-Repeat-Areas

		Signifikante „Near Repeat"-Muster (7 Tage / 1 –500 Meter)				
		WK[†]12–15	WK12–13	WK13–14	WK14–15	WK15–16[††]
Stuttgart	gesamt	1.69**	1.79**	1.29*	1.51**	1.64**
	NR-Areas	*2.25** *	*2.51** *	*1.52** *	*1.85** *	*1.23*
PP Karlsruhe	gesamt	2.03**	1.66**	1.59**	1.57**	1.62**
	NR-Areas	*2.35** *	*2.42** *	*1.75** *	*2.19** *	*1.39*
SK Karlsruhe	gesamt	1.71**	1.29	1.45**	1.14	1.48*
	NR-Areas	*1.92** *	*2.22* *	*1.67** *	*1.65*	*1.49*
SK Pforzheim	gesamt	1.55**	1.65**	1.47*	0.96	1.3
	NR-Areas	*1.71** *	*2.68** *	*1.4* *	*1.16*	*0.69*

** $p<0.001$, * $p<0.05$ (Monte-Carlo-Simulation mit N=999 Iterationen)
Beispiel: 1,69: Die Chance auf einen weiteren Einbruch ist um 69 % größer im Falle des angenommenen Musters.
[†]WK = Winterkonfiguration: Monate November, Dezember, Januar, Februar, März
[††]WK15–16: Evaluationszeitraum P4

In beiden Präsidien wurden für das Gesamtgebiet in jeder Wintersaison signifikante Muster gefunden werden. Die „Near Repeat"-Quoten (hier als Odds Ratio) wurden dabei auch in der Saison mit PRECOBS-Betrieb nicht deutlich kleiner. Mit einem Wechsel von der gesamten Fläche auf die „Near Repeat"-Areas – die Gebiete, die hauptsächlich von PRECOBS profitieren – zeigt sich, dass die Werte in diesen Gebieten höher sind als im Gesamtgebiet. Dies entspricht der Erwartung und weist darauf hin, dass die für den PRECOBS-Betrieb generierten „Near Repeat"-Areas ihre Berechtigung haben. Relevant ist zudem, dass in diesen Gebieten beider Polizeipräsidien für den Evaluationszeitraum 2015/16 kein signifikantes Muster mehr gefunden werden kann, was in den Jahren zuvor (fast) immer der Fall war. Dies gilt auch für den Stadtkreis Pforzheim, wenn dieser isoliert betrachtet wird. Schon in der Saison 2014/15 gab es dort kein signifikantes „Near Repeat"-Muster, aber für den Evaluationszeitraum fällt der Koeffizient (0.69) innerhalb der „Near Repeat"-Areas sogar unter 1 (was bedeutet, dass empirisch weniger Near Repeats vorhanden waren als in den per Zufall generierten Verteilungen). Es muss dabei jedoch bedacht werden, dass mit generell sinkenden Fallzahlen die Wahrscheinlichkeit eines signifikanten Musters kleiner wird. Vor diesem Hintergrund ist bemerkenswert, dass im Stadtkreis Karlsruhe die Near-Repeat-Quote in den „Near Repeat"-Areas geringer ist als in der Winterphase des Jahres 2014/15, obwohl die Fallzahl 2015/16 um über 100 Fälle zugenommen hat. Die Ergebnisse deuten darauf hin, dass innerhalb dieser Gebiete Mechanismen gegriffen haben und die Near Repeats aufgrund von Maßnahmen infolge der Alarme zurückgegangen sein könnten (weitere Analysen hierzu siehe *Gerstner* 2017, 41-45).

In der Evaluation wurde dieser Aspekt durch mehrere Analysen genauer untersucht, und an dieser Stelle wird ein exemplarisches Beispiel für das Polizeipräsidium Stuttgart angeführt. Dabei werden Folgedelikte untersucht, die in einem zeitlichen Abstand von maximal sieben Tagen und einer räumlichen Distanz von 600 Metern zum Auslösedelikt stattfanden. Bei den in Stuttgart akzeptierten Alarmen kam es in 28 % der Fälle zu einem oder mehreren solcher Folgedelikte. Mit einer Regressionsanalyse (negativ binomiales Modell) wurde untersucht, inwieweit verschiedene Merkmale eines Alarmes die Anzahl von Folgedelikten erklären können. Diese Analysen lassen nur Vergleiche zwischen den PRECOBS-Alarmen zu, jedoch keine Vergleiche zu Gebieten ohne PRECOBS-Alarme.

Über die Dokumentation von polizeilichem Handeln im Kontext eines Alarms (s.o.) wurde die Maßnahmenintensität zusammengefasst gemessen.[13] Der Index besteht aus den Variablen „Einsatzstunden gesamt", „Anzahl Perso-

---

[13] Eindimensionaler Faktorscore aus explorativer Faktorenanalyse.

nenkontrollen", „Anzahl Fahrzeugkontrollen", „Anzahl Bürgergespräche" und „Anteil Fußstreife", und es ließ sich vergleichen, wie sich die Intensität von Maßnahmen zwischen den Alarmen unterschied. Es wurde angenommen, dass eine höhere Intensität zu weniger Folgedelikten führt. Hierbei konnte ein moderater signifikanter Effekt beobachtet werden. Ebenso wurde angenommen, dass mit geringerem Zeitabstand zwischen Initialdelikt und Steuerung des Alarms weniger Folgedelikte auftreten, da diese durch früher einsetzende Maßnahmen und somit zeitnaher Abschreckung besser verhindert werden können. Dieser Prädiktor wies in dem multivariaten Modell keinen Effekt auf. Dahingegen konnte ein auf dem 10-%-Niveau signifikanter negativer Effekt für die Variable „Vorserie" beobachtet werden. Diese misst die Anzahl an Delikten, die potenziell zur Serie gehörten, in zeitlicher und räumlicher Nähe aber vor dem alarmauslösenden Delikt stattfanden. Je mehr von diesen vorhanden sind, desto weniger ist mit Folgedelikten zu rechnen. In dem Zusammenhang ist eine interessante modellinhärente Interaktion (Erklärung siehe Gerstner 2017, 49 bzw. Oberwittler/Gerstner 2014) zu beobachten (Abbildung 6). Gibt es zum Auslösedelikt kein vorangehendes Delikt (Vorserie = 0), so ist der Effekt der Maßnahmenintensität besonders stark. Gibt es mehrere vorgelagerte Delikte (Vorserie = 2 oder 3), so nimmt die Stärke des Effekts der Maßnahmenintensität ab. Hier liegt die Vermutung nahe, dass die Serie möglicherweise bereits vonseiten der Täter abgeschlossen wurde oder dass bereits erfolgreiche Täter eine Serie schon bei geringer Maßnahmenintensität eher abbrechen. Dies deutet darauf hin, dass die alarmbezogenen Maßnahmen gewisse Wirkung zeigen und das besonders dann, wenn die Serie schnell erkannt wird. Diese Aussagen sind jedoch aufgrund der geringen Robustheit der Analysen eher Spekulation und sollten, um Bestand zu haben, tiefergehend untersucht werden. Gleiches gilt für die weiteren Zusammenhangsanalysen, die im Rahmen der Evaluation durchgeführt wurden. Im Bereich des Polizeipräsidiums Karlsruhe gibt es einen bivariaten Zusammenhang zwischen der Anzahl an „Near-Repeats" und der Steigerung der Polizeidichte (gemessen über GPS-Daten), der jedoch im multivariaten Modell an Bedeutung verliert.

Tabelle 2: Regressionskoeffizienten und durchschnittliche marginale Effekte aus multivariatem Modell (negativ binomiales Modell), abhängige Variable: Near Repeats, eigene Berechnung (Quellen: PRECOBS-Datenbank P4, ComVor-Datenbank LKA BW; Fälle und Maßnahmendokumentation)

Abhängige Variable: Near Repeats (600 Meter, 7 Tage) simultane Schätzung, Polizeipräsidium Stuttgart	Coef.[a]	AME[b]
Maßnahmenintensität (Factorscore mit Einsatzstunden)	-0.46**	-0.18**
Anteil Beamte Zivil (in 10er-Schritten)	0.01	0.01
Vorserie	-0.89†	-0.35†
Zeit Initialdelikt bis Steuerung (1 = 48 Stunden)	-0.13	-0.05

** $p < 0.01$, † $p < 0.1$
[a] Regressionskoeffizient, [b] durchschnittlicher marginaler Effekt

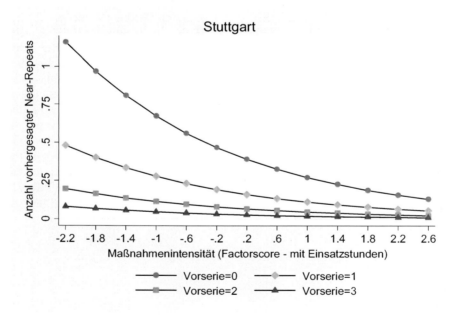

Abbildung 6: Vorhergesagte Werte für unterschiedliche Ausprägungen der Maßnahmenintensität in Abhängigkeit von „Vorserien" (Berechnung aus Regressionsmodells, siehe Tabelle 2, Quellen: PRECOBS-Datenbank P4, ComVor-Datenbank LKA BW; Fälle und Maßnahmendokumentation)

6. Akzeptanz innerhalb der Polizei

Im Kontext des „Prediction-Led Policing Business Process" gilt es letztlich auch zu klären, inwieweit die auf Prognosen basierenden Maßnahmen nicht nur die Kriminalitätslage beeinflussen, sondern wie dadurch der Arbeitsalltag der Polizei beeinflusst wird. Diese komplexe Thematik wurde ebenfalls in der Evaluationsstudie untersucht – wobei hier aus Platzgründen jedoch nur auf den Aspekt der Akzeptanz und des subjektiv wahrgenommenen Nutzens eingegangen wird. Aus Experteninterviews mit den sieben Operatoren ergab sich, dass die Software PRECOBS als benutzerfreundlich und als sinnvolle Ergänzung angesehen wurde. Vor allem für Zeiten hoher Fallbelastung wurde auf die Effizienzsteigerung bei der Übersicht über die Lage hingewiesen. Die Funktionsweise war im Wesentlichen klar und die automatischen Prognosen waren durchschaubar. Vor allem in Hinblick auf nicht automatische Operatorprognosen ist PRECOBS ohnehin kein autonom agierendes System, sondern benötigt für die Bedienung das kriminalistische Wissen der Operatoren.

Während die Operatoren überwiegend über positive Erfahrungen mit PRECOBS berichteten, war die Meinung in einem weiteren Kreis von ca. 700 befragten Polizeibeamten stark polarisiert. Bei einer Online-Befragung hat sich gezeigt, dass ungefähr die Hälfte der Befragten in der erprobten Form des Predictive Policing ein erfolgversprechendes Modell sieht, die andere Hälfte jedoch entgegengesetzter Meinung war. Über sieben Items[14] wurde gemessen, ob in dieser Strategie ein Nutzen gesehen wird (siehe Abbildung 7). Die Bewertung fällt im Polizeipräsidium Karlsruhe tendenziell positiver aus als im Polizeipräsidium Stuttgart. Auffällig war auch, dass diejenigen, die mit vielen Alarmen konfrontiert waren, den Nutzen eher negativer einschätzten (siehe Abbildung 8). Das hat eventuell auch damit zu tun, dass von Teilen der Befragten subjektiv eine Mehrbelastung wahrgenommen wurde und es wegen der Alarme gelegentlich zu Personalengpässen kam. Dieses Problem trat vor allem in Stuttgart auf – inwieweit dies tatsächlich auf die Gesamtorganisation zutrifft, kann durch die Daten nicht beantwortet werden. Im Kontext der präventiven Wirkung dieser Art von Predictive Policing ist zu erwähnen, dass Erfolge für die Beamten auf

---

[14] Index aus 7 Items (Cronbachs Alpha = 0,912): "Predictive Policing ist eine sinnvolle Ergänzung zur normalen Polizeiarbeit", "Predictive Policing ist mehr lästig als nützlich", "Predictive Policing ist ein gutes Hilfsmittel für zielgerichtete Einsatzplanung", "Ein Mehrwert durch Predictive Policing ist nicht vorhanden", "Predictive Policing bleibt für mich ein Blick in die Kristallkugel", "Es ist lohnenswert, über Einsatz bei anderen Delikten nachzudenken", "Die Finanzmittel für das Pilotprojekt hätten woanders sinnvoller eingesetzt werden können".

der Straße nur schwer fassbar sind, da diese nicht unmittelbar messbar sind und z.B. nur eine einzige Verhaftung während eines Alarms registriert wurde. In diesem Zusammenhang ist es nachvollziehbar, wenn PRECOBS-Einsätze häufig Routinen durchbrechen und daher negativ bewertet werden.

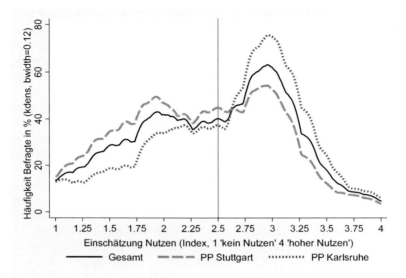

Abbildung 7: Häufigkeitsverteilung: Nutzen-Index nach Polizeipräsidium (n = 552, Quelle: eigene Erhebung, Online-Befragung P4)

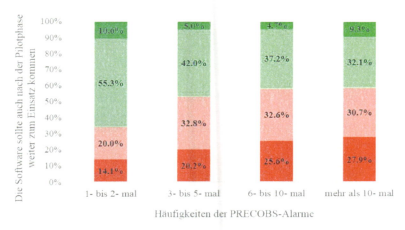

Abbildung 8: Einschätzung zur zukünftigen Entwicklung („Die Software sollte auch nach der Pilotphase weiter zum Einsatz kommen?") in Abhängigkeit der Häufigkeit von PRECOBS-Alarmen (n = 430, Quelle: eigene Erhebung, Online-Befragung P4)

7. Zusammenfassung

Inwieweit Predictive Policing zu einer Verminderung von Wohnungseinbrüchen und zu einer Trendwende in der Fallentwicklung beitragen kann, ist auch nach der Evaluation des Pilotprojekts trotz einiger positiver Hinweise schwer zu beurteilen. Aus empirischen Untersuchungen ist bekannt, dass bestimmte Arten von Kriminalität zu einem gewissen Grad vorhergesagt werden können. Die Vorhersagen für sich stellen allerdings nur einen Teil dessen dar, was als Predictive Policing zu verstehen ist, da diese praxistauglich in den Polizeialltag integriert werden müssen und nur durch geeignete Reaktionen der Polizei eine Wirkung entfalten können. In der Evaluation des Pilotprojekts Predictive Policing wurden diese Aspekte untersucht. Dabei hat sich gezeigt, dass Predictive Policing mit PRECOBS zweckmäßig integriert werden kann. Die über die Methode der „Near-Repeat-Prediction" schnell erstellten Prognosen konnten in einem sinnvollen zeitlichen Rahmen an die Einsatzkräfte gesteuert werden, und die für die entsprechenden Zeiträume und Orte vorgegebenen Maßnahmen konnten in der Regel durchgeführt werden – wobei die Wirkung der Maßnahmen nicht außer Acht gelassen werden darf. Von den Polizisten, die die Software bedienten und die Prognosen erstellten, wurde das Programm als benutzerfreundlich eingestuft und als sinnvolle Ergänzung angesehen – vor allem in Zeiten hoher Fallbelastung. Skepsis bestand bezüglich des Nutzens im ländlichen

Raum. Diese Einschätzung spiegelt sich auch darin, dass es im ländlichen Raum nur sehr wenige Alarme gab. Dies lag auch daran, dass in diesen Gebieten nur sehr wenige Wohnungseinbrüche in die für Prognosen relevanten Gebieten fielen (Near-Repeat Areas und zugehörige Randzonen). Im Landkreis Calw betraf dies z.B. nur 4 % der Delikte.

Auf der gesamten Basis der verfügbaren Daten zu den Prognosen durch PRECOBS, der polizeilichen Maßnahmen sowie der Fallentwicklung konnten bezüglich der Wirksamkeit einige relevante Schlussfolgerungen gezogen werden. Diese sind jedoch wegen methodischer Einschränkungen (kurze Dauer des Evaluationszeitraums, Verzicht auf experimentelles Design, eingeschränkte Anzahl an Testgebieten) bezüglich ihrer Aussagekraft vorsichtig zu bewerten. Aus der reinen Entwicklung der Fallzahlen lassen sich kaum Schlüsse ziehen, da diese natürlichen Schwankungen unterliegen. Deshalb wurde auch das Auftreten von Near-Repeat-Delikten genauer untersucht. In den Near-Repeat-Areas hat sich eine rückläufige Anzahl der als Near-Repeat-Folgedelikt klassifizierbaren Taten gezeigt. Diese Gebiete waren in den Vorjahren besonders anfällig für dieses spezielle Tatmuster, und dort konnte in beiden Polizeipräsidien für Evaluationszeitraum kein signifikantes Near-Repeat-Muster mehr identifiziert werden. Dies kann als Indiz für die Wirksamkeit betrachtet werden. Für die Anzahl der als Folgedelikte klassifizierten Wohnungseinbrüche während der jeweiligen Alarme konnten Zusammenhänge mit der Intensität polizeilicher Maßnahmen im Kontext eines Alarms gemessen werden. Hierbei wurde beobachtet, dass mit höherer Polizeidichte und mehr Maßnahmen weniger Folgedelikte erwartbar sind. Die aus den statistischen Modellen errechneten kriminalitätsmindernen Effekte sind jedoch nur moderat, und für sichere Belege zur präventiven Wirksamkeit ist weitere Forschung nötig. Diese Ungewissheit bezüglich des Nutzens spiegelt sich auch bei einer Befragung von ca. 700 Polizisten, welche nach deren Meinungen und Erfahrungen zum Einsatz von Predictive Policing fragte. Ein zentrales Ergebnis war, dass Einschätzungen zum Nutzen stark polarisiert waren. Diejenigen, die im täglichen Dienst mit besonders vielen Alarmen konfrontiert waren, schätzten den Nutzen geringer ein. Dies kann möglicherweise dadurch erklärt werden, dass die Maßnahmen in Folge der Vorhersagen präventiv wirken und das Ergebnis nicht unmittelbar sichtbar wird.

Mit den Ergebnissen der Evaluation des Pilotprojekts Predictive Policing kann noch keine eindeutige Entscheidung darüber getroffen werden, ob diese Form von Predictive Policing eine eindeutige kriminalitätsmindernde Wirkung hat. Um weitere Gewissheit hierüber zu erhalten, setzt die Polizei Baden-Württemberg PRECOBS deshalb für eine weitere Testphase ein, die wiederum durch das Max-Planck-Institut für ausländisches und internationales Strafrecht evaluiert wird. Neben dem verlängerten Evaluationszeitraum soll ein experimentelles Forschungsdesign die Aussagkraft der Ergebnisse erhöhen. Was in der Studie und in diesem Beitrag darüber hinaus gezeigt werden konnte ist, dass Predictive Policing viel mehr ist, als Prognosen zu erstellen und verschiedene Aspekte für einen erfolgreichen Einsatz relevant sind.

Literatur

Balogh, Dominik A. (2016): Near Repeat-Prediction mit PRECOBS bei der Stadtpolizei Zürich. In: Kriminalistik 5/20165, 335 – 341.

Belina, Bernd (2016): Predictive Policing. In: Monatsschrift für Kriminologie und Strafrechtsreform 99(2), 85-100.

Bode, Felix / Stoffel, Florian / Keim, Daniel (2017): Variabilität und Validität von Qualitätsmetriken im Bereich von Predictive Policing. In: Konstanzer Online-Publikations-System (KOPS).

Degeling, Martin / Berendt, Bettina (2017): What is wrong about Robocops as consultants? A technology-centric critique of predictive policing. In: AI & SOCIETY.

Egbert, Simon (2017): Siegeszug der Algorithmen? Predictive Policing im deutschsprachigen Raum. In: Aus Politik und Zeitgeschichte 67(32-33), 17-23.

Gerstner, Dominik (2017): Predictive Policing als Instrument zur Prävention von Wohnungseinbruchdiebstahl. Evaluationsergebnisse zum Baden-Württembergischen Pilotprojekt P4, Freiburg im Breisgau. Verfügbar unter: www.mpicc.de/predictive-policing_, Zugriff: 15.01.2018.

Gluba, Alexander (2014): Predictive Policing – eine Bestandsaufnahme. Historie, theoretische Grundlagen, Anwendungsgebiete und Wirkung. In: Kriminalistik 6/2014, 347-352.

Gluba, Alexander (2016): Mehr offene Fragen als Antworten: Was für eine Bewertung des Nutzens von Predictive Policing noch zu klären ist. In: Die Polizei 107(2), 53-57.

Gluba, Alexander / Heitmann, Stefan / Hermes, Nina (2015): Reviktimisierung bei Wohnungseinbrüchen. Eine empirische Untersuchung zur Bedeutung des Phänomens der (Near) Repeat Victimisation im Landkreis Harburg, in: Kriminalistik 7/2015, 368-376.

Grossman, Lev / Brock-Abraham, Cleo / Carbone, Nick / Dodds, Eric / Kluger, Jeffrey / Park, Alice / Rawlings, Nate / Suddath, Claire / Sun, Feifei / Thompson, Mark (2011): The 50 best inventions. In: Time Magazine 178(21), 55-82.

Hoppe, Laura / Gerell, Manne (2018): Near-repeat burglary patterns in Malmö: Stability and change over time. In: European Journal of Criminology.

Hunt, Priscillia / Saunders, Jessica / Hollywood, John S. (2014): Evaluation of the Shreveport Predictive Policing Experiment.

Johnson, Shane D. / Bowers, Kate J. (2014): Near Repeats and Crime Forecasting, in: Bruinsma, Gerben / Weisburd, David (Hrsg.), Encyclopedia of Criminology and Criminal Justice. New York, NY, 3242-3254.

Mohler, George O. / Short, Martin B. / Malinowski, Sean / Johnson, Mark / Tita, George E. / Bertozzi, Andrea L. / Brantingham, P. Jeffrey (2015): Randomized Controlled Field Trials of Predictive Policing. In: Journal of the American Statistical Association 110(512), 1399-1411.

Oberwittler, Dietrich / Gerstner, Dominik (2014): Die Modellierung von Interaktionseffekten in Erklärungsmodellen selbstberichteter Delinquenz – Ein empirischer Vergleich von linearer OLS-Regression und negativer Binomialregression anhand der Wechselwirkungen von Risikoorientierung und Scham. In: Eifler, Stefanie / Pollich, Daniela (Hrsg.): Empirische Forschung über Kriminalität. Wiesbaden, 275-301.

Perry, Walter L. / McInnis, Brian / Price, Carter C. / Smith, Susan C. / Hollywood, John S. (2013): Predictive policing: The role of crime forecasting in law enforcement operations.

Pollich, Daniela / Bode, Felix (2017): Predictive Policing: Zur Notwendigkeit eines (sozial-)wissenschaftlich basierten Vorgehens. In: Polizei und Wissenschaft 2017(3), 2-12.

Ratcliffe, Jerry H. 2008: Near Repeat Calculator (version 1.2), Temple University, Philadelphia, PA and the National Institute of Justice, Washington, DC.

Schweer, Thomas (2015): "Vor dem Täter am Tatort" – Musterbasierte Tatortvorhersagen am Beispiel des Wohnungseinbruchs. In: Die Kriminalpolizei Heft 1, 13-16.

Short, Martin B. / D'Orsogna, Maria R./ Brantingham, P. Jeffrey / Tita, George E. (2009): Measuring and Modeling Repeat and Near-Repeat Burglary Effects. In: Journal of Quantitative Criminology 25(3), 325-339.

Townsley, Michael / Homel, Ross / Chaseling, Janet (2003): Infectious Burglaries. A Test of the Near Repeat Hypothesis. In: British Journal of Criminology 43, 615-633.

Uchida, Craig D. (2014): Predictive Policing. In: Bruinsma, Gerben/Weisburd, David (Hrsg.): Encyclopedia of Criminology and Criminal Justice. New York, NY, 3871-388

Vorhersage von Gruppendynamiken auf der Grundlage von Daten aus sozialen Netzwerken

Dirk LABUDDE

1. Motivation

Die Digitalisierung ist in vollem Gange. Sie betrifft uns alle – und sorgt für einen tiefgreifenden Wandel in jedem Lebensbereich. Die digitale Transformation eröffnet dabei große Chancen für mehr Lebensqualität, revolutionäre Geschäftsmodelle und effizienteres Wirtschaften. Aber sie birgt auch Risiken im Hinblick auf die Anzahl und die Qualität von Straftaten.

Das Kommunikationsverhalten von Menschen hat sich in der letzten Dekade stark verändert. Es hat eine Verlagerung der Kommunikation in die virtuelle Welt stattgefunden, welche durch die entsprechenden Technologien unterstützt wird. Auf der einen Seite hat die Anzahl der Kommunikationen und der ausgetauschten Nachrichten deutlich zugenommen, auf der anderen Seite lässt sich ein Trend zu spezifischen Sub-Sprachen erkennen. Chats von Jugendlichen zeichnen sich durch eine deutlich veränderte Wortwahl im Vergleich zu anderen Altersgruppen aus. Neben der Zunahme von Cyberkriminalität im engeren und erweiterten Sinne erfolgt auch ein Teil der Kommunikation zur Planung, Vorbereitung und Durchführung einer Straftat im digitalen Raum.

Die moderne Gesellschaft ist global vernetzt, wir kommunizieren in Sekundenschnelle mit Freunden, Bekannten und Geschäftspartnern weltweit. Mit den positiven Möglichkeiten der Internetnutzung gehen aber auch negative Begleiterscheinungen einher: Cyberkriminellen bieten sich vielfältige Tatgelegenheiten. Straftaten verlagern sich ins Internet, neue Kriminalitätsphänomene entstehen. Der Effekt der Entstehung neuer Kriminalitätsphänomene hat eine Reihe von gesellschaftlichen und gesellschaftspolitischen Diskussionen in Gang gesetzt. Allein die Begriffe „Sicherheit", „Terror" und „Cyberattacke" sind zu sogenannten Schlüsselwörtern geworden.

Aus vielen Studien wird klar, dass das Phänomen Internetkriminalität oder Cybercrime verschiedene Termini besitzt. Unter Cybercrime oder IuK-Kriminalität werden Straftaten verstanden, die unter Ausnutzung moderner Informations- und Kommunikationstechnik (IuK) begangen werden (Bundeslagebild Cybercrime 2016). Dazu zählen: Straftaten, bei denen Elemente der EDV in den Tatbestandsmerkmalen enthalten sind (Computerkriminalität) oder bei denen die IuK zur Planung, Vorbereitung oder Ausführung einer Tat eingesetzt wird/wurde; Straftaten im Zusammenhang mit Datennetzen wie z. B. dem Internet; Fälle der Bedrohung von Informationstechnik.

Letzteres schließt alle widerrechtlichen Handlungen gegen die Integrität, Verfügbarkeit und Authentizität von elektronisch, magnetisch oder sonst nicht unmittelbar wahrnehmbar gespeicherten oder übermittelten Daten (Hacking, Computersabotage, Datenveränderung, Missbrauch von Telekommunikationsmitteln etc.) ein. Bei der Begriffsdefinition wird jedoch deutlich, dass diese einen sehr weitläufigen Bereich abdeckt. Dies liegt an den vielschichtigen Varianten der aktuellen Kriminalitätsphänomene unter Einbezug des Internets, sowie der dynamischen Entwicklung der Computertechnik. Mit dem Inkrafttreten der Cybercrime Konvention in Deutschland am 01.07.2009 wurde das deutsche Strafrecht an die aktuellen Entwicklungen im Bereich der Internet- und Computerstraftaten angepasst. Im Wesentlichen werden zwei Begriffe in diesem Zusammenhang verwendet: „Computerkriminalität im engeren Sinne" und „Computerkriminalität im weiteren Sinne".

Bei der „Computerkriminalität im engeren Sinn" handelt es sich um Delikte, bei denen in den Tatbestandsmerkmalen der jeweiligen Norm (Straftat oder auch Ordnungswidrigkeit) Elemente der elektronischen Datenverarbeitung genannt sind. Darunter fallen beispielsweise der Computerbetrug (§ 263a StGB), das Ausspähen, Abfangen und die Hehlerei von Daten (§ 202a, 202b, 202c, 202d StGB), die Datenveränderung sowie die Datensabotage (§ 303a und 303b StGB), Fälschung beweiserheblicher Daten (§ 269 StGB) oder die Störung öffentlicher Betriebe (§ 316b StGB). Daneben befassen sich weitere Gesetze mit diesen Deliktarten. So zum Beispiel das Urheberrechtsgesetz (UrhG), das Bundesdatenschutzgesetz (BDSG), das Telekommunikationsgesetz (TKG), das Gesetz gegen den unlauteren Wettbewerb (UWG) oder das Gesetz über den Schutz von Marken und sonstigen Kennzeichen (MarkenG).

Unter den Begriff „Computerkriminalität im weiteren Sinn" fallen Straftaten, für deren Durchführung ein elektronisches Datenverarbeitungssystem unter Einbezug von Informations- und Kommunikationstechnik genutzt wird. Dazu zählen zum Beispiel der Warenkreditbetrug, Propagandastraftaten aus extremistischen Kreisen, Gewaltverherrlichung, das Verbreiten von Kinderpornografie oder Beleidigungstatbestände. Mit der weltweiten Zunahme der Internetnutzung wird die Verbreitung strafbarer Inhalte dieser Kategorie vereinfacht. Aus der Definition lassen sich insofern Tathandlungen ableiten, zu deren Begehung das Internet und vorhandene gespeicherte Daten genutzt (Phishing, Betrug, Urheberrechtsverletzungen, Kreditkartenmissbrauch oder Propagandastraftaten, Cybermobbing), neue Daten generiert und veröffentlicht (Verbreitung von (Kinder-)Pornographie, Verbreitung terroristischer Ideologien, Gewaltdarstellungen, Aufstachelung zum Rassenhass) oder Angriffe auf das Medium Internet selbst durchgeführt werden (Verbreitung von Viren, Würmern und Trojanern, Eindringen in PC-Anlagen zur Datenänderung, Datenlöschung oder zum Datendiebstahl, „Denial of Service"Attacken) (BKA Österreich 2015, 10).

Bei den Landespolizeidirektionen werden Cybercrime-Delikte in der Regel durch örtliche Fachdienststellen bearbeitet oder – z. B. bei schwerwiegenden und überregionalen Fällen – auch durch das jeweilige Landeskriminalamt (LKA). Das Bundeskriminalamt unterstützt die Polizeien der Länder bei der Verhütung und Verfolgung von Straftaten mit länderübergreifender, internationaler oder sonst erheblicher Bedeutung. In bestimmten Fällen kann auch das BKA selbst die polizeilichen Aufgaben auf dem Gebiet der Strafverfolgung wahrnehmen und Ermittlungsverfahren führen.

Am 1.7.2009 trat, die im März vom Deutschen Bundestag ratifizierte „Cybercrime Convention" des Europarates in Kraft. In dieser Konvention werden keine Straftatbestände festgelegt, sondern Kategorien gebildet, denen jeder Mitgliedstaat seine strafbewehrten Handlungen zuordnen kann oder in Ermangelung entsprechender Tatbestände verpflichtet ist, neue Gesetze zu erlassen.

Daneben befassen sich weitere Gesetze mit diesen Deliktarten. So zum Beispiel das Urheberrechtsgesetz (UrhG), das Bundesdatenschutzgesetz (BDSG), das Telekommunikationsgesetz (TKG), das Gesetz gegen den unlauteren Wettbewerb (UWG) oder das Gesetz über den Schutz von Marken und sonstigen Kennzeichen (MarkenG).

Jeder Bürger soll selbst bestimmen können, und jeder Bürger soll wissen, wer was wann und unter welchen Bedingungen über ihn weiß und über ihn in Erfahrung bringen darf. Ausnahmen dürfen nur auf gesetzlicher Basis erfolgen, wenn das Interesse Dritter bzw. der Allgemeinheit schwerer wiegt, als die Schutzinteressen des Betroffenen. In diesem Zusammenhang stehen die § 163 und § 152 (StPO), welche deutlich die Pflichten von Behörden regeln und festlegen.

2. Predictive Policing

Das in den USA durchgeführte Predictive Policing, die vorhersagende Polizeiarbeit, wurde auch in Deutschland mit einigen Studien getestet. Unter Nutzung und Weiterentwicklung von Geographischen Informationssystemen sowie raumbasierter Algorithmen und Modellierungen werden für beliebige Orte die Auftrittswahrscheinlichkeiten von Straftaten ermittelt. In der Praxis erhält damit die Polizei ortsbezogene Hinweise für die strategische Planung ihrer Einsätze. Für die Humangeographie und die Geoinformatik ist Predictive Policing also ein äußerst interessantes Beobachtungs- und Betätigungsfeld, das in diesem Beitrag unter die Lupe genommen werden soll. In Baden-Württemberg wird im Rahmen eines Pilotprojekts untersucht, wie die Softwarelösung „Precobs" (Pre

Crime Observation System) dazu beitragen kann, Wohnungseinbrüche zu verhindern. Das Landeskriminalamt Bayern (LKA) setzt die Software in gleicher Weise ein. Eine Voraussetzung für Prognosen durch Precops ist aber immer, dass Daten vergangener Taten in die Datenbank des Systems eingespeist wurden. Trotzdem verfügt auch diese Technik und die damit verbundenen Technologien über Grenzen, sowohl technischer, als auch gesellschaftspolitischer Natur. In der wissenschaftlichen Literatur wird bereits seit längerem kontrovers über die Potenziale und Grenzen des Einsatzes von Predictive Policing in den USA und anderen englischsprachigen Ländern diskutiert (vgl. u. a. Perry et al. 2013, 115; Hunt et al. 2014, 7 ff.; Nix 2015, 275 ff.; Benbouzid 2015, 53 ff.; Aradau/Blanke 2016, 3 ff.; Polansky/Fradella 2016, 40 ff.; Ferguson 2012, 261 ff. und 2016, 30 ff.; Chan/Bennett-Moses 2016, 26 ff.). Fachgebiete wie Politik-, Rechts- und Polizeiwissenschaften, Kriminologie, (Kriminal-)Soziologie oder auch Geographie liefern Beiträge zu diesem Diskurs. In der Bundesrepublik ist demgegenüber die wissenschaftliche Debatte noch recht übersichtlich (vgl. Gluba 2014 und 2016; Hedelt 2016, 166 ff.; Merz 2016; Belina 2016). Erste Ansätze gehen in das 18. Jahrhundert zurück (Abbildung 1).

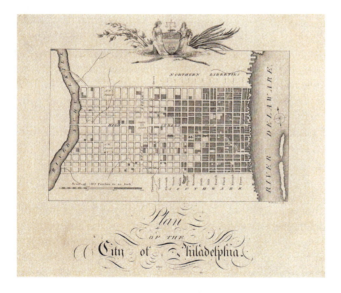

Abbildung 1: Erste Ansätze der Kriminalstatistik. Städte wurden in Quadranten eingeteilt und die Anzahl der Verbrechen visualisiert (Foster 2004)

In Gitternetzen, welche sich über eine Region erstrecken, wurden die Anzahl der Verbrechen eingezeichnet. In der heutigen Zeit werden computergestützte

Ansätze verwendet. Ziel dieser Werkzeuge ist die Kennzeichnung von sogenannten Hotspots, Gebiete mit einer erhöhten Kriminalitätsrate. Erst in der letzten Dekade kamen Wahrscheinlichkeitsmodelle bzw. Ausbreitungsmodelle, analog zu Ansätzen aus der Epidemiologie, hinzu. Die Epidemiologie (von griech. epi „auf, über", demos „Volk", lógos „Lehre") ist eine wissenschaftliche Disziplin, die sich mit der Verbreitung sowie den Ursachen und Folgen von gesundheitsbezogenen Zuständen und Ereignissen in Bevölkerungen oder Populationen beschäftigt. Das epidemiologische Verhalten der meisten Infektionskrankheiten kann mittels mathematischer Modellierungen nicht nur untersucht, sondern auch prognostiziert werden. Solche mathematischen Ansätze und Modelle wurden auf das Gebiet des „Predictive Policing" in urbanen Räumen übertragen.

"Predictive Policing" bedeutet "vorausschauende Polizeiarbeit" und bezeichnet die Verwendung mathematischer Modelle, um Tatwahrscheinlichkeiten vorherzusagen und durch operative Maßnahmen, beispielsweise erhöhte polizeiliche Präsenz, auf diese zu reagieren. In der Verbrechenssoziologie wird seit den 1970er Jahren von der „Repeat Victimisation" (Grove/Farrell 2011) gesprochen, die sich Vorhersagesoftware zunutze macht. Gemeint ist die Annahme, dass Orte oder Personen mehrfach aufgesucht („viktimisiert") würden. „Re-Viktimisierungen" finden demnach sehr bald nach den vorherigen Ereignissen statt (meist bis 48 Stunden danach). Dieser Sachverhalt lässt sich in einen Algorithmus überführen und anwenden. Vielleicht erklärt dies die momentane Beschränkung der in Deutschland getesteten Software auf Wohnungseinbruch, denn dort wurde die „Repeat Victimisation" häufig nachgewiesen getestet. Allerdings wurde die Hypothese laut der Studie in den USA auch im Zusammenhang mit Feuergefechten, KFZ-Diebstahl oder Raub überprüft und später um die „Broken Windows-Theorie" ergänzt. An dieser Stelle sei noch mal auf die unterschiedliche Datenlage in den USA und Deutschland in Bezug auf Kriminalitätsraten in den unterschiedlichen Deliktbereichen hingewiesen, welche eine direkte Überführung auf Deutschland verhindert bzw. nur bedingt möglich macht.

Eine weitere theoretische Grundlage ist die „Routine-Activity-Theorie" (Pesch/Neubacher 2011), die regelmäßige Tätigkeiten untersucht und einbezieht. Zu diesen Routineaktivitäten gehört das Ausgehen am Wochenende, der Besuch von Großveranstaltungen oder das Pendeln zur Arbeit. Computergestützte Ansätze machen sich dies zunutze, indem Daten von Großveranstaltungen oder Verkehrsdaten eingebunden werden. In einer ähnlichen Herangehensweise wird ein „Lifestyle Approach" angenommen, der bestimmte Tätigkeiten nach Alter, Geschlecht, Einkommen, Familienstand oder Bildung zuschreibt. So kann etwa berücksichtigt werden, in welchen Gegenden Menschen mit hohem Einkommen oder wenig Bildung leben, was dann Rückschlüsse auf bevorstehende Straftaten erlauben kann.

Insbesondere im urbanen Raum könnte durch Predictive Policing eine ökonomische Effizienzsteigerung der Polizeiarbeit erfolgen. Durch die stetig wachsende Datengrundlage in Folge moderner Technologien, könnte diese Technik in den nächsten Jahren immer bedeutsamer werden. Dabei werden die Methoden zur Vorhersage bereits in anderen Branchen eingesetzt, so zum Beispiel in der Marktforschung. Beispielsweise können Verbindungen zwischen dem Kauf gewisser Artikel und bevorstehenden Wetterereignissen gezogen werden. Die amerikanische Supermarktkette Wal-Mart stellte dabei fest, dass Kunden vor angekündigten schlechten Wetterereignissen gehäuft Wasserflaschen, Klebeband und Erdbeerkuchen kaufen. Die Verbindung der ersten beiden Artikel zu schlechten Wetterereignissen ist offensichtlich, die des Erdbeerkuchens jedoch nicht. Dennoch kann mit Hilfe von statistischen Analysen eine derartige Verbindung aufgedeckt werden.[1] In gleicher Art und Weise können Verbindungen zwischen kriminalistisch relevanten Ereignissen durch die Techniken des Predictive Policing abgeleitet werden. Durch die Untersuchung und Auswertung vergangener Ereignisse in lokaler Umgebung können zukünftige Verbrechen mit einer gewissen Konfidenz vorhergesagt werden.

Vor allem durch das Aufkommen der Massendaten und neuartiger Auswertemethoden im Bereich Big Data hat Predictive Policing an Diskussionspotential in den letzten Jahren gewonnen. Eine im Jahr 2008 veröffentlichte Studie bedient sich der Analyse wiederkehrender lokaler Muster, um das Auftreten von Schießereien in Philadelphia, USA vorherzusagen (Ratcliffe/Rengert 2008). Durch die Anwendung räumlich-zeitlicher Clusteringmethoden konnte gezeigt werden, dass das Auftreten einer erneuten Schießerei innerhalb von zwei Wochen und maximal einen Bezirk entfernt um 33% erhöht ist (siehe Abbildung 2). Auch wenn der Deliktbereich Schießereien in Deutschland kein Massendelikt ist, soll dieses Beispiel die Kombination von verschiedenen Auswertemethoden hervorheben.

---

[1] ABC News (27.08.2011): Hurricane Irene: Pop-Tarts Top List of Hurricane Purchases. Verfügbar unter: http://abcnews.go.com/US/hurricanes/hurricane-irene-pop-tarts-top-list-hurricane-purchases/story?id=14393602 [Zugriff: 18.01.2018].

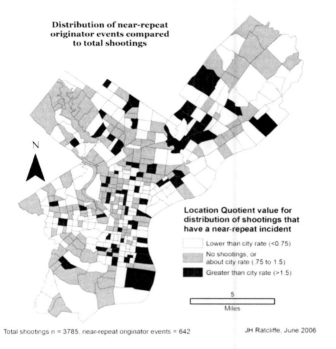

Abbildung 2: Die Vorhersage des Auftretens von Schießereien im räumlich-zeitlichen Umfeld von Philadelphia, USA (Ratcliffe/Rengert 2008, 58-76)

Vor allem in Bezug auf die Wiederholung von Straftaten kann Predictive Policing einen wertvollen Beitrag leisten. Eine Untersuchung aus dem Jahr 2012 analysierte das Auftreten von Einbruchserien. Hierbei wurde gezeigt, dass zwischen Beginn und Ende der Serie selten mehr als sieben Tage liegen (Haberman/Ratcliffe 2012). Auch der organisatorische Umfang der präventiven Bekämpfung derartiger Delikte kann durch den Einsatz von Predictive Policing besser abgeschätzt werden. Dies erweist sich jedoch als besonders anspruchsvoll, wenn wie im Beispiel von kurz andauernden Einbruchserien schnelles Eingreifen und Flexibilität in der Organisationsstruktur notwendig sind. Hier sei auch noch mal auf die Unterschiede zwischen USA und Deutschland hingewiesen.

Generell sind die Aussichten des Vorhersagens von sogenannten Kriminalitäts-Hot-Spots vielversprechend. Insbesondere das Verwenden von aufgezeichneten Daten zur Bildung einer Hot-Spot-Karte führt zu erfolgreichen Vorhersagen von Kriminalitätsschwerpunkten (Bowers 2004).

Die Anwendung auf urbane Systeme ist Gegenstand aktueller Forschung (Groff 2007). Dies beruht häufig auf der Annahme, dass Straftaten sich räumlich als auch zeitlich zuordnen lassen (Johnson 2008). Dennoch existieren zwei Grundannahmen. Zum einen besagt die sogenannte Boost-Theorie, dass durch einen Einbruch betroffene Häuser zukünftig noch weitere Straftäter anziehen, die die guten Gelegenheiten weiter ausnutzen wollen (z. B. nach dem ersten Einbruch ersetzte oder zurückgelassene Gegenstände). Konträr dazu besagt die Flagged-Theorie, dass mehrere Einbrüche das Risiko für die Straftäter erhöhen: die attraktiven Ziele sind bereits polizeibekannt oder markiert (flagged).

Auch die Vorhersage des am wahrscheinlich nächsten räumlichen Ballungszentrums (Clusters) einer Verbrechensserie ist ein wichtiger Indikator, der für die Analyse herangezogen werden sollte. Auch wenn die konkrete Lokalisierung zukünftiger Cluster schwierig erscheint, zeigen sich gewisse Muster, die ein "Gleiten" in nahe Stadtgebiete widerspiegeln (Johnson 2004).
Die Integration taggenauer Informationen in die Vorhersage von Kriminalitäts-Hot-Spots erhöht die Chancen engere Zeitfenster angeben zu können, in denen ein Verbrechen wahrscheinlich stattfinden wird. Damit können vorhandene Ressourcen und Polizeikräfte effizienter und intelligenter verteilt werden (Tompson/Townsley 2010).

Bereits existierende Studien haben gezeigt, dass die Vorhersage von Verbrechensschauplätzen an Genauigkeit gewinnt, sobald größere Datengrundlagen betrachtet werden. Am Beispiel von Seattle, USA, wurden Daten von 14 Jahren einbezogen, um den generellen Trend und die Verschiebung von Kriminalitäts-Hot-Spots zu untersuchen (Weisburd et al. 2004).

Die Möglichkeiten der Analyse und Vorhersage raumzeitlicher Muster von Kriminalität lassen sich schließlich dadurch erweitern, dass weitere Daten und Informationen aus geeigneten Datenpools oder auch den Sozialen Medien in die Systeme integriert werden oder fallweise auch Big Data Knowledge hinzugezogen wird (Biermann 2017). Vom Data Mining (einschließlich der Methoden des Text Mining) versprechen sich Anwender solcher Systeme erhebliche Erkenntnisgewinne bei der Prävention und Bekämpfung von Kriminalität (vgl. Polansky/Fradella 2016, 15; vgl. Schürmann 2015, 4). Zukünftige methodisch-technische Erweiterungen des Predictive Policing lassen sich abschätzen, wenn man die Entwicklungen im Bereich der computerbasierten Künstlichen Intelligenz, lernender Computersysteme sowie des Cognitive Computing betrachtet und einbezieht.

3. Predictive Policing im Zeitalter der Sozialen Medien

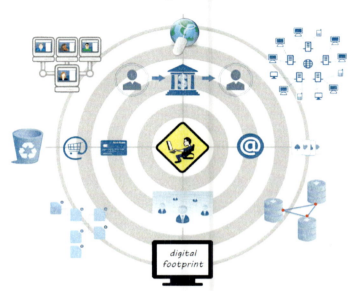

Abbildung 3: Überblick der möglichen digitalen Daten und Spuren

Jeder Nutzer hinterlässt eine Menge persönlicher Daten, bewusst oder unbewusst. Die Vielfalt und Menge der digitalen Daten und Spuren stellt eine große Herausforderung in der täglichen Ermittlungsarbeit dar. Dieses Phänomen wird mit dem Begriff „Big Data" in Zusammenhang gebracht. Die Menge an digitalen Daten stellt einen Datenpool für Methoden aus dem Gebiet der Big Data bereit und ermöglicht die Entwicklung und Anwendung von Vorhersagealgorithmen (Predictive Policing). Bei der Analyse und Aufklärung von Straftaten, die im Zusammenhang mit oder unter Nutzung des Internets bzw. mithilfe modernster Computertechnik begangen wurden, können heute verschiedenste digitale Daten herangezogen werden. Abbildung 3 gibt einen Überblick der möglichen digitalen Daten und Spuren. In erster Linie gehen in die Analyse beispielsweise Texte, Kurznachrichten, Bilder, Videos, Browserinhalte (Surfverhalten) und persönliche Informationen aus sozialen Netzwerken ein. Durch die bereitgestellte Technik können aus diesen Daten auch die korrespondierenden Metadaten für die Analyse herangezogen werden. Die Information und das abgeleitete Wissen aus digitalen Daten und Spuren werden in komplexen Verfahren mit den Informationen aus physischen Spuren korreliert.

Das Kommunikationsverhalten (Teil des digitalen Fußabdruckes) eines Nutzers bzw. einer Gruppe von Nutzern kann mit modernen Methoden des Text Mining analysiert werden. Mit dem Terminus Text Mining werden computergestützte Verfahren für die semantische Analyse von Texten bezeichnet, welche die automatische bzw. semi-automatische Strukturierung von Texten, insbesondere sehr großen Mengen von Texten, unterstützen (Heyer et al. 2006; Labudde/Spranger 2016; Spranger et al. 2014a; 2014b). Aufgaben sind unter anderem:
 -Identifikation von Termini,
 -Berechnung semantischer Relationen,
 -Ähnlichkeiten zwischen Begriffen bestimmen,
 -Ähnlichkeiten zwischen Dokumenten bestimmen,
 -Finden von Definitionen, Erläuterungen, Referenzen.

Gruppen in sozialen Netzwerken unterliegen den gleichen Bedingungen wie eine Gruppe im realen Raum. Auch eine virtuelle Gruppe besitzt wohldefinierte Dimensionen, um die Bewältigung einer gemeinsamen Aufgabe zu garantieren. Die Abbildung 4 stellt die erforderlichen Dimensionen dar.

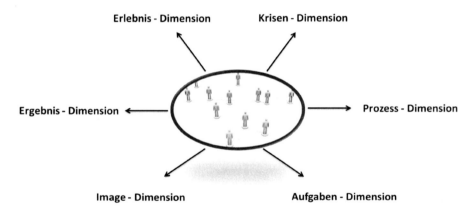

Abbildung 4: Dimensionen einer virtuellen Gruppe (nach Sulzbacher 2003, S. 12-15)

Im Vergleich zu Gruppen in der realen Welt ist die Hierachie in virtuellen Gruppen sehr flach. Dies führt zu einer größeren Dynamik und einer geschätzten „höheren Ehrlichkeit". Die tabellarische Gegenüberstellung von Vor- und Nachteilen der Kommunikation in realen und virtuellen Gruppen zeigt eine starke Sachorientierung bei geringem sozialem Einfluss (Tabelle 1). Als Grundlage dienen die statistischen Erhebungen des Lehrstuhls für Politische Theorie und Ideengeschichte der TU Dresden und des Göttinger Instituts für Demokratieforschung[2] im Vergleich mit Äußerungen von Usern auf der offiziellen Facebook-Seite von Pegida. Ausgehend von der Beobachtung, dass in den Sozialen Netzwerken jeweils spezifische Teilnehmer-Populationen in charakteristischer Weise Kommunikatiosgruppen (virtuelle Gruppe) bilden, spezifisches Wissen teilen, eigene Regeln, Gesetze, Gewohnheiten bis zu Mythen und Ritualen teilen, können diese als „Kulturräume" verstanden werden. Die Kommunikation ist nicht pauschal durch Anonymität oder Deindividuation geprägt, denn auch sie findet zwischen Personen (Nutzern) statt, die sich persönlich kennen können, bzw. schon längere Zeit medial kommunizieren. Der transportierte Inhalt ist vom Deindividuationsgrad abhängig und kann sich von realen Gruppen (gleicher Interessen) unterscheiden (Döring 2003, 174-178).

Tabelle 1: Vergleich Gruppenkommunikation reale und virtuelle Welt (nach Sulzbacher 2003)

Vorteile Gruppenkommunikation in der realen Welt	Keine Unterschiede	Vorteile Gruppenkommunikation in der virtuellen Welt
Besseres Verständnis von Inhalten	Effektivität der Gruppe	Wenig soziale Einwirkungen
Gruppenentscheidungen können leichter erzielt werden	Situationsbezogenes Wissen	Gleichmäßige Verteilung von Kommunikation
Starker Wissenszuwachs, trotz geringer Sachorientierung		Starke Sachorientierung

Der transportierte Inhalt in virtuellen Gruppen kann analog zu realen Gruppen in folgende Schwerpunkte unterteilt werden: Information (eigentliche Nachricht), Emotionen, Meinungen und Standpunkte. Eine Analyse gerade von Meinungen und Standpunkten ist im Kontext der Dynamik von virtuellen Gruppen und der Extraktion zusätzlicher Informationen im Bereich Predictive Policing

---

[2] Vorländer Hans (14.01.2015): Wer geht warum zu PEGIDA-Demonstrationen? Präsentation der ersten empirischen Umfrage unter PEGIDA-Teilnehmern. Verfügbar unter: https://tu-dresden.de/ressourcen/dateien/aktuelles/news/Downloads/praespeg?lang=de;
Walter, Franz (19.01.2015): Studie zu Pegida: Aktuelle Forschungsergebnisse zu den PEGIDA-Protesten. In: Blog des Göttinger Instituts für Demokratieforschung. Verfügbar unter: http://www.demokratie-goettingen.de/blog/studie-zu-pegida
[Zugriff: 18.01.2018].

von besonderem Interesse und kann durch eine sorgfältige *Sentiment Detection* computergestützt durchgeführt werden. Sentiment Detection (auch Sentimentanalyse, englisch für „Stimmungserkennung") ist ein Untergebiet des Text Mining und bezeichnet die automatische Auswertung von Texten mit dem Ziel, eine geäußerte Haltung als positiv oder negativ zu erkennen. Diese Methoden werden von Firmen zur sogenannten Trendanalyse eingesetzt. Zur statistischen Analyse geht man von einer Grundmenge von Begriffen (oder N-Grammen) aus, mit denen man positive oder negative Tendenzen verbindet. Die Häufigkeiten positiver und negativer Begriffe im analysierten Text werden einander gegenübergestellt und bestimmen die vermutete Haltung. Soziale Netzwerke wie Facebook, Twitter, Google+, Instagram, Pinterest, Flickr und Snapchat (Aufzählung unvollständig) können als Quellen für die Ermittlung von Haltungen, Emotionen bzw. Stimmungen genutzt werden. Ein Verfahren im Sinne der Annahmen und Verfahren vom Predictive Policing, welches mit Daten aus Sozialen Netzwerken arbeitet, wurde in (Spranger et al. 2015) vorgestellt.

Vorhersage von Gruppendynamiken

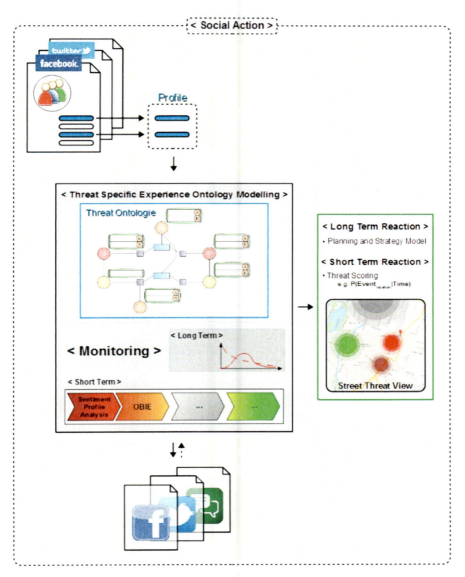

Abbildung 5: Die zentrale, experten-modellierte bedrohungsspezifische Ontologie beschreibt die Umgebung und deren Informationsgehalt einer spezifischen Bedrohung (Spranger 2015)

Die zentrale, *experten-modellierte* Ontologie beschreibt die Umgebung, Verarbeitung und deren Informationsgehalt einer spezifischen Bedrohung. Aus Gruppen, deren Mitglieder an einer wohldefinierten Diskussion teilnehmen und von denen einige Nutzer ein Profil besitzen, welches der Gefahrenlage entspricht, werden digitale Daten abgeleitet. Für die Informationsextraktion werden Techniken des Text Mining verwendet. Verschiedene Scoring-Funktionen ermöglichen die Identifizierung von Bedrohungs-Hot-Spots oder können für die Ableitung langfristiger Entwicklungen von Gruppen und Cliquen genutzt werden. In keinem Schritt müssen personenbezogene Daten erhoben werden. In die Ontologie werden neben den Resultaten der Informationsextraktion mittels Text Mining auch Reaktionen der Nutzer auf bekannte Posts (z. B. Facebook) mit Hilfe der Sentimentanalyse ausgewertet. Da soziale Netzwerke ein API (application programming interface) anbieten und das zugrundeliegende Datenmodell bekannt ist, sind diese Prozesse automatisierbar.

Zu den einzelnen Arbeitsschritten gehören:
- Extraktion von Posts und Kommentaren
- Erstellung einer bedrohungsbezogenen Ontologie, der innewohnenden Semantik und verallgemeinerte Sentiments der Gruppenmitglieder
- Detektion von „sichtbaren" kurzfristigen Reaktionen
- Simulation der zeitlichen Entwicklung von Gruppen und Hotspots
- Versuch der Vorhersage des Verhaltens

Die Erhöhung der Widerstandsfähigkeit der Gesellschaft gegen Störungen wie Katastrophen, Angriffe oder drohende Gruppen ist eine große Herausforderung. Drohende Gruppen werden in diesem Zusammenhang als extremistische Gruppe oder Gruppen, die eine Straftat planen, gesehen. Der Begriff geht von der Normierung eines „politischen Spektrums" aus, das aus einer normativen Mitte und „Rändern" („links außen" und „rechts außen") besteht. Eine „extreme" Position wird demgemäß als Rand im Verhältnis zur angenommenen Mitte, zugleich als Minderheit zur derzeitigen Mehrheit und als Gegensatz zu deren politischer Orientierung und zur herrschenden politischen Ordnung betrachtet. Jüngste Ereignisse heben die Bedeutung einer belastbaren Gesellschaft hervor. Als solche Ereignisse sind nicht nur Anschläge im Sinne des Terrorismus, sondern auch die Zunahme von Radikalisierung über das Internet zu sehen. In diesem Zusammenhang muss auch die Möglichkeit der Verabredung zu Straftaten über das Internet eingeordnet werden.

Das Verständnis der Prozesse des Resilience Engineering können für die Erhöhung der Widerstandsfähigkeit zielführend sein. Voraussetzungen dafür sind Informationen über relevante bevorstehende Veranstaltungen und Aktivitäten, sie können bei der Vorbereitung von staatlichen Maßnahmen helfen. Ver-

Vorhersage von Gruppendynamiken

anstaltungen und Aktivitäten sind Ereignisse, die die öffentliche Ordnung gefährden.

Informationen darüber können aus sozialen Netzwerken gewonnen und in den aktuellen Kontext gesetzt werden und die Basis für eine langfristige und kurzfristige strategische Planung von Sicherheitskräften bilden. Die Nutzung des Monitoring von drohenden Gruppen in sozialen Netzwerken kann als Rahmen und Basis für die Planung von Sicherheitskräften genutzt werden. Eine zusätzliche Extraktion von zeitlichen und geographischen Merkmalen aus den Texten (Posts und Kommentare) liefert Anhaltspunkte für die Einordnung und Korrelation zu realen Ereignissen und stellen zusammen mit den Ergebnissen des Predictive Policing eine Erweiterung auf den digitalen Raum dar.

Das Programm SoNa (Social Network ANALYZER) stellt eine computergestützte Implementierung der Analyse von Gruppen in sozialen Netzwerken dar.[3]

Mit Hilfe der Software wurden offene Facebook-Gruppen beobachtet und die textuellen und Meta-Daten anonym analysiert. Die inhaltlichen Diskussionen und Meinungen konnten realen Ereignissen rückblickend zugeordnet werden. Es konnte ein Zusammenhang zwischen dem Anwachsen an negativen Meinungen in Posts und Kommentaren und Ereignissen (real event – Abbildung 6), die im öffentlichen Raum stattgefunden haben, festgestellt werden.

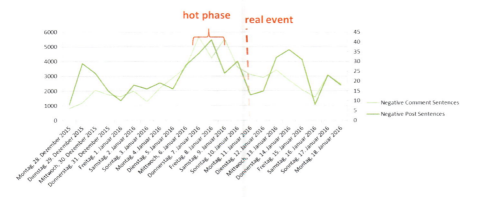

Abbildung 6: Ergebnisse einer Sentiment-Analyse einer offenen Facebook-Gruppe mit extremistischen Tendenzen

Die Abbildung 6 zeigt lediglich die Anzahl an negativen Kommentaren und Posts über einen Zeitraum von zwei Wochen. Der Zeitraum ist der hohen Dy-

---

[3] Weitere Informationen befinden sich unter: http://www.bioforscher.de/FoSIL.

namik von virtuellen Gruppen geschuldet. Man erkennt ein deutliches Anwachsen, bis zu einem erkennbaren Maximum. In einem Zeitraum von drei Tagen bleibt die Anzahl auf einem hohen Niveau (hot phase) und fällt dann drastisch ab. Die Analyse der Metadaten im Kontext mit der inhaltlichen Textanalyse lässt einen Zusammenhang mit einem realen Ereignis (Krawalle, Zerstörungen, Randale, Schlägereien) in drei Tagen vorhersagen.
Die beschriebenen Verfahren können Hinweise auf die Planung von Straftaten liefern bzw. im Zusammenhang mit dem Aufruf zu Straftaten im realen Raum genutzt werden.

4. Ausblick und Diskussion

Predictive Policing Techniken und Technologien (einschließlich der Informationen aus sozialen Netzwerken und digitalen Daten von Nutzern) versuchen, die Wahrscheinlichkeit des räumlichen Auftretens von Kriminalität und Unsicherheit zu bestimmen oder mit statistischen Methoden zu modellieren. Die Einbeziehung von digitalen Daten und der daraus resultierenden Information kann als Grundlage für die Verbesserung der Ergebnisse aus *Repeat Victimisation* und der Routine-Activity-Theorie genutzt werden. Gerade ein Verständnis des Verhaltens und die zeitliche Veränderung der Dynamiken in virtuellen Gruppen, welche ein hohes Gefährdungspotential besitzen, können wertvolle Hinweise auf zukünftige Straftaten geben und in Kombination mit Ergebnissen aus Repeat Victimisation und der Routine-Activity-Theorie könnte die Bestimmung von Auftrittswahrscheinlichkeiten von Straftaten signifikant verbessert werden. Ein erhebliches Risiko stellt zum gegenwärtigen Zeitpunkt die Qualität der erhobenen Daten dar. Gerade Kriterien wie Vollständigkeit, Korrektheit, Verlässlichkeit, Genauigkeit und Aktualität der verarbeiteten Informationen sollten die wissenschaftliche Arbeitsweise auch mit großen digitalen Datenmengen beeinflussen. Es ist in Zukunft davon auszugehen, dass Fehlinterpretationen, gerade durch Laien, durch Fehler in den Daten entstehen können und nicht registriert werden. Effekte wie Scheinkorrelationen oder fehlende Signifikanz von Wahrscheinlichkeitsaussagen können zu missverständlichen Informationen und Vorhersagen führen. Eine Kopplung dieser Fehlinterpretationen an alte Denkmuster und Stigmata führt dann zwangsläufig zu falschen Handlungen. Deshalb erfordert die Nutzung und Interpretation raumzeitlicher Vorhersagen im Polizeialltag immer auch ein entsprechend geschultes, methodisch-technisches Reflexionsniveau der Anwender(innen) (vgl. Ferguson 2016, 37). Dies gilt besonders angesichts des Umstandes, dass die den Vorhersagen zugrundeliegenden mathematischen Algorithmen für Laien kaum verständlich und daher weder nachvollziehbar noch überprüfbar sind.

Auf der anderen Seite sollte man, wie in anderen wissenschaftlichen Gebieten, erst am Ende einer objektiven Evaluierung eine grundsätzliche Diskussion mit Anwendern und gesellschaftlichen Institutionen (Datenschutzbeauftragte, politische Organisationen und staatliche Behörden) über einen zukünftigen Einsatz führen. Aktionismus und blindwütiges Handeln schaffen weder Vertrauen noch Objektivität in der Abschätzung von Grenzen.

Literatur

Aradau, Claudia / Blanke, Tobias (2016): Politics of prediction: Security and the time/space of governmentality in the age of big data. In: European Journal of Social Theory, 1–19.

Belina, Bernd (2009): Kriminalitätskartierung – Produkt und Mittel neoliberalen Regierens, oder: Wenn falsche Abstraktionen durch die Macht der Karte praktisch wahr gemacht werden. In: Geographische Zeitschrift 4, 192–212.

Benbouzid, Bilel (2015): From situational crime prevention to predictive Policing. In: Champ penal / Penal field, Vol. XII | 2015. Verfügbar unter: http://champpenal.revues.org/9066, Zugriff: 01.10.2017.

Biermann, Kai (2017): Freiheit in den Zeiten der Statistik. In: Kappes, Christoph / Krone, Jan / Novy, Leonard (Hrsg.): Medienwandel kompakt 2014–2016, Wiesbaden: Springer VS.

Bowers, Kate (2004): Prospective Hot-Spotting: The Future of Crime Mapping? In: The British journal of criminology 44(5), 641–658.

Bundesdatenschutzgesetz in der Fassung der Bekanntmachung vom 14. Januar 2003 (BGBl. I S. 66), das zuletzt durch Artikel 7 des Gesetzes vom 30. Juni 2017 (BGBl. I S. 2097) geändert worden ist. Verfügbar unter: https://www.gesetze-im-internet.de/bdsg_1990/, Zugriff: 01.10.2017.

Bundeskriminalamt (2016): Bundeslagebild Cybercrime 2016. Verfügbar unter: https://www.bka.de/SharedDocs/Downloads/DE/Publikationen/Jahresberichte UndLagebilder/Cybercrime/cybercrimeBundeslagebild2016.html, Zugriff: 01.10.2017.

Bundeskriminalamt Österreich (2015): Cybercrime, Jahresbericht 2015. Verfügbar unter: http://www.bmi.gv.at/cms/BK/publikationen/files/ 3010 2016_Cybercrime_2015.pdf, Zugriff: 01.10.2017.

Chan, Janet / Bennett-Moses, Lyria (2016): Is Big Data challenging criminology? In: Theoretical Criminology 1, 21–39.

Döring, Nicola (2003): Sozialpsychologie des Internet, 2., vollständig überarbeitete und erweiterte Auflage. Göttingen: Hogrefe Verlag

Ferguson, Andrew Guthrie (2012): Predictive Policing and Reasonable Suspicion. In: Emory Law Journal, 259–325.

Ferguson, Andrew Guthrie (2016): Policing Predictive Policing. In: Washington University Law Review 5, 37.

Foster, A. Kristen (Hrsg.) (2004): Moral Visions and Material Ambitions: Philadelphia Struggles to Define the Republic, 1776-1836, Lexington: Lexington Books.

Gluba, Alexander (Hrsg.) (2014): Predictive Policing – eine Bestandsaufnahme. Historie, theoretische Grundlagen, Anwendungsgebiete und Wirkung, Hannover: Landeskriminalamt Niedersachsen. Verfügbar unter: https://netzpolitik.org/wp-upload/LKA_NRW_Predictive_Policing.pdf, Zugriff: 01.10.2017.

Gesetz gegen den unlauteren Wettbewerb in der Fassung der Bekanntmachung vom 3. März 2010 (BGBl. I S. 254), das zuletzt durch Artikel 4 des Gesetzes vom 17. Februar 2016 (BGBl. I S. 233) geändert worden ist. Verfügbar unter: https://www.gesetze-im-internet.de/uwg_2004/, Zugriff: 01.10.2017.

Groff, Elisabeth (2007): 'Situating' Simulation to Model Human Spatio-Temporal Interactions: An Example Using Crime Events. In: Transactions in GIS 11, 507–530.

Haberman, Cory / Ratcliffe, Jerry (2012): The predictive policing challenges of near repeat armed street robberies. In: Policing: A Journal of Policy and Practice 6(2), 151-166.

Hedelt, Pascal (2016): Big Data Crime Prevention – ein wissenschaftlich fundiertes Verfahren? In: Die Polizei 6, 166–170.

Heyer, Gerhard / Quasthoff, Uwe / Wittig, Thomas (Hrsg.) (2006): Text Mining – Wissensrohstoff Text, Bochum: W3L Verlag.

Hunt, Priscilla / Saunders, Jessica / Hollywood, John S. (Hrsg.) (2014): Evaluation of the Shreveport Predictive Policing Experiment, RAND Corporation, Santa Monica.

Informationsfreiheitsgesetz vom 5. September 2005 (BGBl. I S. 2722), das durch Artikel 2 Absatz 6 des Gesetzes vom 7. August 2013 (BGBl. I S. 3154) geändert worden ist. Verfügbar unter: https://www.gesetze-im-internet.de/ifg/, Zugriff: 01.10.2017.

Johnson, Shane (2008): The Near-Repeat Burglary Phenomenon, in Chainey, Spencer / Tompson, Lisa (Hrsg.): Crime Mapping Case Studies Practice and Research, 123-132.

Labudde, Dirk / Spranger, Michael (Hrsg.) (2017): Forensik in der digitalen Welt: Moderne Methoden der forensischen Fallarbeit in der digitalen und digitalisierten realen Welt. Wiesbaden: Springer Spektrum, Springer-Verlag.

Markengesetz vom 25. Oktober 1994 (BGBl. I S. 3082; 1995 I S. 156; 1996 I S. 682), das zuletzt durch Artikel 11 des Gesetzes vom 17. Juli 2017 (BGBl. I S. 2541) geändert worden ist. Verfügbar unter: https://www.gesetze-im-internet.de/markeng/, Zugriff: 01.10.2017.

Merz, Christina (2016): Predictive Policing – Polizeiliche Strafverfolgung in Zeiten von Big Data, in: ABIDA-Dossier, Januar 2016, Karlsruhe. Verfügbar unter: http://www.abida.de/de/blog-item/predictive-policing-%E2%80%93-polizeiliche-strafverfolgung-zeiten-von-big-data, Zugriff: 01.10.2017.

Nix, Justin (Hrsg.) (2015): Predictive Policing, in: Dunham, Roger G. / Alpert, Geoffrey P.: Critical Issues in Policing. Long Grove: Waveland Press, transcript, 275–288.

Perry, Walter / McInnes, Brian / Price, Carter C. / Smith, Susan C. / Hollywood, John. S. (Hrsg.) (2013): Predictive Policing. The Role of Crime Forecasting in Law Enforcement Operations, Santa Monica: RAND Corporation.

Pesch, Benjamin / Frank Neubacher (2011): Internationales Privatrecht. Der Routine Activity Approach – Ein vielseitiges Instrument der Kriminologie. In: JURA - Juristische Ausbildung 33(3), 205-209. Polansky, Jackson / Fradella, Henry. F. (2016): Does 'Precrime' Mesh with the Ideals of U.S. Justice? Implications for the Future of Predictive Policing. In: Cardozo Public Law, Policy & Ethics Journal. Verfügbar unter: http://papers.ssrn.com/sol3/papers.cfm?abstract_id=2832365, Zugriff 01.10.2017.

Ratcliffe, Jerry / Rengert, George (2008): Near-Repeat Patterns in Philadelphia Shootings. In: Security Journal 21, 58-76.

Schürmann, Dieter 2015: SKALA. Predictive Policing als praxisorientiertes Projekt der Polizei NRW. In: Präsentation zum Vortrag auf dem KI-Forum des Bundeskriminalamts am 24. Juni 2015. Verfügbar unter: https://www.bka.de/SharedDocs/Downloads/DE/Publikationen/ForumKI/ForumKI2015/kiforum2015SchuermannPositionspapier.html, Zugriff:01.10.2016.

Spranger, Michael / Labudde, Dirk (2014): Semantic Tools for Forensics: Towards Finding Evidence in Short Messages, Conference Paper: The Fourth International Conference on Advances in Information Mining and Management: IMMM2014.

Spranger, Michael / Labudde, Dirk (2014): Towards Establishing an Expert System for Forensic Text Analysis, in: International Journal On Advances in Intelligent Systems 7 (1&2).

Spranger, Michael / Heinke, Florian / Grunert, Steffen / Labudde, Dirk (2015): Towards Predictive Policing: Knowledge-based Monitoring of Social Networks, Conference-Paper: The Fifth International Conference on Advance in Information Mining and Management: IMMM2015.

Sulzbacher, Martin (Hrsg.) (2003): Virtuelle Teams. Eine Möglichkeit, komplexe Aufgaben über Raum, Zeit und Organisationsgrenzen hinweg effektiv zu meistern, Marburg: Tectum Verlag.

Strafgesetzbuch in der Fassung der Bekanntmachung vom 13. November 1998 (BGBl. I S. 3322), das zuletzt durch Artikel 1 des Gesetzes vom 17. August 2017 (BGBl. I S. 3202) geändert worden ist. Verfügbar unter: https://www.gesetze-im-internet.de/stgb/, Zugriff: 01.10.2017.

Strafprozeßordnung in der Fassung der Bekanntmachung vom 7. April 1987 (BGBl. I S. 1074, 1319), die zuletzt durch Artikel 1 des Gesetzes vom 27. August 2017 (BGBl. I S. 3295) geändert worden ist. Verfügbar unter: https://www.gesetze-im-internet.de/stpo/, Zugriff: 01.10.2017.

Telekommunikationsgesetz vom 22. Juni 2004 (BGBl. I S. 1190), das zuletzt durch Artikel 1 des Gesetzes vom 27. Juni 2017 (BGBl. I S. 1963) geändert worden ist. Verfügbar unter: https://www.gesetze-im-internet.de/tkg_2004/, Zugriff: 01.10.2017.

Tompson, Lisa / Townsley, Michael (2010): (Looking) Back to the Future: Using Space—Time Patterns to Better Predict the Location of Street Crime. In: International Journal of Police Science & Management 12 (1), 23-40.

Urheberrechtsgesetz vom 9. September 1965 (BGBl. I S. 1273), das zuletzt durch Artikel 1 des Gesetzes vom 1. September 2017 (BGBl. I S. 3346) geändert worden ist. Verfügbar unter: https://www.gesetze-im-internet.de/urhg/, Zugriff: 01.10.2017.

Weisberg, Jonathan (2012): The Bootstrapping Problem. In: Philosophy Compass 7, 597–610.

Wirklichkeitskonstruktionen durch Big Data

Inti SCHUBERT

1. Zur Struktur des Textes

Der Beitrag beginnt mit einer kurzen Darstellung der gesellschaftlichen Relevanz, Funktionsweise und Charakteristika von Big Data. Im Folgenden wird auf die mit dieser Technologie einhergehenden Kernprobleme eingegangen. Ein besonderes Augenmerk wird auf das *Intelligence-Policing* geworfen. In einem weiteren Abschnitt widmet sich der Beitrag den sich aus dem Einsatz von Big-Data-Anwendungen entstehenden Wirklichkeitskonstruktionen, um abschließend eine rechtliche Würdigung der Gesamtproblematik vorzunehmen. In den Schlussfolgerungen werden die Kernpunkte des Beitrags zusammengefasst und die Frage nach dem Umgang mit den rechtlichen Herausforderungen aufgeworfen.

2. Einführung

Der Begriff „Big Data" beschreibt oft zusammenfassend die algorithmengestützte Analyse großer Datenmengen (siehe hierzu Weichert 2013). Die meisten modernen Dienstleistungsunternehmen basieren auf Big-Data-Anwendungen.[1] Bekannte Beispiele sind u.a. Google, Facebook, WhatsApp, Waze, Tinder, Linked-In, Skype, Amazon, Uber, Snapchat, Instagram, Youtube, Booking, Trivago, Netflix. Viele andere Unternehmen, wie z.B. Apple und Microsoft sind schon längst nicht mehr reine Hard-, bzw. Software-Produzenten, sondern auch im Bereich der Datenanalyse tätig. Für die Werbung und den Verkauf von Musik- und Videoprodukten werden ebenfalls Big-Data-Anwendungen genutzt, um optimierte Angebote zu erstellen. Das Wachstum des Big-Data-Sektors liegt jährlich bei 50% und ermöglichte 2015 weltweite Umsätze von bereits 122 Milliarden USD. Für 2019 sind 187 Milliarden USD prognostiziert.[2]

---

[1] The Wallstreet Journal (20.8.2011): Why Software is eating the World. Verfügbar unter: https://www.wsj.com/articles/SB10001424053111903480904576512250915629460 [Zugriff: 25.03.2018].

[2] Information Week (24.05.2016): Big Data, analytics sales will reach $187 billion by 2019. Verfügbar unter: https://www.informationweek.com/big-data/big-data-analytics/big-data-analytics-sales-will-reach-$187-billion-by-2019/d/d-id/1325631 [Zugriff: 25.03.2018].

Die weltweite Datenproduktion steigt unaufhaltsam und erreichte bereits 2012 2,5 Exabytes täglich[3] - bis 2020 wird ein Anstieg auf 110 Exabytes erwartet.[4] Die alltägliche Nutzung heutiger Kommunikationsmedien produziert immer mehr Daten: das Öffnen einer Internet-Seite, Internet-Suchvorgänge, der Zugriff auf Online-Landkarten, Online-Käufe, Online-Reise- und Hotelbuchungen, Online-Spieler-Profile, Smart-TV – all dies produziert Daten. Systeme zur systematischen Datenerfassung wie z.B. Bonus-Programme tragen ebenfalls zur Produktion weiterer Daten bei. Es deutet sich an, dass die Produktion von Daten stetig mehr über den Einsatz von Sensoren erfolgen wird (z.B. Autoreifen, Mautsysteme, Videoüberwachung und Gesichtserkennung, Wearables, Einchecken bei Jetblue, Erkennung anormalen Verhaltens) und sich somit zunehmend der unmittelbaren Wahrnehmung der Menschen entzieht (BSA – The Software Alliance 2015, 7).

Die Nutzung moderner internetgestützter Dienstleistungen geht zwangsläufig mit der Herstellung neuer Daten einher. Dabei ist es irrelevant, ob die Nutzung freiwillig geschieht, oder aber notgedrungen, weil kaum noch andere Möglichkeiten bestehen, eine bestimmte Dienstleistung zu erhalten, wenn nicht über das Internet, wie z.B. bei Online-Bankkonten, E-Mail-Zustellungen, Online-Services vieler Unternehmen, oder das Telefonieren. Ein Ausstieg aus der so geschaffenen virtuellen Welt ist vielerorts nicht mehr denkbar, ein exklusiver Verbleib in der materiellen Wirklichkeit kaum noch realisierbar. Ein fehlender Online-Zugang bedeutet heute oftmals den Ausschluss vom Zugang zu wichtigen Informationen und Diensten.

---

[3] BBC (04.03.2014): Big Data: Are you ready for Blast-off? Verfügbar unter: http://www.bbc.com/news/business-26383058 [Zugriff: 25.03.2018]. 1 EB (Exabyte) entspricht einer Trillion (10^{18}) Bytes bzw. einer Million TB (Terabyte).

[4] Im Blog der Wirtschaftswoche wird darauf hingewiesen, dass 2020 mit einem jährlichen Datenvolumen von bis zu 40 000 Exabytes zu rechnen ist. Siehe Blog WiWo (04.07.2016): Big Data vervierfacht Datenvolumen auf 40.000 Exabyte bis 2020 – Nachfrage nach Data Science. Verfügbar unter: http://blog.wiwo.de/look-at-it/2016/07/04/big-data-vervierfacht-datenvolumen-auf-40-000-exabyte-bis-2020-nachfrage-nach-data-science/ [Zugriff: 25.03.2018].

3. Die Funktionsweise von Big Data

Der Unterschied von Big-Data-Anwendungen zu bisherigen Datenbanksystemen liegt in ihrer Fähigkeit, schnell viele und unterschiedliche Daten zu verknüpfen (Variety, Velocity und Volume)[5]. Big-Data benötigt wie auch andere Analysesysteme umfangreiche Datensammlungen, die jedoch nicht zentral und mit festen Kriterien oder bestimmten Dateiformaten, wie bei SQL-Systemen, sondern dezentral und dynamisch gespeichert werden. Die Big-Data-Revolution wurde durch eine technologische Fortentwicklung namens Hadoop möglich, die auf dem Programmiermodell von MapReduce basiert. Hadoop ermöglicht die Verwaltung diverser unabhängiger Informationspakete in verschiedenen Formaten, die sich auf verschiedenen Servern befinden können und in Sekundenschnelle zusammengebracht und ausgewertet werden können.

Zur Verbreitung von Analyseergebnissen tragen Datenbroker bei, die entweder bereits nach bestimmten Mustern erstellte Analyseergebnisse verkaufen oder Analyseaufträge vermitteln (IHRB 2016, 11).[6]

4. Prozessoptimierung als Hauptzweck

Big-Data-Anwendungen dienen der Prozessoptimierung. Die konkreten Anwendungsbereiche sind mannigfaltig. Die Auswertung großer Datenmengen erfolgte schon früh im Zusammenhang mit Bonitätsprüfungen in der Kreditwirtschaft. In der Arbeit und im Beruf können Auswertungsergebnisse aus Big-Data-Anwendungen über Einstellung, Beförderung und Entlassung entscheiden. Die Analyse des Kaufverhaltens von Kunden bringt dem jeweiligen Unternehmen Wettbewerbsvorteile gegenüber Mitbewerbern, die nicht über das aggregierte Wissen bzgl. ihrer Kunden verfügen. Darüber hinaus ermöglicht sie, einem bestimmten Kunden gegenüber, eine individuelle Auspreisung, die Festlegung der Zahlungsmethode (z.B. keine Karten- oder Scheckzahlung anzunehmen) und die Einsortierung bei Warteschleifen (guter/schlechter Kunde) vorzunehmen. Im Gesundheitsbereich dienen Big-Data-Anwendungen der Ermittlung von erforderlichen Vorsorgeleistungen, aber auch der Berechnung der Höhe von Versicherungsprämien. Denkbar ist auch die Vornahme von Leistungsausschlüssen, etwa weil Facebook-Einträge auf einen riskanten Lebensstil schlie-

---

[5] Siehe hierzu: Investopedia (04.09.2015): How Big Data has Changed Finance. Verfügbar unter: http://www.investopedia.com/articles/active-trading/040915/how-big-data-has-changed-finance.asp [Zugriff: 25.03.2018].

[6] Zu diesen sogenannten Datenbrokern zählen z.B. die Unternehmen Acxiom, Experian, Epsilon, CoreLogic, Datalogix, eBureau, ID Analytics, inome, PeekYou, Rapleaf, Recorded Future.

ßen lassen. Die Analyse großer Datensammlungen durch Algorithmen wird auch zum Zwecke der Erhöhung der Energieeffizienz, bei der Bekämpfung des Klimawandels, bei Wettervorhersagen und der Verbesserung der Verkehrssicherheit genutzt. Sogenannten *Legal Risk Assessment Tools* (Christin et al. 2015, 1) kommen in den USA bereits bei der Festlegung der Haftdauer von Straftätern zum Einsatz. Dabei werden nicht nur Vorstrafen, sondern auch die Wohngegend, eventueller Privatbesitz und andere Faktoren berücksichtigt. Durch ähnliche Programme werden künftig im Rahmen des sogenannten *Automated Law Enforcement* Platzverweise, automatisierte Steuerfestsetzungen, und Unterstützung bei der Urteilsfindung[7] aufgrund von Big-Data Analyseergebnissen denkbar.

Ähnlich verhält es sich beim *Intelligence Policing*. Dabei handelt es sich um einen besonderen Fall der Prozessoptimierung, in dessen Rahmen Big-Data-Anwendungen zur koordinierten Terror- und Kriminalitätsbekämpfung eingesetzt werden. Das Kennzeichen von *Intelligence Policing* ist die verdeckte Datenerhebung und -analyse. Es folgt der Big-Data-Logik und erzeugt daher den Druck, die Datenbeschaffung fortwährend zu steigern. Die Datenerhebung erfolgt auf vielen Wegen. Neben der klassischen Strafverfolgung und Gefahrenabwehr können Daten „vorsorglich" beim Vorliegen eines Gefahrenverdachts und bei Vorermittlungen zur Verdachtsschöpfung oder im Zuge von Strukturermittlungen erhoben werden. Darüber hinaus bieten Rasterfahndungen, Vorratsdatenspeicherung und Online-Durchsuchung weitere Möglichkeiten, Daten zu erheben. Die Behörden können sich aber auch ohne Zwangsmaßnahmen Informationen und Daten, etwa über Anfragen, öffentlich zugänglichen Quellen oder über Datenbroker beschaffen. Deutsche Polizeibehörden speichern die Daten z.B. in Spurendokumentationsdateien, in PIOS-Dateien (Personen, Institutionen, Organisationen, Sachen), in Gewalttäter-, Gefährder- oder Antiterrordateien, in DNA-Analysedateien, im Kriminalaktennachweis (KAN) oder innerhalb der Informationssysteme wie dem Schengener Informationssystem, INPOL oder in den EUROPOL-Dateien, auf die über Verbindungsbeamte Zugriff genommen wird.

Europol ist die europäische Zentralstelle zum Austausch von bereits erhobenen Daten und zur Datenanalyse bei bestimmten Kriminalitätsformen wie

---

[7] Siehe die Entwicklungen in China: Yicai Global (29.08.2017): Guizhou Court uses Big Data to boost efficiency, ensure justice. Verfügbar unter: https://www.yicaiglobal.com/news/guizhou-court-uses-big-data-boost-efficiency-ensure-justice [Zugriff: 25.03.2018];
Ars technica (03.09.2016): China is building a Big Data Platform for "precrime". Verfügbar unter: https://arstechnica.com/information-technology/2016/03/china-is-building-a-big-data-plaform-for-precrime/ [Zugriff: 25.03.2018].

Organisierter Kriminalität, Kinderpornografie, Menschen- und Waffenhandel, Terror (Verordnung EU 2016/794). Zweck der Datenverarbeitung- und Analyse ist die Optimierung der präventiven und repressiven Polizeiarbeit. Es geht dabei insbesondere um die Generierung zuvor nicht vorhandenen Wissens u.a. zur Erstellung von Lagebildern, Täterprofilen und Erkennung von Strukturen, Netzwerken und Mustern.

5. Kernprobleme

Big-Data-Anwendungen vereinfachen und verbessern viele Prozesse in unterschiedlichen Lebensbereichen und sollten nicht pauschal verteufelt werden. Allerdings bringen neue Technologien auch neue Herausforderungen und Probleme mit sich. Hauptprobleme von Big Data sind zum einen die geringe Zahl an fachkundigen Experten, die über die erforderlichen Programmierfähigkeiten verfügen und Analysespezialisten, die die Kriterien erarbeiten, auf denen die zu programmierenden Auswertealgorithmen beruhen werden. Diese Kriterien filtern anschließend die in den Datensammlungen erfasste Teil-Wirklichkeit, verkürzen diese, und bestimmen auf diese Weise das Ergebnis mit. Die ergebnisorientierte Datenanalyse erzeugt einerseits eine große Menge an Filterblasen (Ergebnisse beruhen allein auf den Relevanzkriterien der Algorithmen und lassen andere Umstände außer Acht) und andererseits Echo-Kammern (Wiederverwendung bereits generierten Wissens). Beide Phänomene tragen zur Verfälschung der materiellen Lebenswirklichkeit bei und sind in der Lage, vorhandene gesellschaftliche Stigmatisierungen und Diskriminierungen, die sich in den Auswertekriterien wiederfinden können, zu verstärken. Ein weiteres Problem liegt in der bei großen Datensammlungen unvermeidbaren Produktion von Datenmüll, also Informationen, die später entweder vom Algorithmus als irrelevant erachtet und unabhängig von ihrer materiellen Relevanz bei der Datenanalyse unberücksichtigt bleiben oder umgekehrt, materiell irrelevant sind, aber vom vorprogrammierten Analysesystem als relevant erachtet werden und dazu beitragen, eine Wirklichkeit abzubilden, die materiell so nicht existiert.

6. Wirklichkeitskonstruktionen

Big-Data-Anwendungen sind aufgrund der enormen Datenmengen und der Analysealgorithmen in der Lage, von jeder Person ein scheinbares Abbild ihrer Persönlichkeit, eine Art verzerrte virtuelle Persönlichkeit entstehen zu lassen, die sich (ähnlich einem Avatar) in einer virtuellen Wirklichkeit bewegt, die nicht zwangsläufig mit der materiellen Wirklichkeit übereinstimmt, aber mit ihr verbunden ist und auf sie zurückwirkt. Die Entscheidungen in der materiellen

Wirklichkeit hängen aufgrund der gesellschaftlichen Verbreitung von Big-Data-Anwendungen zunehmend von der durch sie geschaffenen virtuellen Wirklichkeit ab. Dabei darf jedoch nicht außer Acht bleiben, dass es nicht die Nutzung der algorithmengestützten Anwendungen selbst ist, die die Entscheidungen in der materiellen Wirklichkeit beeinflusst, sondern die durch die Nutzung dieser Anwendungen einhergehende Herstellung neuer Informationen und Generierung virtueller Wirklichkeiten. Die entstehenden virtuellen Wirklichkeiten können in Konkurrenz zur materiellen Wirklichkeit treten.

Ein anschauliches Beispiel für die Konstruktion virtueller Wirklichkeiten ist das Geschäftsgebaren von Wirtschaftsauskunfteien, wie z.B. die SCHUFA. Diese Unternehmen nutzen Big Data zur Herstellung bzw. Ergänzung von Bonitätsprofilen. Hierzu werden Daten über eine bestimmte Person, die aus Konsumprofilen von Online-Käufen, Daten aus Bonusprogrammen, Informationen aus Vielflieger-Programmen o.ä. stammen können, zusammengetragen und unter Zugrundelegung bestimmter Bonitätskriterien analysiert. Die hierdurch entstehende algorithmisch geschaffene Wirklichkeit ist in der Lage, sich unmittelbar auf die materielle Wirklichkeit auszuwirken und z.B. die Versagung eines Kredits oder einer Dienstleistung zu bewirken. Diese im Wege der Datenanalyse erstellte Wirklichkeit über eine Person ist virtuell, weil sie zwar nicht notwendigerweise materiell existieren muss, aber bereits die Möglichkeit ihrer Existenz Auswirkungen auf die materielle Wirklichkeit hat. Die durch die Datenanalyse geschaffene virtuelle Wirklichkeit unterscheidet sich deshalb von der Fiktion. Solange die Mechanismen der Konstruktion virtueller Wirklichkeiten verborgen bleiben, ist erfolgreicher Rechtsschutz gegen die Analyseergebnisse kaum möglich.[8]

7. Rechtliche Problematik

Die auf Algorithmen gestützten Anwendungen, bzw. Dienstleistungen der Sharing Economy[9] wie Airbnb, Uber, Car- oder Bikesharing-Unternehmen stellen das geltende Recht auf die Probe, da oftmals Unklarheit über das anzuwendende Recht herrscht. Uber-Fahrer z.B. befinden sich in einer Komplettabhängigkeit

---

[8] Siehe Urteil des Bundesgerichtshofs vom 28.01.2014 - VI ZR 156/13, hierzu Medien Internet und Recht (MIR) (13.03.2018): Kurz notiert: Datenschutzrecht. BGH-Urteil vom 28.01.2014. Verfügbar unter: https://medien-internet-und-recht.de/volltext.php?mir_dok_id=2542 [Zugriff: 25.03.2018].

[9] Forbes (21.10.2016): The Sharing Economy - What It Is, Examples, And How Big Data, Platforms And Algorithms Fuel It. Verfügbar unter: https://www.forbes.com/sites/bernardmarr/2016/10/21/the-sharing-economy-what-it-is-examples-and-how-big-data-platforms-and-algorithms-fuel/#209f84a67c5a [Zugriff: 25.03.2018].

von der von Uber bereitgestellten App, werden aber als Selbständige behandelt, da sich Uber als Online-Dienst einer Art Mitfahrzentrale sieht, die Mitfahrgelegenheiten vermittelt und nicht als Transportunternehmen mit eigenen Angestellten. Aus arbeitsrechtlicher Sicht können algorithmengestützte betriebliche Entscheidungsprozesse ein Problem für Arbeitgeber darstellen, wenn die den Entscheidungen zu Grunde liegenden sachlichen Gründe z.B. innerhalb eines Arbeitsgerichtsprozesses nicht oder nur ungenügend dargelegt oder nachgewiesen werden können.

Das Wohnraumvermittlungsportal Airbnb nutzt Big Data bei der Preisfestsetzung.[10] Auch hier entstehen Konflikte mit dem geltenden Recht. Die gewerbsmäßige Nutzung von Airbnb zur Vermietung von Wohnungen kann die ortsübliche Vergleichsmiete und damit die üblichen Mieten unverhältnismäßig in die Höhe treiben und damit die aus sozialstaatlichen Gründen gesetzlich festgelegten Grenzen für Mieterhöhungen wesentlich beeinflussen.

Ein besonders krasser Fall ist die Auswertung von Handy-Ortungsdaten in den von den USA in Afghanistan und Jemen geführten Drohnenkriegen.[11] Hier führt die Anwendung von Big-Data sogar zur direkten Verletzung des Rechts auf Leben.

Polizei-, Sozial- und Steuerbehörden nutzen ebenfalls Big-Data-Anwendungen. Die aus den Analyseprozessen gewonnenen Daten können Hinweise auf in Anspruch genommenen Dienste oder Ausgaben enthalten, die auf Straftaten oder unangemeldete Einnahmequellen hinweisen.

Die hinter Big Data stehende Grundannahme ist, dass mit immer mehr Daten auch eine immer höhere Treffsicherheit bei Prognosen oder Genauigkeit bei Analysen erzielt wird. Aus diesem Grund werden immer neue Technologien zur Erfassung und Speicherung neuer Daten geschaffen (z.B. Gesichtserkennung und Staatstrojaner) und der Zugang zu bestimmten Dienstleistungen an die Preisgabe persönlicher Informationen gekoppelt. Nichts ist so viel wert wie die

---

[10] Forbes (05.06.2015): How Airbnb Uses Big Data And Machine Learning To Guide Hosts To The Perfect Price. Verfügbar unter: https://www.forbes.com/sites/ellenhuet/2015/06/05/how-airbnb-uses-big-data-and-machine-learning-to-guide-hosts-to-the-perfect-price/#41daa13f6d49 [Zugriff: 25.03.2018].

[11] The Independent (10.02.2014): NSA 'drone strikes based on mobile phone data'. Verfügbar unter: http://www.independent.co.uk/news/world/politics/nsa-drone-strikes-based-on-mobile-phone-data-9119735.html [Zugriff: 25.03.2018];
The Guardian (21.02.2016): Death by drone strike, dished out by algorithm. Verfügbar unter: https://www.theguardian.com/commentisfree/2016/feb/21/death-from-above-nia-csa-skynet-algorithm-drones-pakistan [Zugriff: 25.03.2018];
The Intercept (10.02.2014): The NSA's secret role in the U.S. assassination program. Verfügbar unter: https://theintercept.com/2014/02/10/the-nsas-secret-role/ [Zugriff: 25.03.2018].

namentliche Zuordnung von Daten, da damit auch andere, verknüpfbare Daten auf eine bestimmte Person rückführbar sind. Die Grundannahme stimmt aber nur zum Teil, da ggf. die Menge an anfallendem Datenmüll, also an irrelevanten Daten und sogenannter Echokammern, zu verfälschten und unrichtigen Ergebnissen beitragen. Wenn die Analyseergebnisse nicht allein für unternehmens- oder behördeninterne Zwecke verwendet werden, sondern direkte Auswirkungen auf eine Person (Tene/Polonetsky 2013) haben (z.B. Kunde, Patient, Sozialhilfeempfänger, Verdächtiger), wird der Einsatz dieser Technologie problematisch.

Eine rechtliche Problematik besonderer Art liegt im Falle von Europols *Intelligence-Policing* vor. Als faktische Grundlage und Ausgangspunkt für weitere Maßnahmen dient ein sich aus der Analyse des Datenbestandes selbst generierender *virtueller Verdacht* (Schubert 2008, 161ff). Weitere Analysemaßnahmen oder die Nutzung der Analyseergebnisse durch Europol oder die nationalen Polizeiämter erfolgen somit nicht notwendiger Weise auf der Grundlage von tatsächlichen Anhaltspunkten oder Zusammenhängen, sondern von Plausibilitätskriterien, Korrelationen und strategischen Erwägungen.

Virtuelle Relevanzkriterien (Weichert 2013) ersetzen auf diese Weise die grundrechtlich begründeten gesetzlichen Eingriffsschwellen aus dem Polizei- und Strafprozessrecht. Dies ist problematisch, weil staatliche Eingriffe in die Grundrechte, hier das informationelle Selbstbestimmungsrecht, eine verfassungsmäßige Rechtsgrundlage erfordern. Nach dem Volkszählungsurteil des Bundesverfassungsgerichts vom 15.12.1983 müssen Eingriffe in dieses Recht den Anforderungen an die Normenklarheit und Verhältnismäßigkeit genügen. Die gesetzliche Grundlage muss demzufolge hinreichend bestimmt und der Umfang des Datenverarbeitungsvorgangs in einem ausgewogenen Verhältnis zu dessen Zweck stehen. Mit dem Grundgesetz nicht vereinbar ist eine Gesellschaftsordnung und eine diese ermöglichende Rechtsordnung, in der die Bürger nicht mehr wissen, wer was wann und bei welcher Gelegenheit über sie weiß.[12] Die Rechtsprechung fordert außerdem eine klare Bestimmung des Anlasses der Datenerhebung.[13] Gleiches muss auch für die Datenanalyse gelten, da durch sie neue Daten entstehen, die vorher nicht erhoben worden waren und dadurch eine erhebungsgleiche Eingriffsqualität entsteht. Die Rechtmäßigkeit der Analyse kann also nicht aus der Rechtmäßigkeit der ursprünglichen Datenerhebung abgeleitet werden. Dies gilt umso mehr angesichts der heutigen technologischen Möglichkeiten, mittels Algorithmen aus großen Datenbeständen wirkmächtige Wirklichkeitskonstruktionen entstehen zu lassen, die weit über simple Datenverarbeitungsvorgänge hinausgehen. Eine Vorschrift, die allein den Zweck, aber

---

[12] BVerfGE 65, 1.
[13] BVerfGE 113, 348 – 392.

nicht den unmittelbaren Anlass für einen Datenverarbeitungsvorgang angibt, kann daher einer grundrechtlichen Rechtmäßigkeitsprüfung nicht standhalten.

Aus datenschutzrechtlicher Sicht ist insbesondere die unterschiedliche Herkunft der Daten unter Zweckbindungsgesichtspunkten problematisch. Europols Datensysteme eignen sich daher auch als „Datenwaschanlage", um die ursprüngliche Zweckbindung zum Zeitpunkt der Erhebung zu umgehen.

Rechtsschutz gegen die Datenverarbeitung und den sich auf die Analyseergebnisse stützenden staatlichen Maßnahmen ist kaum möglich, da die Ergebnisse nicht veröffentlicht werden. Die Verdecktheit der Europol-Maßnahmen führt zu Rechtsschutzproblemen, weil nicht gegen eine Maßnahme vorgegangen werden kann, von der man nicht erfährt und nicht weiß, was sie auf welche Weise, wann und mit welchem konkreten Ziel bezweckt. Als Schutzmechanismus sind der EU-Datenschutzbeauftragte und ein Cooperationboard[14] vorgesehen. Dies greift allerdings zu kurz, weil die Generierung neuen Wissens und die sich daraus ergebenden Wirklichkeitskonstruktionen nicht allein ein Datenschutzproblem sind. Big Data-Anwendungen benötigen aufgrund ihrer Logik sämtliche verfügbaren Informationen und Daten, die relevant erscheinen können, um jene Korrelationen herzustellen, die die finalen Analyseergebnisse hervorbringen. Die althergebrachten Datenschutzgrundsätze wie Zweckbindung, Verhältnismäßigkeit und Datensparsamkeit erscheinen angesichts der verdeckten Vorgehensweise und wirkungsmächtigen Generierung virtueller Wirklichkeiten überholt.

Da mit den diversen Informations- und Analysesystemen des *Intelligence Policing* nicht nur Lagebilder und Täterprofile erstellt werden können, sondern neue, virtuelle Wirklichkeiten entstehen, die zu materiellen Grundrechtseingriffen führen können, muss dafür Sorge getragen werden, dass ein korrespondierender effektiver Rechtsschutz nicht ausbleibt.

8. Schlussfolgerungen

Die mittels Big-Data-Anwendungen geschaffenen virtuellen Wirklichkeiten sind kein Abbild real existierender Zusammenhänge, sondern von sich teilweise selbst verstärkenden Korrelationen. So sehr Big-Data in der Lage sein mag, viele Prozesse durch virtuelle Wirklichkeiten, die nicht der materiellen Wirklichkeit entsprechen, zu optimieren, so sehr muss dem Ansatz, Big-Data für eine erhöhte Sicherheit einzusetzen und zur Grundlage für staatliche Zwangsmaßnahmen zu machen, mit Vorsicht begegnet werden. Denn die von Datenmüll,

---

[14] Cives (04.05.2017): EU-Datenschutzbeauftragter erstmals für Europol zuständig. Verfügbar unter: http://cives.de/category/dspriv/dspriv_aufsichtsbehoerden [Zugriff: 25.03.2018].

Echokammern und Filterblasen ausgehenden Risiken sind nicht beherrschbar, können aber Diskriminierungen und andere Fehlbeurteilungen verstärken.

In einer Zeit, in der menschliche Aktivitäten zunehmend von virtuellen Wirklichkeitskonstruktionen beeinflusst werden, müssen allerdings auch die Rechtsschutzmöglichkeiten zunehmend ausgebaut werden, um mit der Entwicklung mitzugehen und keine rechtsfreien Räume entstehen zu lassen, sei es in der staatlichen Sicherheitspolitik oder in der Wirtschafts- und Arbeitswelt.

Um den virtuellen Herausforderungen zu begegnen, werden Forderungen nach Avatarrechten gestellt. Komplett irrelevant ist dies nicht, da sich die Rechtsprechung bereits mit der Frage von Persönlichkeitsrechten von Avataren hat auseinandersetzen müssen (siehe hierzu Schulz/Heilmann 2009, 26). Fraglich ist, welche aktive Rolle das Datenschutzschutzrecht in virtuellen Wirklichkeiten spielen kann. Denn Forderungen nach erhöhter Datensparsamkeit, strenger Zweckbindung und Anonymisierung (Weichert 2013) verkennen sowohl die Leistungsfähigkeit als auch die Risiken von Big-Data.

Die Forderungen einer Herstellung von algorithmischer Transparenz gehen an dieser Stelle weiter. Rechtliche Verpflichtungen zur Offenlegung der bei der Verarbeitung und Bewertung verwendeten Algorithmen sollen dazu beitragen, diskriminierende Praktiken zu erkennen und negative Auswirkungen zu vermeiden (Schaar 2015, 23). Denn „nur wenn transparent ist, welche Daten in die jeweiligen Auswertungen und Bewertungsprozesse einfließen, nach welchen Kriterien die Klassifikation erfolgt und wie sie Entscheidungen beeinflussen, lassen sich Aussagen zu ihrer Rechtmäßigkeit und ethischen Vertretbarkeit treffen" (ebd., 32). Dies würde auf erweiterte Auskunfts-, Löschungs-, Korrekturrechte und Mitteilungspflichten hinauslaufen.

Zusätzlich gibt es Vorschläge zur Schaffung eines Lizensierungssystems für Dateningenieure und Algorithmendesigner (Wagner 2016, 17) und Übereinstimmung darin, dass weiterer Forschungsbedarf zum Einsatz von Algorithmen bei der automatisierten Entscheidungsfindung besteht (IHRB 2016, 20; Wagner 2016, 18).

Die wesentliche Herausforderung des Einsatzes von Big-Data-Anwendungen in unterschiedlichen Lebensbereichen liegt in Anbetracht der dadurch bedingten Konstruktion von virtuellen Wirklichkeiten in der Gewährleistung effektiven Rechtsschutzes. Virtuelle Wirklichkeiten entziehen sich der unmittelbaren Wahrnehmung des Menschen, nehmen aber Einfluss auf die materielle Lebenswirklichkeit. Noch fehlen die rechtlichen Kategorien, die dieses Phänomen verständlich beschreiben und fassbar machen. Um parallel zur technologischen Entwicklung die Rechtschutzmöglichkeiten im erforderlichen Rahmen weiterentwickeln zu können, ist eine Diskussion über die Unterscheidungskategorien zwischen materieller und virtueller Wirklichkeit unentbehrlich.

Literatur

BSA – The Software Alliance (2015): Big Data und was es damit auf sich hat. Verfügbar unter: http://data.bsa.org/wp-content/uploads/2015/11/BSADataStudy_de.pdf, Zugriff: 25.03.2018.

Christin, Angèle / Rosenblat, Alex / Boyd, Danah (2015): Courts and Predictive Algorithms, Conference Primer October 2015, Washington DC: Data & Civil Rights: A new era of Policing and Justice.

Institute for Human Rights and Business (IHRB) (2016): Data Brokers and Human Rights: Big Data, Big Business, Occasional Paper Series, Paper Number 6, November 2016. Verfügbar unter: https://www.ihrb.org/uploads/reports/IHRB%2C_Data_Brokers_and_Human_Rights%2C_Nov_2016.pdf, Zugriff: 25.03.2018.

Schaar, Peter (2015): Algorithmentransparenz. In: Dix, Alexander / Franßen, Gregor / Kloepfer, Michael / Schaar, Peter / Schoch, Friedrich / Voßhoff, Andrea / Deutsche Gesellschaft für Informationsfreiheit (Hrsg.): Informationsfreiheit und Informationsrecht, Jahrbuch 2015, Berlin: Lexxion Verlagsgesellschaft.

Schubert, Inti (2008): Europol und der virtuelle Verdacht, Frankfurt: Verlag Peter Lang.

Schulz, Wolfgang / Heilmann, Stefan (2009): Reales Recht und virtuelle Welten, Berlin: Publikation der Friedrich Ebert Stiftung. Verfügbar unter: http://library.fes.de/pdf-files/stabsabteilung/06217.pdf, Zugriff: 25.03.2018.

Tene, Omar / Polonetsky Jules (2013): Judged by the Tin Man: Individual Rights in the Age of Big Data. In: Journal of Telecommunications and High Technology Law 351, Boulder: University of Colorado School of Law.

Verordnung (EU) 2016/794 des Europäischen Parlaments und des Rates vom 11.5.2016 über die Agentur der Europäischen Union für die Zusammenarbeit auf dem Gebiet der Strafverfolgung (Europol) und zur Ersetzung und Aufhebung der Beschlüsse 2009/371/JI, 2009/934/JI, 2009/935/JI, 2009/936/JI und 2009/968/JI des Rates (Europol-Verordnung).

Wagner, Ben (2016): Draft Report on the Human Rights Dimensions of Algorithms, Frankfurt/Oder: European University Viadrina. Verfügbar unter: https://rm.coe.int/16806a7ccc, Zugriff: 25.03.2018.

Weichert, Thilo (2013): Prism, Big Data und der Datenschutz – bei uns und in den USA, Unabhängiges Landeszentrum für Datenschutz Schleswig-Holstein. Verfügbar unter: https://www.datenschutzzentrum.de/artikel/

Inti SCHUBERT

98-Prism,-Big-Data-und-der-Datenschutz-bei-uns-und-in-den-USA.html, Zugriff: 25.03.2018.

Technisierung und Vernetzung im Sicherheitsrecht

Marion ALBERS

1. Einleitung

Die Sicherheitsarchitektur verändert sich rasant. Dieser Beitrag erläutert zunächst einige der Faktoren, die im Hintergrund dieser Veränderungen stehen, etwa die Präventionsidee, neue Kriminalitätsformen sowie die Digitalisierung und das Internet (2.). Sowohl die Technisierung als auch die Vernetzung verändern die sicherheitsbehördliche Tätigkeit im Sinne eines qualitativen Sprungs. Daher müssen sie rechtlich angemessen erfasst werden und mit passenden rechtlichen Anforderungen verbunden sein. Ein Blick auf ausgewählte neue Ermittlungs- und Überwachungsmöglichkeiten, auf das predictive policing und auf die sich mehr und mehr abzeichnenden automatisierten Auswertungsmöglichkeiten zeigt, dass es noch eine Vielzahl von Klärungs- und Ausarbeitungserfordernissen gibt (3.). Der Schwerpunkt des Beitrags gilt der informationellen Vernetzung der Sicherheitsbehörden, wie sie sich bereits jetzt in Zentraldateien und Verbunddateien, Gemeinsamen Dateien zwischen Polizeien und Nachrichtendiensten oder Gemeinsamen Abwehrzentren widerspiegelt. Obwohl sich bereits jetzt abzeichnet, dass die Vernetzung im Zusammenspiel mit Technisierung und Digitalisierung eines der zentralen Themen im Sicherheitsrecht werden wird, sind passende rechtliche Perspektiven und grundsätzliche Rechtsfragen noch nicht in jeder Hinsicht überzeugend geklärt (4.). Zu den Folgerungen des Beitrags gehört, dass das Sicherheitsrecht neue Konzeptionen braucht, die insbesondere dessen Europäisierung und die immer anspruchsvolleren Herausforderungen im Datenschutz einbeziehen (5.).

2. Hintergründe

Hinter dem fundamentalen und gegenwärtig erneut vorangetriebenen Wandel der Sicherheitsarchitektur steht eine Reihe von Entwicklungen, die in unterschiedlichen Zeitphasen begonnen haben und mittlerweile zusammenspielen. In der "Risikogesellschaft" werden Gefahren nicht mehr als naturgegeben, sondern als Folge mangelnder Vorsorge wahrgenommen. Prävention, also das "Zuvor-Kommen", wird daher zu einer der Leitideen: Absehbare oder auch nur denkbare Schäden und Gefahrenlagen sollen so früh wie möglich bereits an ihren Quellen verhindert werden.[1] Aufklärungs- und Abwehrstrategien verändern sich au-

---

[1] Ausf. zur Präventionsidee und ihren Folgen: siehe Albers 2012, 102 ff.

ßerdem in Reaktion auf komplexe Kriminalitätsformen wie der organisierten Kriminalität, dem modernen Terrorismus oder Cybercrime. Dabei ist weniger ein einzelfall- als vielmehr ein struktur-orientiertes Vorgehen notwendig. Ein maßgeblicher Faktor des aktuellen Wandels sind die Digitalisierung und das Internet, das sich in Schritten, die sich überlagern, vom Web 2.0 über das "semantische Web"[2] bis hin zum "Internet der Dinge"[3] und zum "Internet of Bodies"[4] dynamisch.[5] Technisierung und Vernetzung sind bereits heute zentrale Schlagworte und werden künftig eine noch wichtigere Rolle spielen.

Unter dem Einfluss der Präventionsidee und in Reaktion auf neue Kriminalitätsformen hat sich die Arbeit der Sicherheitsbehörden in das Vorfeld der traditionellen Aufgaben der Gefahrenabwehr und der Strafverfolgung verlagert. Das spiegelt sich in den Straftatbeständen des materiellen Strafrechts[6] ebenso wider wie in den Aufgaben der Straftatenverhütung und der Strafverfolgungsvorsorge, die inzwischen in allen Polizeigesetzen und in der Strafprozessordnung enthalten sind. Die Straftatenverhütung deckt das relativ unbestimmte und weit reichende Vorfeld von Gefahren, die Verfolgungsvorsorge für die Straftatenverfolgung das Vorfeld des Verdachts ab. In dem jeweiligen Vorfeld sind Ermittlungen unterhalb der Gefahrenschwelle, Maßnahmen ohne Vorliegen eines Straftatverdachts, die Sammlung von Daten über Personen, bei denen man

---

[2] Das "semantische Web" (Web 3.0) zielt darauf ab, mittels komplexer Programmarchitekturen und Metadatenzuordnungen, maschinenunterstützten Lernens und künstlicher Intelligenz "Bedeutungen" von Daten in kontextualen Bezügen zu erfassen.

[3] Das "Internet der Dinge" bezeichnet die Vernetzung unterschiedlichster physischer Objekte mit dem Internet und darüber vermittelt auch untereinander mit Hilfe einer Reihe ergänzender Techniken und Instrumente, etwa der RFID-Technik, speziellen Sensortechniken, Chiptechniken oder Energieversorgungstechniken. Oft sollen Techniken und Internetprozesse dabei im Hintergrund wirken, möglichst unauffällig in Handlungsabläufe integriert werden, allgegenwärtig und gleichzeitig unsichtbar sein. Welches Veränderungspotenzial das Internet der Dinge birgt, erschließt sich, wenn man die wachsenden Speicher-, Verarbeitungs- und Auswertungsfunktionalitäten im Zusammenhang mit Cloud Computing, Big Data Analytics-Methoden oder künstlicher Intelligenz hinzunimmt.

[4] Diese Zukunftsszenarien prognostizieren angesichts der Konvergenz von Bio-, Gen-, Neuro- und Informationstechniken, dass Implantate von smart lenses über memory chips bis hin zu brain-to-brain-interfaces den Körper technisieren und die Menschen darüber "unmittelbar" mit dem Internet vernetzt werden.

[5] Siehe auch die Beiträge in Seckelmann 2018 (übergreifender zur Digitalisierung der Verwaltung) und in Rüdiger/Bayerl 2018 (zur Digitalisierung polizeilicher Arbeit).

[6] Insbesondere im Bereich organisierter oder terroristischer Kriminalität stehen mittlerweile auch die Vorbereitungs-, Unterstützungs- oder Organisationshandlungen im Vorfeld der eigentlichen Rechtsgutverletzung unter Strafe.

erwartet, dass sie künftig Straftaten begehen werden, Analysen struktureller Zusammenhänge einer "kriminellen Szene" oder die Erarbeitung übergreifender Lagebilder möglich.[7] Die aktuellen Diskussionen um die "drohende Gefahr" oder um den Präventivgewahrsam von "Gefährdern" veranschaulichen diese Vorverlagerungen.[8] Institutionell gibt es einen Trend zur Zentralisierung. Das Bundeskriminalamt ist mit seinem heutigen Organisations- und Aufgabenprofil eine multifunktionale "Intelligence-Behörde"[9] und hat darüber hinaus vor allem im Bereich der Bekämpfung des internationalen Terrorismus eine Reihe eigenständiger Aufgaben. Die Bundespolizei und auch die Zollbehörden werden ebenso immer weiter aufgewertet.[10] Nachrichtendienste treten zu diesem Bild nicht nur deshalb hinzu, weil es zwischen Nachrichtendiensten und Polizeien zunehmende Aufgabenüberschneidungen gibt, unter anderem wegen des Ausbaus der Staatsschutzdelikte. Maßgebliche Veränderungen bewirken vor allem auch die wachsenden Formen institutionalisierter informationeller Zusammenarbeit. Über ihre klassische Rolle der Regierungsinformation hinaus sind auch die Nachrichtendienste zu "Informationsschaltstellen" im Verbund der Sicherheitsbehörden geworden.[11] Soweit die Europäische Union Kompetenzen hat, ist mit zahlreichen bereichsspezifischen Vorgaben und mit der neuen Richtlinie für Polizei und Strafjustiz eine weitreichende Europäisierung des Sicherheitsrechts zu verzeichnen, die sowohl die Institutionen als auch die inhaltliche Regulierungsmacht betrifft.[12]

Die Digitalisierung und das Internet unterstützen einige dieser Entwicklungen und sind selbst Faktor grundlegender Veränderungen der Arbeit der Sicherheitsbehörden. Im Mittelpunkt gesellschaftlicher Debatten stehen oft neue Ermittlungsmethoden, die an neue technische Möglichkeiten und an die "Data-

---

[7] Ausf. zu diesen Veränderungen des Sicherheitsrechts, auch in Abgrenzung zu den traditionellen Ansätzen: siehe Albers 2001.
[8] Vgl. etwa Art. 11 Abs. 3 des neuen bayerischen Polizeiaufgabengesetzes (PAG).
[9] Abbühl 2010, 353 ff.
[10] Die Zollbehörden spielen angesichts des wachsenden grenzüberschreitenden Warenverkehrs eine wichtige Rolle und haben Aufgaben etwa im Bereich des illegalen Technologie- oder Waffentransfers, des Rauschgifthandels, der Geldwäsche und der Terrorismusfinanzierung.
[11] Albers 2018 Rn. 7.
[12] Siehe die Richtlinie (EU) 2016/680 des Europäischen Parlaments und des Rates vom 27. April 2016 zum Schutz natürlicher Personen bei der Verarbeitung personenbezogener Daten durch die zuständigen Behörden zum Zwecke der Verhütung, Ermittlung, Aufdeckung oder Verfolgung von Straftaten oder der Strafvollstreckung sowie zum freien Datenverkehr und zur Aufhebung des Rahmenbeschlusses 2008/977/JI des Rates, ABl. 2016 L 119/89.

fizierung" gesellschaftlicher Kommunikation anknüpfen. Heftig diskutiert wird z. B. die Ermächtigungen des Bundeskriminalamtes, nach denen es unter bestimmten Voraussetzungen "Trojaner" auf Computern verdächtiger Personen platzieren darf.[13] Unter den Bedingungen der Digitalisierung reicht es aber nicht, sich auf einzelne Ermittlungsmethoden und punktuelle Datenerhebungseingriffe zu konzentrieren. Noch wichtiger ist ein Blick auf die breiteren Zusammenhänge. Dabei sind Datenverknüpfungen, Datenauswertungsformen, Datenverarbeitungsprogramme als vorweggenommene Entscheidungs- und Bewertungsverfahren, Datenübermittlungen und Datenverbünde ebenso relevant wie die Fragen danach, wie aus Daten welche Informationen werden, welches Wissen in welchen Kontexten erzeugt wird, welchen Einfluss Techniken oder Softwareprogramme darauf nehmen und wie sich die Muster sicherheitsbehördlichen Wissens wandeln. Erst ein solch übergreifendes Bild zeigt auf, welch deutliche Veränderungen die Sicherheitsarchitektur verzeichnet.

3. Technisierung

Bei allgemeinem und breit angelegtem Verständnis bedeutet "Technisierung", dass materielle Artefakte unterschiedlichster Art mit der Folge elementarer Veränderungen in Kommunikations- und Handlungszusammenhänge eingebunden werden. Dabei hat man es mittlerweile weniger mit spezifischen Geräten, wie etwa Kameras oder Abhöreinrichtungen, zu tun, sondern vielmehr mit komplexen Prozessen und Architekturen, die von verschiedenen Techniken und deren Zusammenspiel geprägt sind. Rechtliche Anforderungen und Ausgestaltungen müssen deswegen ihrerseits vielschichtiger und zugleich passend miteinander verzahnt werden.

Wie neue Techniken und vor allem das Internet sowie die Verlagerung gesellschaftlicher Kommunikation in das Netz den Sicherheitsbereich verändern und rechtliche Diskussionen auslösen, lässt sich anhand markanter Beispiele veranschaulichen. Teils technisch, teils durch die Ausgestaltung der jeweiligen (Geschäfts-)Beziehungen bedingt fallen in der elektronischen Kommunikation zahlreiche Meta-Daten an. Ob, inwieweit und unter welchen Voraussetzungen Sicherheitsbehörden auf diese inhaltlich durchaus ergiebigen Daten Zugriff haben sollen, wird unter dem Stichwort Vorratsdatenspeicherung europaweit seit Jahren kontrovers diskutiert.[14] Die Heftigkeit dieser Kontroverse liegt daran,

---

[13] Vgl. §§ 20k, 51 Abs. 2 BKAG.
[14] Die in §§ 113b ff. TKG vorgesehene „Vorratsdatenspeicherung" zeichnet sich dadurch aus, dass Provider und Dienstanbieter die Verkehrsdaten länger als für ihre Zwecke erforderlich speichern müssen, damit Sicherheitsbehörden unter bestimmten

dass die Vorratsdatenspeicherung von Telekommunikationsmetadaten paradigmatische Qualität für viele weitere Konstellationen hat, die mit der „Datafizierung" zahlreicher Vorgänge denkbar werden. Die anlasslose Internetaufklärung ist ein weiteres Beispiel. Sie wird zwar manchmal als Online-Streife oder als "virtuelle Streifenfahrt" bezeichnet. Von Streifenwagenfahrten unterscheidet sie sich jedoch unter anderem wegen andersartiger räumlicher, zeitlicher und sozialer Grenzen der Beobachtungsmöglichkeiten, der regelmäßig nicht gegebenen Erkennbarkeit, technisch unterstützter Suchfunktionen und technisch weit reichender Speicher- und Auswertungsmöglichkeiten.[15] Deswegen sind die niedrigen Anforderungen, die das Bundesverfassungsgericht in seiner berühmten Entscheidung zur Online-Durchsuchung an die Internet-Aufklärung gestellt hat, zu undifferenziert.[16] Auch beim "Steckbrief 2.0", der polizeilichen personenbezogenen Fahndung in sozialen Netzwerken, kommen gegenüber der überkommenen Steckbrief-Fahndung eigenständige rechtliche Gesichtspunkte hinzu.[17] Dass soziale Netzwerke von gewinnorientierten privaten Anbietern betrieben werden, dass sie sich – Stichwort: "Bezahlen mit Daten" – Nutzungsrechte an den im Netzwerk geposteten Daten ausbedingen und dass der "Steckbrief 2.0" auch nicht so einfach wieder abgehängt werden kann, führt in der rechtlichen Beurteilung dazu, dass die Polizei die Daten nicht hochladen, sondern nur im Wege einer Verlinkung zugänglich machen darf.[18]

Sehr anschaulich ist außerdem die Videoüberwachung: Aus einem ehemals punktuell und gezielt genutzten Instrument hat sich eine im privaten mehr noch als im öffentlichen Raum weit verbreitete Überwachungstechnik entwickelt. Ursprünglich beschränkte sie sich auf die Übertragung der Bilder einer unter Umständen starren Überwachungskamera auf einen Monitor im Beobachtungsraum. Heute ergänzen sich rundum drehbare Mikrokameras in ihrem Beobachtungsradius, ganz abgesehen davon, dass, rein technisch betrachtet, eine Vielzahl weiterer Geräte zur Überwachung privater und öffentlicher Räume beitragen können: Body-Cams, Dash Cams, Kameradrohnen, handy-Kameras, Google Glass oder künftig Smart Lenses.[19] In ausgefeilten Systemen ermögli-

---

Voraussetzungen darauf zugreifen können. Sie ist auch ein Beispiel für das zunehmende Zusammenspiel von Datensammlungen privater und staatlicher Zugriffe.

[15] Eisenmenger 2017, 161 ff.

[16] Die insgesamt nicht überzeugende Begründung lautete unter anderem, dass man im Internet ohnehin kein Vertrauen in die Authentizität seines Kommunikationspartners haben dürfe. Kritisch hierzu auch Schulz/ Hoffmann 2010, 131 ff.; Wölm 2014, 81 ff., 179 ff.

[17] Vgl. Schiffbauer 2014, 1052 ff.

[18] Siehe auch Seckelmann 2018a, Rn. 25 ff.

[19] Zu den Problemen siehe Schwenke 2018, 469 ff.

chen Programme und Algorithmen fließende Zoomgrade und das simultane Abprüfen unterschiedlichster Aspekte, Beobachtungen nach Differenzierungskriterien wie Geschlecht oder Hautfarbe, die Herausfilterung auffälliger Verhaltensweisen oder eine Bewegungsverfolgung. In Pilotversuchen, so am Berliner Verkehrsknotenpunkt Südkreuz, wird mittlerweile der Einsatz von Gesichtserkennungssoftware getestet. An solche Datenaufzeichnungen können sich „smarte" Auswertungsprogramme anschließen und deren Ergebnisse können wiederum die Überwachung modifizieren. Und faktisch können nicht zuletzt bei Vorliegen der technischen Voraussetzungen Aufzeichnungs- und Auswertungsdaten aus Videoüberwachungen ebenso vielfältig mit anderweitigen Daten zusammengeführt wie anderweitige Daten (etwa Fotos aus sozialen Netzwerken) in die Videoüberwachungsprogramme eingespeist werden können. Das Recht reagiert bereits mit einem Bündel differenzierter Anforderungen.[20] In Polizeigesetzen werden etwa Videobeobachtung und Videoaufzeichnung, aber auch Verarbeitungskonstellationen (z. B. Durchsicht durch Menschen oder automatisierte Löschungen) unterschieden, Einschreitschwellen und bestimmte Verarbeitungsvoraussetzungen festgelegt oder die Erkennbarkeit des Einsatzes von Videotechnik und die Information betroffener Personen geregelt. Künftig wird noch mehr Aufmerksamkeit darauf gelegt werden müssen, dass, wie und mit welchen Folgen Techniken eingebunden sind. Etwa sind Videoaufzeichnungen durch sachliche, räumliche oder zeitliche Selektivität gekennzeichnet, eingesetzte biometrische Verfahren enthalten unterschiedliche Fehlerquellen und Softwareprogramme sind weitaus mehr als eine äußerlich bleibende Technologie.

In der prädiktiven Polizeiarbeit ("Predictive Policing"[21]) setzt man darauf, dass Analysesoftware zuvor unbekannte Muster und Trends herauskristallisiert. Auf der Basis komplexer Daten- und Datenverarbeitungsgrundlagen könnten Algorithmen Auswertungen und Vorhersagen liefern. "Intelligente" Programme wären so konzipiert, dass sie aus neu eingespeisten Daten ebenso wie aus Ergebnissen lernten und ihre eigenen Strukturen und Abläufe anpassten. Für sich genommen bietet es zahlreiche Vorteile, wenn kriminelle Aktivitäten tatsächlich treffsicherer prognostiziert und polizeiliche Ressourcen effektiv eingesetzt werden könnten. Aber der Einsatz der "intelligenten" Datenverarbeitungs-, -analyse- und -auswertungsprogramme bedingt zugleich Probleme, Defizite und potenzielle Fehlerquellen. Nicht nur hinter deren Auswahl, sondern auch hinter der Ausgestaltung und den Programmierungsschritten stecken bestimmte Theorien, Modelle und Hypothesen, sei es über Kriminalität, sei es über soziale Beziehungsmuster. Den in den USA für Eigentumsdelikte erprobten Programmen

---

[20] Aus der wissenschaftlichen Debatte: Roßnagel et al. 2011; Held 2014; Bretthauer 2017.
[21] Dazu etwa Albers 2015, 141 ff.; Rademacher 2017.

liegen etwa die "Near Repeat Theory" oder das "Risk Terrain Modeling" zugrunde.[22] Ausführlichere Forschungen gibt es mittlerweile auch zu automatisierten Analysen sozialer Netzwerke.[23] Je komplexer die Software wird, desto weitreichender verbergen sich in ihr Werte und Meinungen, Unsicherheiten und Zweifel, Entscheidungsprozesse, (Vor-)Entscheidungen und Weichenstellungen. Software ist insofern ein "eingefrorener Diskurs". Aber zugleich installiert sie "relativ unveränderliche, als selbstverständlich hingenommene Protokolle in der alltäglichen Informationspraxis von Organisationen, vereinheitlicht die Formen der Interpretation von Ereignissen, beeinflusst die Art und Weise der Entscheidungsfindung und standardisiert solche Entscheidungen über Zeit und Raum hinweg".[24] Eine einprogrammierte Lernfähigkeit kann (Fehl-)Annahmen korrigieren, aber die Problematik auch noch steigern. Vor eben diesem Hintergrund muss ein rechtsstaatliches Sicherheitsrecht ein nicht unerhebliches Problem darin sehen, dass bislang vor allem private Firmen die entsprechende Software konzipieren und weiterentwickeln, ohne dass hinreichende Transparenz und angemessene Erarbeitungsprozesse gewährleistet wären.

Die Zukunft sicherheitsbehördlicher Arbeit liegt im Übrigen nicht allein in Tools zur prädiktiven Beschreibung von potentiellen Gefahrensituationen und potentiellen Tätern anhand von Algorithmen. Mindestens genauso wichtig wird der Einsatz ausgefeilter automatischer Auswertungsprogramme werden.[25] Bei den Nachrichtendiensten ist dies insbesondere in der großflächigen Überwachung der Auslandstelekommunikation längst Praxis, damit aus der Vielzahl der erfassten Daten die nachrichtendienstlich relevanten Vorgänge herausgefiltert werden. Aber auch bei anderen Sicherheitsbehörden stellt sich die Frage, wie man verfügbare große Datenmengen zielorientiert und effektiv auswerten kann. Der Einsatz komplexer und lernender Algorithmen steht als Vision vor der Tür. Allgemeine Diskussionen über deren Regulierung und etwaige Rechtsansprüche

---

[22] Der „Near Repeat Theory" liegt u.a. folgende Annahme zu Grunde: Sobald in einer bestimmten Gegend Delikte wie Einbruchsdiebstähle verübt werden, gibt es eine erhöhte statistische Wahrscheinlichkeit, dass kurz nach einem Ausgangsdelikt weitere ähnliche Delikte in dieser Gegend oder in der näheren Umgebung begangen werden. Das „Risk Terrain Modeling" legt zu Grunde, dass Kriminalität eine Funktion einer dynamischen Interaktion zwischen sozialen, physikalischen und verhaltensbezogenen Faktoren ist, die an bestimmten Orten stattfindet, und dass auf dieser Basis für bestimmte Bereiche bestimmte Risikofaktoren identifiziert und kartografiert werden können. Vgl. insgesamt Ferguson 2012, 277 ff.
[23] Vgl. zu den Erfordernissen und Schwierigkeiten der Ausarbeitung treffender formaler Modelle: Tayebi/Glässer 2016.
[24] Leyshon/Thrift 1999, 453 (Übersetzung von M.A.).
[25] Zu der in diesem Rahmen dringend nötigen Unterscheidung von Daten, Informationen und Wissen sowie zu den Möglichkeiten und Grenzen: Weber 2018.

drehen sich um die Stichworte der Gewährleistung der "Transparenz", der "Neutralität" oder der "Richtigkeit" von Algorithmen oder den Ergebnissen deren Einsatzes.[26] Die Diskussionen stehen allerdings erst am Anfang und zugleich vor größeren Schwierigkeiten, wie sie übergreifend aus Bemühungen der Regulierung von Technik durch Recht bekannt sind, seien es Probleme der Nachvollziehbarkeit angesichts der hierfür notwendigen Technikkenntnisse, seien es Probleme aufgrund eigenrationaler und dynamischer Technikentwicklungen. Man wird hier neue Formen der – gegebenenfalls indirekten – Regulierung sowie neue Formen institutionalisierter und öffentlicher Kontrolle entwickeln müssen.

4. Vernetzung

Die Digitalisierung ermöglicht grundsätzlich auch eine effektive Vernetzung der Sicherheitsbehörden. Eine solche Vernetzung gehört zu den zentralen Bausteinen und Zielen der modernen Sicherheitsarchitektur: Den Netzwerken im Bereich des Terrorismus oder der organisierten Kriminalität soll "ein Netzwerk der Sicherheitsbehörden entgegengestellt"[27] werden. In der Praxis handelt es sich allerdings noch um ein Ziel und nur begrenzt um einen Befund. Das zeigt der Terroranschlag vom Breitscheidplatz, in dessen Vorfeld es eine Reihe von Fehlentscheidungen und -einschätzungen im Gemeinsamen-Terror-Abwehr-Zentrum (GTAZ) gegeben und die Vernetzung der verschiedenen Behörden defizitär funktioniert hat.[28]

4.1. Vernetzung, Netze und Netzwerke im Sicherheitsrecht

"Vernetzung" meint für sich genommen nicht mehr als die im Ansatz heterarchische[29] Verknüpfung bestimmter Einheiten, z. B. unterschiedlicher Sicher-

---

[26] Aus der breiten Debatte siehe Hoffmann-Riem 2017, 2 ff.; Martini 2017, 1017 ff. Übergreifender s. die Beiträge in: Mohabbat Kar et al. (Hg.) 2018.

[27] Siehe z. B. die Ausführungen unter https://www.protokoll-inland.de/DE/Themen/Sicherheit/Terrorismusbekaempfung/Sicherheitsbehoerden/sicherheitsbehoerden_node.html [Zugriff: 30.03.2018]; außerdem Schily 2005, 7 ff. Zur Netzwerkstruktur des Terrorismus vgl. Albers/Groth 2015, 11.

[28] Eine Chronik des Behördenhandelns mit Stand Februar 2017 ist abrufbar unter: http://www.bmjv.de/SharedDocs/Artikel/DE/2017/01162017_Chronologie.html [Zugriff: 30.03.2018]. Siehe auch die Kleine Anfrage der Abg. Mihalic u. a., BTDrucks. 18/10812, und die Antwort der Bundesregierung, BTDrucks. 18/11027.

[29] Das im Ansatz heterarchische Arrangement bedeutet nicht, dass Teile komplexerer Netzwerke nicht auch hierarchische Strukturmuster aufweisen könnten oder die jeweili-

heitsbehörden, unter einem bestimmten Aspekt (Handlungskoordination, arbeitsteilige Verfahren, Datenaustausch) vor dem Hintergrund komplexerer Arrangements. Will man nähere Aussagen etwa zu den Funktionen, Strukturen oder Auswirkungen treffen, muss man den theoretischen Zugriff und die Erkenntnisinteressen, die Abgrenzungskriterien im Hinblick auf andere Paradigmen und die jeweils relevanten Bezugsebenen und Bezugspunkte präzisieren.[30] In sozialwissenschaftlichen Analysen geht es meist um ein strukturell verdichtetes Beziehungsgeflecht zwischen mehreren Akteuren, das durch spezifische Mechanismen der Koordination von (Teil-)Handlungen oder der Informations- und Wissensgenerierung, durch mehr oder weniger reziproke Beiträge der Beteiligten und durch die sich herausbildenden netzwerkspezifischen Erwartungs- und Handlungsmuster gekennzeichnet ist.[31] Keineswegs alle, aber einige der sozialwissenschaftlichen Ansätze grenzen Netzwerke gegen funktionssystemische Differenzierungen und Rollen[32] oder gegen Strukturmuster "formaler" Organisationen oder Verfahren ab.[33] Netzwerke zeichnen sich dann dadurch aus, dass relevante Kommunikationen nicht allein in den vorgegebenen Formen stattfinden, sondern auch in darüber hinausgehenden, formale Formen gegebenenfalls überspielenden "informellen" Beziehungsgeflechten, die sich über Vertrauen oder persönliche Bekanntschaft stabilisieren. Nicht zuletzt deswegen streitet man im Recht darüber, inwieweit die Kategorien der "Vernetzung", der "Netze" oder der "Netzwerke" hier überhaupt brauchbar und ob sie als im Ansatz rein sozialwissenschaftliche "(organisations-)rechts*un*spezifische Kennzeichnungen komplexer Verflechtungsphänomene"[34] oder als rechtsdogmatisch verankerte und folgenreiche, gegen etablierte Figuren abgrenzbare Rechtskategorien zu begreifen sind.

---

gen Elemente notwendig vollständig gleichwertige Positionen innehätten; im Gegenteil interessieren sich Netzwerkanalysen gerade für hegemoniale Positionen oder für die unterschiedliche Dichte von Verbindungen.

[30] Zutreffend Glaser 2010, 265: "Mit dem jeweiligen Beobachtungsinteresse wird also das Netzwerk als Untersuchungsgegenstand jeweils erst konturiert."

[31] Vgl. etwa Ladeur 2009, 175: "Als Netzwerk sollten in einer rechts- und sozialwissenschaftlichen Perspektive primär nicht-hierarchische Beziehungen zwischen privaten oder öffentlichen Akteuren, Ressourcen und Entscheidungen verstanden werden, deren Selbstkoordination emergente, nicht unabhängig vom Prozess ihrer Hervorbringung denkbare Regeln, Handlungsmuster und Erwartungen erzeugen kann."

[32] Holzer 2011, 59 ff.

[33] Siehe z. T. als Überblick: Jansen/Wald 2007, 93-105 und 188-199. Siehe auch mit anderer Akzentuierung aus systemtheoretischer Perspektive: Bommes/Tacke 2011, 34 ff.

[34] Jestaedt 2012, § 14 Rn. 18.

Auch im Recht kann die Terminologie der Vernetzung, der Netze oder der Netzwerke aber weiterführend sein. Das gilt selbst dann, wenn man davon ausgeht, dass es sich nicht um Rechtskategorien handelt. Entsprechende Beobachtungs- und Beschreibungsperspektiven können auf der normativen Ebene erstens das Verständnis komplexer und miteinander verzahnter Regelungen erleichtern. Während etwa das häufig verwendete Bild der (Daten-)"Ströme" unverändert bleibende Komponenten nahelegt, macht das Bild eines "Netzes" deutlicher, dass es darum geht zu begreifen, welche wie veränderten Daten an welche Stellen in welche neuen Kontexte gelangen und mit welchen Folgen zu Informationen und Wissen umgewandelt werden. Zweitens kann man auf der Grundlage sozialwissenschaftlicher Studien analysieren, ob rechtliche Regelungen, etwa zur wechselseitigen behördlichen Unterstützung oder zum Datenaustausch, sachgerecht funktionieren oder angesichts anders stabilisierter Kommunikationsmuster ins Leere laufen und wie rechtliche Regelungen passend gestaltet werden. Über solche sinnvollen Anknüpfungen an außerrechtliche Beschreibungsmuster hinaus kristallisieren sich "Netze" oder "Netzwerke" auch als neue Rechtskategorien heraus, die bestimmte Koordinations- und Kooperationsformen erfassen sollen. Vor allem in europäischen Zusammenhängen sind sie über Institutionalisierungs-, Rahmen- und Verfahrens- oder auch Rechtsfolgenbestimmungen etwa im Telekommunikationsrecht, im Umweltrecht oder im Lebensmittelrecht, aber auch im Sicherheitsrecht verankert [35], ohne dass jedoch sämtliche rechtlichen Bausteine auf diese neuen Kategorien eingestellt und abgestimmt wären.[36] Schon um den Blick für die teilweise eigenständigen Rechtsprobleme zu schärfen, sollte man hier zwischen "Netzen" und "Netzwerken" unterscheiden.[37] "Netze" werden zwar auch unter dem Aspekt einer Vernetzung beschrieben. Dabei betrachtet man jedoch allein bestimmte formale Muster der Verknüpfung, etwa informations- und datenschutzrechtliche Normen, mittels derer Informations- und Wissensnetze entstehen. In Abgrenzung dagegen sollten "Netzwerke", ebenso wie in manchen soziologischen Ansätzen, zumindest

---

[35] Siehe mit Beispielen Möllers 2005, 290 ff.; Ladeur 2011, 651 f.; Schoppa 2013, 328 ff.; Schwind 2017, 151 ff. S. auch Simantiras 2016, 26 ff., der Netzwerke allerdings als rein deskriptive Kategorie und dann funktional als Verwaltungskooperation begreift, die mit einer Kombination aus Verwaltungsorganisations-, Verfahrens- und materiellem Recht erschlossen werden kann. Vgl. außerdem in internationalen Zusammenhängen Groth 2016, 79 ff.

[36] Dass man die Rechtsprobleme, die die jeweiligen Koordinations- und Kooperationsformen mit sich bringen, deswegen zumindest teilweise mit anderweitigen rechtlichen Figuren abarbeiten muss, mag den Streit über die rechtliche Einordbarkeit von "Netzen" oder "Netzwerken" erklären.

[37] Glaser 2010, 272 f.

auch durch Charakteristika wie eine mehr oder weniger weit reichende Informalität gekennzeichnet sein.[38] So wird schnell erkennbar, dass Netze, wie sie etwa über Zentraldateien und Verbunddateien hergestellt werden, und Netzwerke wie die Gemeinsamen Abwehrzentren teilweise parallele, teilweise aber je eigenständige Rechtsfragen aufwerfen. Sinnvoll ist trotz mancher Überschneidungen auch eine Typenbildung – z. B. in Regulierungs-, Planungs- oder Vollzugsnetzwerke[39], dem Datenaustausch und der Wissensgenerierung dienende oder vollzugsunterstützende, -beeinflussende oder -gestaltende Informationsnetze oder -netzwerke[40] sowie Netze oder Netzwerke zum institutionalisierten Erfahrungsaustausch.[41] Das europäische Sicherheitsrecht ist eines der Referenzgebiete vor allem für Informationsnetze oder -netzwerke[42], die man partiell mit einem sich herausbildenden Netz- oder Netzwerkrecht[43] erfassen kann und muss. Auch im nationalen Sicherheitsrecht erweisen sich solche Perspektiven als produktiv. Das gilt nicht nur, aber vor allem, wenn es um informationelle Vernetzungen der Sicherheitsbehörden geht. Dafür sind komplexe rechtliche und informationstechnische Architekturen erforderlich und die gegenwärtigen rechtlichen Rahmenbedingungen, die von Kooperations- und Zusammenarbeitsregelungen über Datenschutzbestimmungen bis hin zu allgemeinen Vorgaben für technische Standards und Vorschriften zur IT-Sicherheit reichen, weisen hier Ausarbeitungs- und vor allem Abstimmungsdesiderate auf.

Ganz profan stößt die informationelle Vernetzung der Sicherheitsbehörden im deutschen föderalistischen System schon deshalb auf Probleme, weil vor dem Hintergrund der Länderorganisationskompetenz eigene Infrastruktur- und Softwaresysteme angeschafft und aufgebaut wurden.[44] Die verschiedenen Sys-

---

[38] Im Näheren sind weitere Präzisierungen erforderlich, weil die Differenz formell/informell von den Bezugspunkten abhängt und sich im übergreifenden Kontext relativieren kann, siehe zutr. Möllers 2005, 297 f.

[39] Schwind 2017, 241 ff.; Kahl 2012, 35 ff.

[40] Schwind 2017, 167 ff.; siehe auch Schöndorf-Haubold 2008, 158 ff., hier ohne die notwendige Unterscheidung zwischen Vernetzung, Netzen und Netzwerken.

[41] Zum Typus Schöndorf-Haubold 2008, 156 f.

[42] Siehe etwa Schoppa 2013, 103 ff., 333 ff.; Schwind 2017, 184 ff.; Aden 2014, 63 ff. Zu weiteren grenzüberschreitenden bilateralen Zusammenarbeitsformen siehe auch Albers 2017, 59-77.

[43] Frühzeitige Anfangsüberlegungen dazu bei Schöndorf-Haubold 2008, 168 ff. Vgl. weiter Schoppa 2013, 334 ff.; Schwind 2017, 295 ff.

[44] Zur "zersplitterten IT-Landschaft" und daraus resultierenden Problemen siehe Bundesministerium des Innern, Polizei 2020 – White Paper. Verfügbar unter: https://www.bmi.bund.de/SharedDocs/downloads/DE/veroeffentlichungen/2018/polizei-2020-white-paper.pdf?__blob=publicationFile&v=1 [Zugriff: 30.03.2018]. Siehe auch etwa Aden 2014, 61, 63.

teme, Verfahren oder Dateiformate sind nur eingeschränkt kompatibel und nur begrenzt über Schnittstellen verbunden. Teilweise müssen verbundrelevante Daten mehrfach in unterschiedliche Systeme eingegeben werden, damit sie allen an einem Verbund Beteiligten zur Verfügung stehen. Vor diesem Hintergrund hat die Ständige Konferenz der Innenminister und -senatoren der Länder (IMK) auf ihrer Tagung im November 2016 die „Saarbrücker Agenda zur Digitalisierung der Inneren Sicherheit" beschlossen[45], die zu den Grundlagen des Programms Polizei 2020[46] zählt. Ziel ist der Aufbau einer gemeinsamen, modernen und einheitlichen Informationsarchitektur für die Polizeien des Bundes und der Länder. Die Polizistinnen und Polizisten sollen nach Maßgabe der rechtlichen Rahmenbedingungen jederzeit und überall Zugriff auf diejenigen Informationen haben, die sie benötigen, um ihre Aufgaben zu erfüllen. Erreicht werden soll eine digitale, medienbruchfreie Vernetzung der Polizei mit ihren nationalen und internationalen Partnern.[47] Deswegen und aus weiteren Gründen gibt es erheblichen Reformbedarf bei einigen der gegenwärtigen Formen informationeller Vernetzung. Hier können Zentraldateien und Verbunddateien, Gemeinsame Dateien zwischen Polizeien und Nachrichtendiensten und Gemeinsame Abwehrzentren hervorgehoben werden.

4.2. Gegenwärtige Formen informationeller Vernetzung

4.2.1. Zentraldateien und Verbunddateien

Eines der wichtigsten Elemente der Vernetzung der Sicherheitsbehörden sind Zentraldateien und vor allem Verbunddateien für den elektronischen Datenverbund zwischen Bund und Ländern.[48] Solche Dateien werden vom Bundeskriminalamt, vom Zollkriminalamt und vom Bundesamt für Verfassungsschutz in Ausübung ihrer Zentralstellenfunktion geführt. Zu den Verbunddateien zählen

---

[45] Saarbrücker Agenda zur Informationsarchitektur der Polizei als Teil der Inneren Sicherheit vom 30. November 2016. Verfügbar unter: https://www.medienservice.sachsen.de/medien/medienobjekte/download/110307 [Zugriff: 30.03.2018].
[46] Bundesministerium des Innern (Fn. 44).
[47] Siehe für die europäische Ebene auch die Vorschläge der Europäischen Kommission vom 12.12.2017 für eine Verordnung des Europäischen Parlaments und des Rates zur Errichtung eines Rahmens für die Interoperabilität zwischen EU–Informationssystemen, hinsichtlich Grenzen und Visa: COM(2017) 793 final, hinsichtlich polizeilicher und justizieller Zusammenarbeit, Asyl und Migration: COM(2017) 794 final.
[48] Siehe zu den verschiedenen Dateiformen: Graulich in Schenke et al. 2014, BKAG § 8 Rn. 5 ff.

das Informationssystem der Polizei INPOL[49], das Zollfahndungsinformationssystem INZOLL und das nachrichtendienstliche Informationssystem NADIS. Die an dem jeweiligen Verbundsystem beteiligten Stellen des Bundes und der Länder pflegen in einer vielfältig, partiell gestuften Form selbst Daten ein und können Daten nach Maßgabe von Berechtigungen auch unmittelbar abrufen.

Die gegenwärtige Ausgestaltung ist allerdings verbesserungsbedürftig. Nimmt man INPOL als Beispiel, enthält es unterschiedliche Datenbanken, so für die polizeiliche Fahndung, für allgemeine Auskunftszwecke oder verbundrelevante Daten aus den Fallbearbeitungssystemen, die in beispielsweise nach Deliktstypen strukturierten Dateien gespeichert werden. Da sich Datenbestände in voneinander isolierten Silos befinden und keine übergreifende Verknüpfung zwischen den unterschiedlichen Datenbanken besteht, können bestimmte Verbindungen zwischen eingespeisten Daten nicht systemunterstützt ermittelt werden. Zudem mangelt es, und dies ist eine interessante Information, an einem mit den rechtlichen Anforderungen abgestimmten Konzept der Zugriffsberechtigung. Nicht zuletzt führen die unterschiedlichen IT-Systeme der Polizeien in Bund und Ländern zu Schnittstellenproblemen mit der Folge, dass Daten manuell in das Verbundsystem eingegeben werden oder eine Eingabe dann eben mit der Folge mangelnder Verfügbarkeit unterbleibt.[50]

Künftig soll die Architektur dieses Verbundsystems im Anschluss an die Saarbrücker Agenda fundamental umgestaltet werden.[51] Es bleibt bei einem Verbundsystem mit einer Verantwortlichkeitsverteilung auf das Bundeskriminalamt als Zentralstelle und die datenverantwortlichen Stellen der Polizeien des Bundes und der Länder. Allerdings soll es ein neu konzeptioniertes "Datenhaus" beim Bundeskriminalamt geben. Beim Umbau sollen bisherige Innovationsschritte integriert werden. Dazu gehören die Einrichtung des Polizeilichen Informations- und Analyseverbundes (PIAV), das einen bruchlosen Datenaustausch zur Aufklärung länder- und phänomen- oder dateiübergreifender tat- und personenbezogener Zusammenhänge ermöglichen soll, und die Entwicklung eines einheitlichen Fallbearbeitungssystems. Weitere Komponenten sind das Zugriffs- und Rechtekonzept und Schritte zur Sicherstellung der Interoperabilitätsvoraussetzungen etwa hinsichtlich des Datenmodells oder Austauschformats. Das "Datenhaus" zeichnet sich dadurch aus, dass verbundrelevante Daten in einem einheitlichen System nur einmal nach den gleichen Regeln erfasst und durch die Nutzung zentraler Dienste einheitlich verarbeitet werden. Die Zentral-

---

[49] Zur Entwicklung und zum Aufbau von INPOL: Abbühl 2010, 148 ff.
[50] Zur Problembeschreibung siehe Bundesministerium des Innern (Fn. 44), 5 ff.
Zur Beschreibung des Inpol-Systems siehe auch Graulich in Schenke et al. 2014, BKAG § 11 Rn. 3 ff.
[51] Zum Folgenden: Bundesministerium des Innern (Fn. 44), 6 ff.

stellenfunktion des Bundeskriminalamts schließt dabei ein, dass es den Polizeien von Bund und Ländern Anwendungen und Dienste bereitstellt, die zentral unter Einbeziehung der Anforderungen von Bund und Ländern entwickelt werden. In der Sache soll das Informationssystem eine leichtere Eingabe, über funktionale Module und Dienste eine ertragreichere Recherche und vor allem eine bessere verfahrens- und dateiübergreifende Verknüpfung von Daten zur Herstellung von Zusammenhängen etwa zwischen mehreren Kriminalitätsereignissen oder zwischen bestimmten Zielpersonen ermöglichen. Der Datenzugriff soll über ein Berechtigungsmanagement gesteuert werden, das sich in Abstimmung mit rechtlichen Anforderungen aufgaben-, rollen- und kontextbezogen gestaltet. Ziel ist es, der Polizei im Sinne des "Grundsatzes der Verfügbarkeit"[52] die für die polizeiliche Arbeit erforderlichen Daten zu jeder Zeit an jedem Ort nach Maßgabe der rechtlichen Anforderungen zur Verfügung zu stellen. Im Übrigen soll auch eine bessere Basis für den unionalen und internationalen Datenaustausch geschaffen werden.

Die Grundlage für den Umbau des Verbundsystems soll das neue BKAG liefern. Es wurde mit Blick auf das Urteil des BVerfG zum bisherigen BKA-Gesetz[53] und zwecks Umsetzung der Richtlinie zu Polizei und Strafjustiz novelliert. Danach ist das Bundeskriminalamt Zentralstelle für den polizeilichen Informationsverbund zwischen Bund und Ländern und stellt zu diesem Zweck ein einheitliches Verbundsystem zur Verfügung. Es selbst nimmt mit seinem eigenen Informationssystem an diesem Verbund teil. Teilnahmeberechtigt sind außerdem u. a. die Landeskriminalämter, sonstige Polizeibehörden der Länder, die Bundespolizei und das Zollkriminalamt. Mit Blick auf die Grundfunktionen des Verbundsystems, etwa Unterstützung bei polizeilichen Ermittlungen, bei der polizeilichen Informationsverdichtung oder bei strategischen Analysen[54], stellen die teilnehmenden Behörden einander verbundrelevante[55] Daten zum Abruf und zur Verarbeitung zur Verfügung.[56] Das Bundeskriminalamt hat durch organisatorische und technische Maßnahmen sicherzustellen, dass Eingaben von und Zugriffe auf Daten im polizeilichen Informationsverbund nur möglich sind, soweit die jeweiligen Behörden hierzu berechtigt sind.[57] Die dafür unter anderem geltenden Maßgaben werden mit einem Verweis auf eine entsprechende Geltung zentraler für die Datenweiterverarbeitung des BKA geltenden Regelungen

---

[52] Ausf. zu diesem im Unionsrecht verankerten Grundsatz siehe Schmidt 2018.
[53] BVerfG, Urteil v. 20.4.2016, 1 BvR 966/09 und 1140/09 = BVerfGE 141, 220 - BKA-Gesetz.
[54] §§ 29 Abs. 2 i.V. m. 13 Abs. 2 BKAG.
[55] § 30 BKAG.
[56] § 29 Abs. 2 S. 2 BKAG.
[57] § 29 Abs. 4 S. 1 BKAG.

verankert.⁵⁸ Danach greifen insbesondere der "Grundsatz der hypothetischen Datenneuerhebung"⁵⁹, die dafür nötigen Kennzeichnungspflichten⁶⁰, die Bindung an die Erforderlichkeit der Kenntnis der Daten für mehr oder weniger konkretisierte Aufgaben und Pflichten⁶¹ sowie sachlich oder personell mehr oder weniger differenzierte Schwellen für die Datenverarbeitung. Neben der Abstimmung mit den Vorgaben, die das BKAG selbst enthält, ist eine Koordination mit den für die jeweiligen beteiligten Stellen geltenden Rechtsgrundlagen erforderlich.⁶²

Vom Ausgangspunkt einer besseren Vernetzung der Sicherheitsbehörden, bei der zugleich Datenschutzanforderungen gewährleistet sind, ist die Verbesserung der Architektur des Informationsverbundes notwendig. Die Ausgestaltung der neuen Regelungen des BKAG ist jedoch nicht in jeder Hinsicht gelungen. Das liegt nicht zuletzt daran, dass der Gesetzgeber verfassungsrechtliche Vorgaben als Orientierung gewählt hat, die aus dem BKA-Urteil des Bundesverfassungsgerichts herauskristallisiert worden sind. Unabhängig davon, ob die gesetzgeberische Deutung immer passt, sind manche der vom Bundesverfassungsgericht abgesteckten Maßgaben missverständlich. Das betrifft gerade die zentralen Ausführungen, die der Neugestaltung des polizeilichen Informationsverbundes zu Grunde gelegt werden. Jedenfalls nicht als generelle Grundlinie für jedwede anderweitige Nutzung missverstehen darf man die verfassungsgerichtlichen Ausführungen zur Rolle einer Datenerhebungsermächtigung für Zweckfestlegung, Zweckbindung und eine sich in diesem Rahmen haltende weitere Nutzung.⁶³ Der Gesetzgeber scheint diese Ausführungen im Sinne einer mittels

---

⁵⁸ § 29 Abs. 4 S. 2 BKAG.
⁵⁹ § 29 Abs. 4 S. 2 i. V. m. § 12 Abs. 2 – 5 BKAG.
⁶⁰ § 29 Abs. 4 S. 2 i. V. m. § 14 BKAG.
⁶¹ Etwa § 29 Abs. 4 S. 2 i. V. m. § 15 Abs. 1 Nr. 2 BKAG.
⁶² Das beruht auf dem "Doppeltürmodell", dazu Albers 2001, 334f.; Gazeas 2014, 228f., 501ff.
⁶³ Entscheidend sind die Ausführungen in BVerfG, Urteil v. 20.4.2016, 1 BvR 966/09 und 1140/09 = BVerfGE 141, 220 (BKA-Gesetz), Rn. 278 f.: "Der Gesetzgeber kann eine Datennutzung über das für die Datenerhebung maßgebende Verfahren hinaus als weitere Nutzung im Rahmen der ursprünglichen Zwecke dieser Daten erlauben. Er kann sich insoweit auf die der Datenerhebung zugrundeliegenden Rechtfertigungsgründe stützen und unterliegt damit nicht den verfassungsrechtlichen Anforderungen an eine Zweckänderung. Die zulässige Reichweite solcher Nutzungen richtet sich nach der Ermächtigung für die Datenerhebung. Die jeweilige Eingriffsgrundlage bestimmt Behörde, Zweck und Bedingungen der Datenerhebung und definiert damit die erlaubte Verwendung. Die Zweckbindung der auf ihrer Grundlage gewonnenen Informationen beschränkt sich folglich nicht allein auf eine Bindung an bestimmte, abstrakt definierte Behördenaufgaben, sondern bestimmt sich nach der Reichweite der Erhebungszwecke

der Erhebungsermächtigung ggf. weit gespannten einheitlichen Zweckfestlegung zu deuten. Richtig ist aber, dass die notwendigerweise abstrakten, typisierenden oder auch verschiedene Fallkonstellationen bündelnden gesetzlichen Erhebungsermächtigungen einen Rahmen für die Festlegung der Verwendungszwecke setzen, die die zuständige Behörde dann verfahrensbezogen oder auch im Hinblick auf einen konkreten Aufgabenkomplex vornehmen muss.[64] Müsste die jeweilige Erhebungsermächtigung als solche abschließend die Zweckfestlegung liefern, gelangte man entweder zu kontraproduktiven Bestimmtheits- und Präzisierungserfordernissen hinsichtlich des Gesetzes oder zu Ergebnissen, die mit Datenschutzanforderungen unvereinbar wären, unter anderem auch mit Art. 4 Abs. 1 lit. b, c oder e der Richtlinie zu Polizei und Strafjustiz. Dies macht ein Blick auf die oft weit und bündelnd formulierten sicherheitsbehördlichen Erhebungsermächtigungen schnell klar.[65] Auch das "Kriterium der hypothetischen Datenneuerhebung"[66] ist im Urteil des BVerfG nicht in einer Weise formuliert, dass es als Grundlage für die Ausarbeitung von Berechtigungen in einem automatisierten Datenaustauschverbund ausreichen könnte. Die unterschiedlichen Funktionen des Bundesverfassungsgerichts, seiner Verfahren und seiner Entscheidungen einerseits und der Gesetzgebung andererseits werden verkannt, wenn man meint, Urteile des Bundesverfassungsgerichts ließen sich gleichsam 1:1 umsetzen. Das ambitionierte Projekt einer Neukonzeption der Architektur des polizeilichen Verbundsystems wird daher noch gesetzgeberische Nachbesserungen und auch sonst einige Arbeit erfordern.

---

in der für die jeweilige Datenerhebung maßgeblichen Ermächtigungsgrundlage. Eine weitere Nutzung innerhalb der ursprünglichen Zwecksetzung kommt damit nur seitens derselben Behörde im Rahmen derselben Aufgabe und für den Schutz derselben Rechtsgüter in Betracht wie für die Datenerhebung maßgeblich: Ist diese nur zum Schutz bestimmter Rechtsgüter oder zur Verhütung bestimmter Straftaten erlaubt, so begrenzt dies deren unmittelbare sowie weitere Verwendung auch in derselben Behörde, soweit keine gesetzliche Grundlage für eine zulässige Zweckänderung eine weitergehende Nutzung erlaubt."

[64] Ausf. zu den Bausteinen der Zweckfestlegung, Zweckbindung und Zweckänderungsmöglichkeiten, insbes. auch zu ihren Funktionen, ihrer Ausgestaltung und ihrer Konkretisierung siehe Albers 2005, 497 ff.

[65] Zu den vielfältigen Problemen der neuen Regelungen des BKAG s. auch Bäcker 2017.

[66] BVerfG, Urteil v. 20.4.2016, 1 BvR 966/09 und 1140/09 = BVerfGE 141, 220 (BKA-Gesetz), Rn. 287.

4.2.2. Gemeinsame Dateien von Polizeien und Nachrichtendiensten

Ein weiteres Element der informationellen Vernetzung der Sicherheitsbehörden ist die Möglichkeit einer befristeten projektbezogenen Führung gemeinsamer Dateien zwischen Polizeien und Nachrichtendiensten. Entsprechende Rechtsgrundlagen in den Fachgesetzen ermächtigen das Bundeskriminalamt, das Bundesamt für Verfassungsschutz oder den Bundesnachrichtendienst zur Errichtung einer solchen Datei und benennen beteiligte Behörden.[67] Darüber hinaus sehen spezielle Gesetze die Errichtung gemeinsamer Dateien in bestimmten Sachbereichen vor. Die jeweils beteiligten Behörden sind dann verpflichtet, bereits erhobene Daten, die automatisiert verarbeitet werden dürfen, unter bestimmten Voraussetzungen in der gemeinsamen Datei zu speichern.[68] Grundsätzlich sollen automatisierte zentrale gemeinsame Dateien den Informationsaustausch zwischen den jeweils beteiligten Behörden effektivieren und die Datenlage zu bestimmten Personen, Objekten oder Sachverhalten verdichten, indem Erkenntnisse, über die eine der beteiligten Behörden verfügt, eingegeben werden, zu einem neuen Bild beitragen und für alle beteiligten Behörden zugänglich sind.[69] Je nach Ausgestaltung der Gemeinsamen Datei machen sie einen Datenaustausch nach den allgemeinen Datenübermittlungs- und Datenempfangsregelungen aber nicht überflüssig. Treffer in der Datei können vielmehr einen solchen Austausch erfordern und auslösen. Das gilt vor allem, wenn die Funktion und Ausgestaltung der Verbunddatei sich im Prinzip auf eine Kontakt- und Informationsanbahnung beschränken. Paradigmatisch hierfür sind die gemeinsame standardisierte zentrale Antiterrordatei mit der Regelung im Antiterrordateigesetz (ATDG) und die gemeinsame standardisierte zentrale Datei zur Aufklärung oder Bekämpfung des gewaltbezogenen Rechtsextremismus mit der Regelung im RED-G.[70]

---

[67] §§ 17 BKAG, 22a BVerfSchG, 25 BNDG.
[68] Vgl. zur Speicherpflicht § 2 ATDG, § 2 RED-G.
[69] Vgl. die Begründung zum Gesetzentwurf der Bundesregierung zum Gemeinsame-Dateien-Gesetz v. 16.10.2006, BT-Drs. 16/2950, 1, 12 f.
[70] Siehe das Gesetz zur Errichtung einer standardisierten Antiterrordatei von Polizeibehörden und Nachrichtendiensten von Bund und Ländern (Antiterrordateigesetz - ATDG) v. 22.12.2006, BGBl. I S. 3409, das dann insbes. aufgrund des einschlägigen Urteils des BVerfG durch das Gesetz zur Änderung des Antiterrordateigesetzes und anderer Gesetze v. 18.12.2014, BGBl. I 2318, geändert wurde. Zur Rechtsextremismusdatei siehe das Gesetz zur Errichtung einer standardisierten zentralen Datei von Polizeibehörden und Nachrichtendiensten von Bund und Ländern zur Bekämpfung des gewaltbezogenen Rechtsextremismus (Rechtsextremismus-Datei-Gesetz - RED-G), v. 20.8.2012, BGBl. I S. 1797; vgl. zur Begründung auch den Gesetzentwurf der Bundes-

Zweck der informationellen Vernetzung der Sicherheitsbehörden, die an der beim Bundeskriminalamt geführten Antiterror- und Rechtsextremismusdatei jeweils beteiligt sind, ist die Erfüllung der jeweiligen gesetzlichen Aufgaben zur Aufklärung oder Bekämpfung des internationalen Terrorismus mit Bezug zur Bundesrepublik Deutschland bzw. zur Aufklärung oder Bekämpfung des gewaltbezogenen Rechtsextremismus.[71] Neben allgemeinen Bausteinen zur Realisierung des Datenschutzes – Auskunftsansprüche, Berichtigungs- und Löschungspflichten, Protokollierungspflichten, Regelungen zur datenschutzrechtlichen Verantwortung, Berichts- und Evaluationsregeln, Kontrolle durch die Bundesbeauftragte für Datenschutz und Informationsfreiheit und die jeweiligen Landesbeauftragten – unterliegen die Dateneinspeisung, der Zugriff auf die Daten und deren Nutzung sowie die weitere Datenverwendung bestimmten Anforderungen.[72] Die obligatorische Dateneinspeisung setzt im Ausgangspunkt voraus, dass die Kenntnis der Daten für die Aufklärung oder Bekämpfung des internationalen Terrorismus mit Bezug zur Bundesrepublik Deutschland bzw. des gewaltbezogenen Rechtsextremismus erforderlich ist. Die einzuspeisenden Daten selbst werden mit Blick auf die Relevanz ihres Informationsgehalts und über mehr oder weniger bestimmte weitere Schwellen, u. a. hinsichtlich der betroffenen Personen, eingegrenzt. Die zu speichernden Datenarten differenzieren sich in Grunddaten, erweiterte Grunddaten, zusammenfassende besondere Bemerkungen sowie ergänzende Hinweise und Bewertungen. Außerdem werden weitere Angaben zur Identifizierung und nicht zuletzt die Behörde, die über die Erkenntnisse verfügt, das Aktenzeichen oder die Einstufung als Verschlusssache festgehalten. Unter bestimmten Voraussetzungen – besondere Geheimhaltungsinteressen oder besonders schutzwürdige Interessen der Betroffenen – dürfen Daten beschränkt oder verdeckt gespeichert werden.[73] Der Zugriff auf die Daten ist im Ausgangspunkt an die Erforderlichkeit für Erfüllung der näher eingegrenzten Aufgaben im Bereich der Aufklärung oder Bekämpfung des internationalen Terrorismus bzw. des gewaltbezogenen Rechtsextremismus geknüpft. Im Falle eines Treffers erhält die abfragende Behörde Zugriff auf Grunddaten. Unter bestimmten Voraussetzungen sind auch erweiterte Grunddaten zugäng-

---

regierung, BT-Drs. 17/8672. Übergreifender zu solchen Verbunddateien am Beispiel der Antiterrordatei Stubenrauch 2009.

[71] § 1 ATDG, § 1 RED-G.

[72] S. auch BVerfG, Urteil v. 24.4.2013, 1 BvR 1215/07 = BVerfGE 133, 277 – Antiterrordatei-Gesetz.

[73] In solchen Fällen wird die Möglichkeit einer Übermittlung nach automatisierter Information der eingegebenen Behörde über das Abfrageereignis ggf. in unmittelbarem Kontakt zwischen eingebender und abfragender Behörde geklärt, §§ 4 Abs. 2 ATDG, 4 Abs. 2 REDG.

lich. Die erhaltenen Daten dürfen grundsätzlich nur zur Prüfung der Einschlägigkeit des Treffers und sodann für ein Ersuchen um Übermittlung von Erkenntnissen zur Wahrnehmung der jeweiligen Aufgabe verwendet werden.[74] Von der Möglichkeit einer erweiterten projektbezogenen Datennutzung abgesehen[75] sind die Antiterrordatei und die Rechtsextremismusdatei somit auf eine Kontakt- und Informationsanbahnung zugeschnitten. Ein Treffer und der Zugriff auf die Grunddaten oder erweiterten Grunddaten wird ggf. ein Ersuchen auslösen. Der weitere Datenaustausch zwischen den beteiligten Behörden richtet sich dann nach den jeweils geltenden Datenübermittlungs- und Datenempfangsvorschriften der einschlägigen Gesetze.

Anwendungserfahrungen mit dieser spezifisch zugeschnittenen Vernetzung zwischen Polizeien und Nachrichtendiensten ergeben sich aus den jeweiligen Evaluationen der Gesetze.[76] Danach können, vermittelt über die Informationen aus den Dateien, Kontakte aufgebaut und intensiviert werden. Gestärkt werden auch die Kooperationsbereitschaft und das gegenseitige Vertrauen darauf, dass die jeweils vorhandenen Daten angesichts der Pflicht sowohl der Polizeien als auch der Nachrichtendienste, diese Daten einzuspeisen, vollständig zur Verfügung gestellt sind. Die Dateien ermöglichen die Recherche in einem breiten Bestand und über die "Treffer" können zielgerichteter gerade die Behörden um die Übermittlung weiterer Daten ersucht werden, bei denen Daten vorliegen. Ansonsten ergibt sich aus den Evaluationen der komplementäre Charakter der auf eine Kontakt- und Informationsanbahnung zugeschnittenen Verbunddateien zwischen Polizeien und Nachrichtendiensten. Das gilt sowohl im Hinblick auf die Vernetzung mittels anderweitiger Verbundsysteme als auch im Hinblick auf die Vernetzung in Gemeinsamen Abwehrzentren.

---

[74] Eine Verwendung zu einem anderen Zweck, also eine Zweckänderung und anderweitige Verwendung, ist an enge Voraussetzungen geknüpft, §§ 6 Abs. 1 S. 2 ATDG, 6 Abs. 1 S. 2 REDG.
[75] Kritik an dieser Möglichkeit etwa bei Arzt in Schenke et al. 2014, REDG § 7 Rn. 2 ff.
[76] Unterrichtung durch die Bundesregierung, Bericht zur Evaluierung des Antiterrordateigesetzes v. 7.3.2013, BT-Drucks. 17/12665 (neu), bes. S. 48 ff.; Unterrichtung durch die Bundesregierung v. 7.4.2016, Evaluierung des Rechtsextremismus-Datei-Gesetzes, BT-Drucks. 18/8060, S. 50 ff. S. außerdem Bundeskriminalamt, Bericht zum 1.8.2017 an den Deutschen Bundestag, Datenbestand und Nutzung der Antiterrordatei (ATD) und der Rechtsextremismus-Datei (RED) in den Jahren 2014 – 2017. Übergreifender zur Evaluierung: Albers 2010, 25 ff.

4.2.3. Gemeinsame Abwehrzentren

In Abgrenzung gegen die bisherigen Formen der Vernetzung der Sicherheitsbehörden und die dabei entstehenden "Netze" kann man die Gemeinsamen Abwehrzentren als "Netzwerke" einstufen.[77] Es handelt sich um Interaktionsnetzwerke mit Komplementaritätsfunktion, die sich auf Vertrauen sowie persönliche Bekanntschaft stützen und die nicht zuletzt die Selektivität der über Dateien laufenden Kommunikation und Information kompensieren sollen. Paradigmatisch ist das Gemeinsame Terrorismusabwehrzentrum (GTAZ). Seitens des Bundesamtes für Verfassungsschutz wird es beschrieben als "gemeinsame Kooperations- und Kommunikationsplattform von 40 nationalen Behörden aus dem Bereich der Inneren Sicherheit".[78] Dem Vorbild des GTAZ folgen das Gemeinsame Analyse- und Strategiezentrum illegale Migration (GASiM), das Gemeinsame Internetzentrum zur Sichtung und systematischen Auswertung des Internets im Bereich des islamischen Terrorismus (GIZ) und das Gemeinsame Extremismus- und Terrorismusabwehrzentrum (GETZ). Daneben wurde im Zuge der Cyber-Strategie der Bundesregierung das Nationale Cyber-Abwehrzentrum (NCAZ) errichtet[79], dessen Kernbehörde das Bundesamt für Verfassungsschutz ist. Bundeskriminalamt, Bundespolizei, Zollkriminalamt, Bundesnachrichtendienst sind assoziierte Behörden.[80]

Zu den Zielen des GTAZ gehört die Verbesserung der behördenübergreifenden Zusammenarbeit bei der Bekämpfung des internationalen Terrorismus auf konzeptionell-analytischer Ebene und im operativen Bereich.[81] In ihm kommen Vertreter aus unter anderem dem Bundesamt für Verfassungsschutz, dem Bundeskriminalamt, dem Bundesnachrichtendienst, der Generalbundesanwaltschaft, der Bundespolizei, dem Zollkriminalamt, dem Bundesamt für Migration und Flüchtlinge, dem Militärischen Abschirmdienst sowie den Landesämtern für Verfassungsschutz und den Landeskriminalämtern zusammen.[82] Der Austausch von Daten und Informationen findet zentral in der täglichen Lagebe-

---

[77] Vgl. hierzu auch Sommerfeld 2015, bes. 226 ff.
[78] Bundesamt für Verfassungsschutz: Gemeinsames Terrorabwehrzentrum. Verfügbar unter: https://www.verfassungsschutz.de/de/arbeitsfelder/af-islamismus-und-islamistischerterrorismus/gemeinsames-terrorismusabwehrzentrum-gtaz [Zugriff: 10.5.2018].
[79] Über damit verbundene Rechtsfragen siehe Linke 2015, 128 ff.
[80] Siehe auch die Antwort der Bundesregierung auf eine Kleine Anfrage, Die Strategie der Bundesregierung zur Bekämpfung der Internetkriminalität – Das Nationale Cyber-Abwehrzentrum, BT-Drs. 17/5694.
[81] Näher hierzu siehe Weisser 2011, 143.
[82] Siehe die Antwort der Bundesregierung auf eine Kleine Anfrage, Das Gemeinsame Terrorismusabwehrzentrum – Sachstand 2008, BT-Drs. 16/10007, 1 ff.

sprechung statt. Angestrebt wird unter Hinzuziehung aller beteiligten Behörden und Stellen und verschiedenen Arbeitsgruppen ein "Echtzeit-Informationsaustausch".[83] Den Vertretern der jeweiligen Behörde kommt die Aufgabe zu, das behördliche Fachwissen in das Netzwerk und die über das Netzwerk gewonnenen Informationen wiederum in das behördliche Wissen einzuspeisen.

Für die Arbeit der Gemeinsamen Zentren existieren bisher keine speziellen gesetzlichen Grundlagen. Die Bundesregierung bewertet die Zentren als eine Form der Zusammenarbeit der beteiligten Behörden und als einen Daten- und Informationsaustausch, für den die jeweiligen Übermittlungs- und Empfangsvorschriften der einzelnen Fachgesetze als Rechtsgrundlagen ausreichen.[84] Demgegenüber führen einige Mitglieder der Regierungskommission zur Evaluation der Sicherheitsgesetzgebung in ihrem Bericht zutreffend aus: "Eine derartige Zusammenarbeit erzeugt also aus den bei den verschiedenen Behörden vorhandene Datenbeständen durch geeignete gemeinsame Weiterverarbeitung neue Daten."[85] Netzwerke wie das GTAZ haben eigenständige Funktionen der Generierung emergenten Wissens und des Wissensmanagements, die mit den Übermittlungs- und Empfangsbefugnissen der beteiligten Behörden unzureichend erfasst werden. Im Übrigen stellen sich, wie die Erkenntnisse zum Terroranschlag vom Breitscheidplatz gezeigt haben, auch Fragen danach, wem innerhalb des Netzwerks wofür engere Verantwortlichkeiten zuzuweisen sind.[86] Insgesamt geht es dann um durchaus komplexe Rechtsfragen und schon aus Gründen der Gesetzgebungskompetenz nicht um "eine" spezialgesetzliche Grundlage für das jeweilige Gemeinsame Abwehrzentrum. Die Regelungen müssten einerseits den Netzwerkcharakter mit seinen Komplementaritätsfunktionen bewahren, andersseits über Institutionalisierungs-, Verantwortlichkeits- und Rahmenbestimmungen notwendige Rechtsgrundlagen liefern. Damit der Netzwerkcharakter angemessen erfasst wird, müssen zudem die Schnittstellen zu den beteiligten Fachbehörden dahingehend untersucht werden, inwiefern Reformbedarf besteht.

---

[83] Ebd., 6.
[84] Siehe auch Rathgeber 2013, 1009-1016; mit der Forderung einer parlamentarischen Kontrolle Dombert/Räuker 2014, 414-422.
[85] Bäcker et al. 2013, 174. S. auch Sommerfeld 2015, 262 ff.
[86] Siehe oben Punkt 4.1 mit Fn. 29, dass Netzwerke trotz eines grundsätzlich heterarchischen Arrangements partiell hierarchischen Mustern nicht entgegenstehen.

5. Schluss

Die öffentliche Diskussion um die Befugnisse der Sicherheitsbehörden konzentriert sich oft auf die Datenerhebung und auf bestimmte, als eingriffsintensiv bewertete Ermittlungsmethoden. Qualitative Sprünge im Wandel der Sicherheitsarchitektur liegen aber woanders. Verstärkte Aufmerksamkeit muss sich darauf richten, was nach der Erhebung mit den Daten geschieht, wie aus Daten welche Informationen und welches Wissen bei welcher Stelle und in welchen Kontexten erzeugt werden, wie sich Datenübermittlungen und Datenverbünde gestalten und welchen Einfluss Techniken oder Softwareprogramme gewinnen. Zu den zukünftig besonders relevanten Themen gehören der Einsatz von Algorithmen etwa beim *predictive policing*, aber auch bei der Durchforstung und Auswertung großer Datenmengen, wie sie aufgrund der "Datafizierung" vieler Lebensvorgänge zunehmend zur Verfügung stehen. Ebenso wichtig ist das Thema der Vernetzung der Sicherheitsbehörden, bei dem man berücksichtigen muss, dass es immer auch um soziotechnische Zusammenhänge und entsprechend vielschichtige Probleme geht.[87]

Die Herausforderungen, die diese schon für sich genommen schwierigen Themen mit sich bringen, treffen mit weiteren Herausforderungen zusammen. Etwa wird wegen des Europäisierungsschubes, zu dem die Richtlinie für die polizeiliche und justizielle Zusammenarbeit und die stets wachsenden speziellen unionsrechtlichen Vorgaben führen, das Verhältnis zwischen Europäischer Union und Mitgliedstaaten immer verschachtelter und auch unübersichtlicher. Außerdem verliert der Datenschutz als ein im modernen Sicherheitsrecht ganz wesentliches Feld seinen Boden. Denn in bestimmten Konstellationen wird zunehmend problematisch, wann genau Daten personenbezogen sind[88] und inwieweit das für den Schutz entscheidende Kriterium der Personenbezogenheit überhaupt noch passt.[89] Damit besteht insgesamt ein erheblicher Bedarf an neuen Konzeptionen im Sicherheitsrecht.

---

[87] Zum letzten Aspekt siehe Töpfer 2016, 809 ff.
[88] Personenbezogen sind dabei auch Daten, die mit Hilfe von Datenverknüpfungen oder Zusatzwissen auf Personen beziehbar sind. Siehe die Legaldefinition in Art. 4 Ziff. 1 und Erwägungsgrund 26 der Datenschutz-Grundverordnung v. 4. 5. 2016, ABl.EU L 119/1.
[89] Keineswegs alle Konstellationen, aber etwa Verarbeitungsformen im Big-Data-Kontext oder Re-Identifikationsmöglichkeiten aufgrund der Zugänglichkeit und Verknüpfbarkeit von Daten werfen teilweise kaum lösbare Probleme der Abgrenzbarkeit personenbezogener und nicht-personenbezogener Daten auf. Siehe hierzu etwa Purtova 2018; außerdem zur US-amerikanischen Debatte: Schwartz/Solove 2011, 1815 ff.

Literatur

Abbühl, Anicee (2010): Der Aufgabenwandel des Bundeskriminalamts, Stuttgart u. a.: Boorberg.

Aden, Hartmut (2014): Koordination und Koordinationsprobleme im ambivalenten Nebeneinander: Der polizeiliche Informationsaustausch im EU-Mehrebenensystem. In: dms (der moderne staat) - Zeitschrift für Public Policy, Recht und Management, 55-73.

Albers, Marion (2001): Die Determination polizeilicher Tätigkeit in den Bereichen der Straftatenverhütung und der Verfolgungsvorsorge, Berlin: Duncker & Humblot.

Albers, Marion (2005): Informationelle Selbstbestimmung, Baden-Baden: Nomos.

Albers, Marion (2010): Funktionen, Entwicklungsstand und Probleme von Evaluationen im Sicherheitsrecht. In: Albers, Marion / Weinzierl, Ruth (Hrsg.), Menschenrechtliche Standards in der Sicherheitspolitik. Beiträge zur rechtsstaatsorientierten Evaluierung von Sicherheitsgesetzen, Baden-Baden: Nomos, 25-54.

Albers, Marion (2012): Das Präventionsdilemma. In: Schmidt, Jan-Hinrik / Weichert, Thilo (Hrsg.): Datenschutz. Grundlagen, Entwicklungen und Kontroversen, Bonn: bpb, 102-114.

Albers, Marion (2015): Zukunftsszenarien polizeilicher Überwachung. In: Heinrich-Böll-Stiftung Sachsen / Lichdi (Hrsg.): Digitale Schwellen. Privatheit und Freiheit in der digitalen Welt, Dresden, 135 – 147.

Albers, Marion (2017): Datenverarbeitung und Datenschutz als Aufgabe der grenzüberschreitenden Verwaltungskooperation. Am Beispiel der grenzüberschreitenden polizeilichen Zusammenarbeit. In: Kischel, Uwe / Wißmann, Hinnerk (Hrsg.): Grenzüberschreitende Verwaltungsaufgaben, Stuttgart u. a.: Boorberg, 59-77.

Albers, Marion (2018): Datenschutzbestimmungen der Polizei- und Nachrichtendienstgesetze des Bundes. In: Wolff, Heinrich-Amadeus / Brink, Stefan (Hrsg.): Datenschutzrecht, Beck'scher Online-Kommentar, 27. Edition, München: C. H. Beck.

Albers, Marion / Groth, Lena (2015): Globales Recht und Terrorismusfinanzierungsbekämpfung: Zur Einführung. In: dies. (Hrsg.): Globales Recht und Terrorismusfinanzierungsbekämpfung, Baden-Baden: Nomos, 9-35.

Bäcker, Matthias / Giesler, Volkmar / Hirsch, Burkhard / Wolff, Heinrich-Amadeus (2013): Bericht der Regierungskommission zur Überprüfung der Sicherheitsgesetzgebung in Deutschland vom 28. August 2013. Verfügbar unter: https://www.bmi.bund.de/SharedDocs/downloads/DE/publikationen/themen/sicherheit/regierungskommission-sicherheitsgesetzgebung.pdf, Zugriff: 10.05.2018.

Bäcker, Matthias (2017): Der Umsturz kommt zu früh: Anmerkungen zur polizeilichen Informationsordnung nach dem neuen BKA-Gesetz, Verfassungsblog vom 08.06.2017.

Bommes, Michael / Tacke, Veronika (2011): Das Allgemeine und das Besondere des Netzwerkes. In: dies (Hrsg.): Netzwerke in der funktional differenzierten Gesellschaft, Wiesbaden: VS-Verlag, 25-50.

Bretthauer, Sebastian (2017): Intelligente Videoüberwachung – eine datenschutzrechtliche Analyse unter Berücksichtigung technischer Schutzmaßnahmen, Baden-Baden: Nomos.

Dombert, Matthias / Räuker, Kaya (2014): Am Beispiel der deutschen Sicherheitsarchitektur: Zum Grundrechtsschutz durch Organisation, Die öffentliche Verwaltung (DöV), 414-422.

Eisenmenger, Florian (2017), Die Grundrechtsrelevanz „virtueller Streifenfahrten" – dargestellt am Beispiel ausgewählter Kommunikationsdienste des Internets, Berlin: Duncker & Humblot.

Ferguson, Andrew Guthrie (2012): Predictive Policing and Reasonable Suspicion, Emory Law Journal Vol. 62, 259-325.

Gazeas, Nikolaos (2014): Übermittlung nachrichtendienstlicher Erkenntnisse an Strafverfolgungsbehörden, Berlin: Duncker & Humblot.

Glaser, Markus A. (2010): Internationale Verwaltungsbeziehungen, Tübingen: Mohr.

Groth, Lena (2016): Globales Finanzmarktrecht gegen Terrorismusfinanzierung, Baden-Baden: Nomos.

Held, Cornelius (2014): Intelligente Videoüberwachung. Verfassungsrechtliche Vorgaben für den polizeilichen Einsatz, Berlin: Duncker & Humblot.

Hoffmann-Riem, Wolfgang (2017): Verhaltenssteuerung durch Algorithmen – Eine Herausforderung für das Recht, Archiv für öffentliches Recht (AöR), 1-42.

Holzer, Boris (2011): Die Differenzierung von Netzwerk, Interaktion und Gesellschaft. In: Bommes, Michael /Tacke, Veronika (Hrsg.): Netzwerke in der funktional differenzierten Gesellschaft, Wiesbaden: VS-Verlag, 51-66.

Jansen, Dorothea / Wald, Andreas (2007): Netzwerke. In: Benz, Arthur; Lütz, Susanne; Schimank, Uwe; Simonis, Georg (Hrsg.): Handbuch Governance, Wiesbaden: VS-Verlag, 93-105.

Jansen, Dorothea / Wald, Andreas (2007): Netzwerktheorien. In: Benz, Arthur; Lütz, Susanne; Schimank, Uwe; Simonis, Georg (Hrsg.): Handbuch Governance, Wiesbaden: VS-Verlag, 188-199.

Jestaedt, Matthias (2012): Grundbegriffe des Verwaltungsorganisationsrechts. In: Hoffmann-Riem, Wolfgang / Schmidt-Aßmann, Eberhard / Voßkuhle, Andreas (Hrsg.): Grundlagen des Verwaltungsrechts, Band I, 2. Aufl., München: Beck.

Kahl, Wolfgang (2012): Europäische Behördenkooperationen – Typen und Formen von Verbundsystemen und Netzwerkstrukturen. In: Holoubek, Michael / Lang, Michael (Hrsg.): Verfahren der Zusammenarbeit von Verwaltungsbehörden in Europa, Wien: Linde Verlag, 15-46.

Ladeur, Karl-Heinz (2009): Der Staat der "Gesellschaft der Netzwerke". Zur Notwendigkeit der Fortentwicklung des Paradigmas des "Gewährleistungsstaates", Der Staat Bd. 48, 163-192.

Ladeur, Karl-Heinz (2011): Was leistet die Netzwerkanalyse für die Verwaltungswissenschaft? In: Mehde, Veith / Ramsauer, Ulrich / Seckelmann, Margrit (Hrsg.), Staat, Verwaltung, Information, FS Bull, Berlin: Duncker & Humblot, 639-657.

Leyshon, Andrew / Thrift, Nigel (1999): Lists come alive: electronic systems of knowledge and the rise of credit-scoring in retail banking, Economic and Society Vol. 28, 434-466.

Linke, Tobias (2015): Rechtsfragen der Einrichtung und des Betriebs eines Nationalen Cyber-Abwehrzentrums als informelle institutionalisierte Sicherheitskooperation, Die öffentliche Verwaltung (DöV), 128-139.

Martini, Mario (2017): Algorithmen als Herausforderung für die Rechtsordnung, Juristenzeitung (JZ), 1017-1025.

Möllers, Christoph (2005): Netzwerk als Kategorie des Organisationsrechts. In: Janbernd Oebbecke (Hrsg.): Nicht-normative Steuerung in dezentralen Systemen, Stuttgart: Franz Steiner Verlag, 285-302. Mohabbat Kar, Resa / Thapa, Basanta E.P. / Parycek, Peter (Hrsg.) (2018): (Un)berechenbar? Algorithmen und Automatisierung in Staat und Gesellschaft, Berlin: Fraunhofer-Institut für Offene Kommunikationssysteme. Verfügbar unter: https://nbn-resolving.org/urn:nbn:de:0168-ssoar-57518-2. Zugriff: 10.05.2018.

Purtova, Nadezhda (2018): The law of everything. Broad concept of personal data and future of EU data protection law. In: Law, Innovation, and Technology, Vol.10, 2018, Issue 1, 40-81.

Rademacher, Timo (2017): Predictive Policing im deutschen Polizeirecht, Archiv des öffentlichen Rechts (AöR) 142, 366-416.

Rathgeber, Christian (2013): Terrorismusbekämpfung durch Organisationsrecht. In: Deutsches Verwaltungsblatt (DVBl) 2013, 1009-1016.

Roßnagel, Alexander / Desoi, Monika / Hornung, Gerrit (2011): Gestufte Kontrolle bei Videoüberwachungsanlagen. Ein Drei-Stufen-Modell als Vorschlag zur grundrechtsschonenden Gestaltung, Datenschutz und Datensicherheit (DuD), 694-701.

Rüdiger, Thomas-Gabriel / Bayerl, Petra Saskia Bayerl (Hrsg.) (2018): Digitale Polizeiarbeit. Herausforderungen und Chancen, Wiesbaden: Springer VS. Schenke, Wolf-Rüdiger / Graulich, Kurt / Ruthig, Josef (Hrsg.) (2014): Sicherheitsrecht des Bundes, München: Beck.

Schily, Otto (2005): Netzwerke des Terrors – Netzwerke gegen den Terror. In: Bundeskriminalamt (Hrsg.): Netzwerke des Terrors – Netzwerke gegen den Terror, München, 5-14.

Schiffbauer, Björn (2014): Steckbrief 2.0 – Fahndungen über das Internet als rechtliche Herausforderung. In: Neue Juristische Wochenschrift (NJW) 2014, Vol.67, Nr. 15, 1052-1057.

Schmidt, Magdalena (2018): Der Grundsatz der Verfügbarkeit. Ziel, Rechtsstand und Perspektiven des strafrechtlichen Informationsaustauschs in der Europäischen Union, Wiesbaden: Springer Verlag.

Schöndorf-Haubold, Bettina (2008): Netzwerke in der deutschen und europäischen Sicherheitsarchitektur. In: Boysen, Sigrid et al. (Hrsg.): Netzwerke, Baden-Baden: Nomos, 149-171.

Schoppa, Katrin (2013): Europol im Verbund der europäischen Sicherheitsagenturen, Baden-Baden: Nomos.

Schulz, Sönke E./ Hoffmann, Christian (2010): Grundrechtsrelevanz staatlicher Beobachtungen im Internet. Internetstreifen der Ermittlungsbehörden und das "Autorisierungskonzept des BVerfG", Computer und Recht (CR), 131-136.

Schwartz, Paul M. / Solove, Daniel (2011): The PII-Problem: Privacy and a New Concept of Personally Identifiable Information, New York University Law Review 86, 1814-1894.

Schwind, Manuel Patrick (2017): Netzwerke im europäischen Verwaltungsrechts, Tübingen: Mohr.

Schwenke, Thomas (2018): Rechtsprobleme der Nutzung von Smart Glasses und Smart Lenses im öffentlichen Raum, in: Albers, Marion / Katsivelas, Ioannis (Hrsg.), Recht & Netz, Baden-Baden: Nomos, 469-489.

Seckelmann, Margrit (Hrsg.) (2018): Digitalisierte Verwaltung – Vernetztes E-Government, Berlin: Erich Schmidt-Verlag.

Seckelmann, Margrit (2018a): Einsatz bei der Polizei: Twitter-Nutzung, Online-Streifen, Trojaner, Facebook-Fahndung, Biometriesoftware, (intelligente) Videoüberwachung, Predictive Policing, Body-Cams und Fotodrohnen. In: dies. (Hrsg.): Digitalisierte Verwaltung – Vernetztes E-Government, Berlin: Erich Schmidt-Verlag.

Simantiras, Nikolaos (2016): Netzwerke im europäischen Verwaltungsverbund, Tübingen: Mohr.

Sommerfeld, Alisa (2015): Verwaltungsnetzwerke am Beispiel des Gemeinsamen Terrorismusabwehrzentrums des Bundes und der Länder (GTAZ), Berlin: Duncker & Humblot.

Stubenrauch, Julia (2009): Gemeinsame Verbunddateien von Polizei und Nachrichtendiensten, Baden-Baden: Nomos.

Tayebi Mohammad A. / Glässer, Uwe (2016): Social Network Analysis in Predictive Policing – Concept, Method and Models, Switzerland: Springer.

Töpfer, Eric (2016): Verheddert im Netz der DNA-Datenbanken. Prüm und die Mythen der Interoperabilität. In: Plöse, Michael / Fritsche, Thomas / Kuhn, Michael / Lüders, Sven: „Worüber reden wir eigentlich?" Festgabe für Rosemarie Will, Berlin: Humanistische Union, 809-826.

Weber, Mike (2018): Big Data Analytics. In: Seckelmann, Margrit (Hrsg.): Digitalisierte Verwaltung – Vernetztes E-Government, Berlin: Erich Schmidt-Verlag, 127-139.

Weisser, Niclas-Frederic (2011): Das Gemeinsame Terrorismusabwehrzentrum (GTAZ) – Rechtsprobleme, Rechtsform und Rechtsgrundlage, Neue Zeitschrift für Verwaltungsrecht (NVwZ), 142-146.

Wölm, Benjamin (2014): Schutz der Internetkommunikation und „heimliche Internetaufklärung", Hamburg: Verlag Dr. Kovač.

Verzeichnis der Autorinnen und Autoren

Marion Albers, Prof. Dr. iur. Dipl.-Soz., Fakultät für Rechtswissenschaft der Universität Hamburg; marion.albers@uni-hamburg.de

Petra Saskia Bayerl, Prof. Dr., Centre of Excellence in Terrorism, Resilience, Intelligence and Organised Crime Research (CENTRIC) der Sheffield Hallam University; p.s.bayerl@shu.ac.uk

Nicole Deitelhoff, Prof. Dr., Institut für Politikwissenschaft der Goethe-Universität Frankfurt am Main; nicole.deitelhoff@normativeorders.net

Sabrina Ellebrecht, M.A., Centre for Security and Society (CSS) der Albert-Ludwigs-Universität Freiburg; s.ellebrecht@css.uni-freiburg.de

Hazim Fouad, M.A., Freie Hansestadt Bremen, Der Senator für Inneres, Abteilung für Verfassungsschutz; hazim.fouad@lfv.bremen.de

Dominik Gerstner, M.A., Max-Planck-Institut für ausländisches und internationales Strafrecht, Abteilung Kriminologie, Freiburg i. Br.; d.gerstner@mpicc.de

Stefan Kaufmann, Prof. Dr., Institut für Soziologie der Albert-Ludwigs-Universität Freiburg; stefan.kaufmann@soziologie.uni-freiburg.de

Dirk Labudde, Prof. Dr. rer. nat., Fakultät Angewandte Computer- und Biowissenschaften an der Hochschule Mittweida; dirk.labudde@hs-mittweida.de

Karin Priester, Prof. Dr., Institut für Soziologie der Westfälischen Wilhelms-Universität Münster; priestek@uni-muenster.de

Matthias Quent, Dr., Institut für Demokratie und Zivilgesellschaft – Thüringer Dokumentations- und Forschungsstelle gegen Menschenfeindlichkeit, Jena; matthias.quent@idz-jena.de

Samuel Salzborn, Prof. Dr., Zentrum für Antisemitismusforschung der Technischen Universität Berlin sowie Institut für Politikwissenschaft der Justus-Liebig-Universität Gießen; salzborn@tu-berlin.de

Britta Schellenberg, Dr., Geschwister-Scholl-Institut für Politikwissenschaft an der Ludwig-Maximilians-Universität München; britta.schellenberg@lrz.uni-muenchen.de

Inti Schubert, Dr., Deutsche Gesellschaft für Internationale Zusammenarbeit, Costa Rica; inti.schubert@giz.de

Birgitta Sticher, Prof. Dr., Hochschule für Wirtschaft und Recht, Berlin; birgitta.sticher@hwr-berlin.de

Peter Zoche, M.A., Freiburger Institut für Angewandte Sozialwissenschaft (FIFAS) e.V., Freiburg i. Br.; peter.zoche@fifas.de